高等学校管理类专业课程教材

LEADERSHIP

领导学

（第三版）

主　编　吴维库

高等教育出版社·北京

内容简介

本书共分 5 个单元：第 1 单元介绍领导学的一般概念，第 2 单元讨论个人领导力，第 3 单元讨论团队领导力，第 4 单元讨论组织领导力，第 5 单元讨论应用领导力。

第 1 单元概述，讨论领导、领导者、追随者、权力、影响力的概念，区别领导与管理。

第 2 单元个人领导力，重点讨论情商、情绪管理、心态管理来缔造个人领导力。

第 3 单元团队领导力，重点讨论以价值观为本的领导理论。

第 4 单元组织领导力，介绍西方领导学的主要理论。

第 5 单元应用领导力，重点讨论将领导学的主要理论应用于实践。

本书可作为本科生、硕士研究生、MBA 领导力开发课程的教材，也可作为企业管理人员的培训教材。

图书在版编目（CIP）数据

领导学 / 吴维库主编. -- 3 版. --北京：高等教育出版社，2018.9（2019.12重印）

ISBN 978-7-04-050172-8

Ⅰ. ①领… Ⅱ. ①吴… Ⅲ. ①领导学-高等学校-教材 Ⅳ. ①C933

中国版本图书馆 CIP 数据核字（2018）第 169632 号

领导学（第三版）

Lingdaoxue

策划编辑 刘 荣　　责任编辑 刘 荣　　特约编辑 吕培勋　　封面设计 赵 阳

版式设计 张 杰　　插图绘制 于 博　　责任校对 刁丽丽　　责任印制 韩 刚

出版发行	高等教育出版社	网　　址	http://www.hep.edu.cn
社　　址	北京市西城区德外大街 4 号		http://www.hep.com.cn
邮政编码	100120	网上订购	http://www.hepmall.com.cn
印　　刷	保定市中画美凯印刷有限公司		http://www.hepmall.com
开　　本	787mm×1092mm　1/16		http://www.hepmall.cn
印　　张	17.5		
字　　数	350 千字	版　　次	2006 年 7 月第 1 版
插　　页	1		2018 年 9 月第 3 版
购书热线	010-58581118	印　　次	2019 年12月第 2 次印刷
咨询电话	400-810-0598	定　　价	45.00 元

本书如有缺页、倒页、脱页等质量问题，请到所购图书销售部门联系调换

物 料 号　50172-00

第三版前言

领导力是与时俱进的学问,更是基于实践而开发的学问。70%左右的领导力是可以通过后天培养的,即能够借助经验获得。由于一个人不能经历所有的实践,因此聪明的人把别人的经验变成自己的感受。领导力的开发,既可以通过实践活动而自我感悟,也可以通过理论和案例的研修而实现。实践之树常青,而理论总是灰色的。也就是说理论不能完全解释实践活动。这就符合老子在《道德经》中所说的“道可道,非常道”。领导力理论尤其如此。

领导活动高度复杂,虽然理论不能清晰完整地描述领导力实践,所有的领导力理论都如同盲人摸象,但是人们还是努力进行理论研究以尽可能解释实践活动。因此,有多少个领导力研究的学者就有多少个领导力的定义,而每个定义都有自己存在的根据。目前有850多种关于领导力的定义,这说明领导力是不精确的科学,更多的是艺术。管理无定式,战略无好坏,领导风格无对错。以成败论英雄,以结果论成败。所以,领导力的开发,更多的是开启智慧,而不是掌握知识。而学习知识的过程,也就提升了我们的智慧,就可以根据学到的有限的知识去认识无限的世界,在具体实践中创造新的知识,并能够充分驾驭实践活动。所以,领导力开发课程的真正价值,是使得学生在课程教学的过程中感悟到领导力的本质,从而能够举一反三、触类旁通、灵活应变、因地制宜地实现高绩效的领导。

我认为中国领导力理论的来源有三个:一是西方学者研究的结果,多数是基于实证研究而产生的领导学理论;二是中国本土学者基于中国企业当代的实践,由感悟而提出的中国本土思想;三是基于中国传统文化并结合西方领导学思想开发的指导当代中国实践活动的理论。因此,在领导学(第三版)中要把这三者进行有机的融合。

中国梦、一带一路、人类命运共同体等思想,为中国人民和爱好和平的世界人民指出了方向;中共十九大精神宣讲团受很多国家邀请介绍十九大精神,受到了热烈的欢迎。其给世界人民的启示是:以民为本才能够为民所接受,目光长远才能够行稳致远,心怀天下才能够赢得未来。这也是领导者的思想和行为活动的出发点。

中国人的大智慧领导力,是马克思主义理论同中国的具体实践相结合的产物,是中国传统文化与现代实践有机结合的结果。西方现代的科学领导理论类似于树冠,中国的优秀实践是树干,中国的优秀传统文化相当于树根,只有把树根树干树冠融合到一体,才能够形成一棵完美的智慧树。这棵树在中国形成了。中国正在以开放包容创新的姿态全方位大踏步前进,正在为世界的发展与和平贡献中国方案,是世界和平的建设者、全球发展的贡献者、国际秩序的维护者。这说明,中国人民具有真正强大和远见的领导力。

领导力是研究人与人互动技术的学问，离不开人的心理和文化。在中国本土研修领导力，目的是指导在中国的实践活动，更多的是与中国人打交道，因此，必须基于中国人的心理和文化来开发出自己的领导力。中国优秀传统思想文化体现着中华民族世世代代在生产生活中形成和传承的世界观、人生观、价值观、审美观等，其中最核心的内容已经成为中华民族最基本的文化基因。基因决定了人的心理和行为的倾向性，有了基因则自然会得到所需的心理和行为。

基于以上逻辑，领导学（第三版）进行了大幅度的更新，使概念更加清晰，逻辑更加清楚；案例生动活泼，具有教学指导作用。课程思考题和课后练习题可以使学生针对教材内容进行复习和课外演练。配合这本教材，每章编制了单选题，可以在一章结束时扫码测验；我们还出了两套课程结束时的试卷，一套为本科层次，一套为硕士研究生层次。

本书在内容上主要的更新点如下：

1. 习近平新时代中国特色社会主义思想、党的十九大报告，为领导力理论的本土化开发和运用确定了方向和布局，因此本书以十九大报告和习近平思想做指导，在高度和格局上进行了提升和拓宽。

2. 完善地介绍西方领导学理论，尤其是新出现的领导学理论。增加了正念领导力、分布式领导力、平行领导力。其中正念领导力，是西方学者根据东方古老的智慧用科学研究手段开发出来的实用理论。

3. 基本上采用的都是中国本土的领导力案例，而且本书中来源于中国工商管理案例库的案例都是我指导MBA、高校教师、博士生、案例中心的专业老师编写的，具有内容的针对性，且可以联系中国工商管理案例中心得到案例和案例教学指导。

4. 研修领导力开发，确实可以提升一个人的领导力。但是，单纯地开发领导力，也有很多弊端，最大的弊端是人会变得强势，不符合“刚柔并济”的中国大智慧。因此，要以追随力弥补领导力的不足。因此，本书增加了追随力的内容。

5. 领导力是担任领导者的能力。你是谁的领导，就可以向谁发出领导力。但是领导者不仅仅与下属打交道，更要同上下内外以及自己打交道，所以只是开发领导力还不足以完善领导者的岗位胜任力，必须开发出领导者核心能力。因此，本书增加了领导者核心能力的内容，包括五力模型和七力模型。

6. 心理决定行为。心中有阳光，脚下有力量。本书增加了阳光心态的内容。阳光心态这一概念，是我于2000年提出的，并在2005年写出了畅销书《阳光心态》。此书不断增加印次，常销并畅销。阳光心态已经成社会的共识，所以应该把阳光心态作为一个理念让学生们掌握。

7. 面对压力，通行的做法是解压，这确实是个好主意。但事实是压力到处存在，职场压力几乎无法卸载，解压会使人变得脆弱，引发很多弊端，因此本书增加了压力管理的内容。

8. 领导力领域不断推出新的理论，但是又因为过多而使得学生感到歧路亡羊，无所适从，所以本书提出“领导力理论的核心是内圣外王”，由细枝末节而回归本源，实现从分析走向综合,通过树冠而回溯到树根。

9. 西学采用实证,国学采用感悟。领导力是关于人性的学问,没有国学智慧的领导力,就缺少了根与魂。因此本书适度地引入了国学智慧,以提升领导力智慧的高度。

10. 情商可以通过学习而迅速得到提升。因此本书增加了基于情商开发领导力的内容。

11. 知识越多越敏感,越敏感越容易受伤,不善于人际互动而弱化领导力。因此本书增加了"钝感力"的内容。

12. 虽然大学里面广泛地采用批判性思维以探求知识,但是由于领导力是不精确的科学,很难收敛到精准状态。季羡林先生说:"别人都说真理越辩越明白,我发现越辩越糊涂。"因此本书增加了使用批判性思维的内容。

13. 根据踢猫效应推理出了不良情绪传染的蝴蝶效应,增加了情绪管理的内容。

14. 根据互联网时代成长起来的人可能具有极强的个性和自我意识,增加了宇宙运行的团队原理、高铁动车的团队建设原理等内容。

15. 更加明晰了以价值观为本的领导逻辑和概念,在文化陀螺模型中增加了员工这一要素。

16. 完善了权变与情境领导理论,使得理论、案例、课程思考题与课后练习题融为一体,有利于学习者掌握和使用情境领导模型。

17. 本书基于我数年对清华大学经管学院 MBA 和本科双学位"领导力开发"课程的讲义而更新。新增加的内容,在本科、MBA、高管培训等课堂上已经广泛采用。

领导力就如同爱情一样,人人都知道它的存在,却又没有人能够彻底说明白是怎么一回事。领导力之道实在是"道可道,非常道"。领导力时时发生,视角各有不同,因此也就会不断出现新的领导力概念和理论。尽管我尽可能全面深入地介绍和解释所出现的领导理论,但是由于知识不足、智慧有限、阅历不广,还是不尽如人意。恳请读者在包容的前提之下批评指正,如果能够为读者带来一二点之启发将会令我欣喜不已。

本书的完成,得到了国家自然科学基金群体创新重大项目(项目号:71421061,71121001)和国家社会科学基金重大项目(批准号:17ZDA051)的支持。我在此表示衷心感谢。

如下人员对本书的成稿提供了帮助:孙同立、陈国权、杨德林、李洁、孙进安、吴维宝、朱艳华、吴志刚 、尹民、吴维昌、朱雁飞、贾甲、陶骛、胡铭、易志红、刘大磊、满思达、李艾琳、刘羽、毛川江、张弘、孟菲、郭佳、孙健廷、仝斐、王东霞、雷小军、武宝忠、杨喆、张亮、马俊、高鹏、向舒婷。我在此表示诚挚的感谢。

吴维库

2018 年 3 月于清华园

第二版前言

当世界进入知识经济时代的时候,我们能够体会到的一个最大的变化就是人变得更有知识。有知识的人更多的是需要领导而不是管理。领导是一个迷人的字眼,我们希望自己成为领导者去领导别人,也希望自己领导自己而不是被别人管理。为什么人们讨厌被管理?因为人人喜欢自由。如何成为领导者?没有岗位权力是否可以是领导者?领导力是否可以后天培养?如何领导才有效?在本书中我们将一起探讨。

如果我们仔细研究一下领导者的定义就可以知道,领导能力是可以后天培养的,人人都可以成为领导者,无论是否拥有岗位权力都可以成为领导者。

领导者拥有领导力,领导力就是领导能力。领导就是影响,领导力就是影响力。如果能够影响别人,就有了影响力,有了影响力就有了领导力,领导力是吸引别人追随自己的能力,领导者拥有追随者,拥有追随者就是领导者,追随者造就了领导者。

在领导学的体系中,有三个概念需要澄清:领导学、领导力、领导艺术。我们可以这样理解:领导学是理论,是科学,具有一般统计上的意义。领导力是一种能力,是把科学的理论运用于实践的能力,没有领导力就如同有人只会说不会做一样。把思想变成行动的能力,叫做领导力,也可以理解成领导力就是执行力,执行就是把思想变成行动,敢于领导就是一种能力。领导艺术就是会领导,依据具体情况灵活应变。

所有的领导学理论都是盲人摸象。领导者是人,人是复杂的,领导学研究者从自己感兴趣的视角观察领导者,提出领导者的领导特点。如果有了其他学者的跟随,发表了一些同类的文章,就形成了一个流派。由于任何一个领导学理论只是描述领导的一个侧面,所以没有任何领导理论是万能的,权衡变化才是领导有效的真谛。对领导学的研究最开始是简单的认识,然后变得复杂,最后走向综合。所以领导学的研究走势是:简单—复杂—综合。当综合以后,理论则难以说清楚,最完美的综合是知识模块在人脑里面的整合,而这种整合才是灵活、权变、完美的。因此,把领导学中的一个个理论当作模块来学习,积累的模块在自己头脑中就会形成魔方,其变化不可穷尽。

本书把领导力分成三个层次:个人领导力、团队领导力、组织领导力。

要想影响别人先影响自己,你内心是一团火,才能释放出光和热;你内心是一块冰,化了也还是零度。当能够领导自己的时候,才可以影响几个人。如果这几个人都代表一个团队,你就可以领导多个团队了,而且这些团队的利益与目标可能是冲突的。当你能够协调几个团队的利益冲突的时候,就拥有了组织领导力,因为组织是由多个团队构成的。在具体的日常领导活动中，各种领导行为和风格需要交替灵活地使用，刚柔并济，阴阳平衡，这种使用又发生在不同的位置上，因此，领导力的表现是由在各个岗位上的人在各种情景下来实现的，这种表现和应用解释成应用领导力。

本书就是按照这样一个思路来整理和编写的。

为了缔造领导力，首先需要理解领导、领导者、追随者、权力及其来源，了解影响力的来源与缔造，在此基础上缔造领导力。

个人领导力通过提升情商来打造、提升情绪管理能力，锻炼情商的五个能力：知道别人情绪的能力，管理别人情绪的能力，知道自己情绪的能力，管理自己情绪的能力，激励自己的能力。通过熟悉神经语言编程的基本原理和主要假设，学习管理情绪的基本原理。

如果你同你喜欢的人在同一条船上，这条船开到哪里没有关系。什么是你喜欢的人？应该是志同道合的人，就是价值观彼此认同的人。基于这样的理解，我们提出了基于价值观认同来缔造团队领导力的思路。通过凝聚价值观彼此认同的人，打造高绩效的团队，提出企业是价值观彼此认同的人聚集并且实现各方价值的平台。

如果一本领导学教材没有西方的领导学理论发展脉络，就如同缺少骨架，我们用西方的领导学理论体系缔造组织中的领导力。西方的领导学理论是一个个的模块，研究的是领导学的某个侧面，从某个视角观察领导者如何领导才有效。在现实的领导实践中，我们可以从复杂的活动中抽象出西方领导学理论所描述的特点，一个领导者可能交替使用不同的领导行为，越熟练转换，领导效果越好。

如果有能力把领导学理论灵活运用到实践中，就具有了领导艺术，这表现在做一把手、做副手、做秘书、沟通、奖励与批评、时间管理等方面。由于实践活动丰富多彩，因此难以穷尽各种情景，所以也只能选择一些重点来描述。

领导学是包罗万象的学科，是科学，但更是艺术，其体系也不成熟，因此，没有现成的框架，也不能完全从科学的角度来审视领导学，其理论是否正确只能遵守满意准则。由于领导学艺术性极强，所以领导学的写作也很困难，只有教授领导学的教师和研究领导学的人员才能够深切理解其中的苦衷。

本书吸纳了我和我的研究团队的三项国家自然基金研究成果。

第一个是《基于价值的领导理论与中国企业高层领导行为研究》(国家自然基金资助，项目号 79970009)，该项目得到香港中文大学资助[44M7007,2070239,2070220]，同时也是由豪斯教授主持、有62个国家参与的《全球跨文化领导行为研究》的中国部分。第二个是《改造型/交易型领导行为与下属激励：关于情绪智力的效用研究》(国家自然基金资助，项目号 70572012)。第三个是《辱虐管理的后果及其应对——一项多层次的研究》(项目号 70972025)。

本书的新颖之处在于以个人领导力、团队领导力、组织领导力、应用领导力为主线，以西方领导学理论脉络为核心，以自然基金的研究成果为基础，以中国企业实践为背景，适合在中国文化背景下领导力的培养。

由于知识水平和阅历有限，不足之处在所难免，敬请读者不吝赐教，慷慨批评指正。

作者向在本书写作的过程中给予极大帮助的以下人员表示衷心的感谢，他们是：胡伟科，蓝明，姚迪，袁晨，张洪意，张建国，甘志平，姚伟，韩劲春，袁楚云，黄海平，张谦，陈砹，丛鏦，郭娜，郭莹，李承东，朱磊，郑炜，郭振兴，邬钢，罗钊，刘青，李玉章，何朝旭，刘军，富萍萍，刘益，黄前进，吴昱舟。

吴维库

清华大学经济管理学院

2011年2月

第一版前言

当世界进入知识经济时代的时候,我们能够体会到的一个最大的变化就是人变得更有知识。有知识的人更多的是需要领导而不是管理。领导是一个迷人的字眼,我们希望自己成为领导者去领导别人,也希望自己领导自己而不是被别人管理。为什么人们讨厌被管理?因为人人喜欢自由。如何成为领导者?没有岗位权力是否可以成为领导者?领导力是否可以后天培养?如何领导才有效?在本书中我们将探讨这些问题。

如果我们仔细研究一下领导者的定义就可以知道,领导能力是可以后天培养的,人人都可以成为领导者,无论是否拥有岗位权力都可以成为领导者。

领导者拥有领导力,领导力就是领导能力。领导就是影响,领导力就是影响力。如果能够影响别人,就有了影响力,有了影响力就有了领导力,从这种意义上说,领导力是吸引别人追随自己的能力。拥有追随者就是领导者,追随者造就了领导者。

在领导学的体系中,有三个概念需要澄清:领导学、领导力、领导艺术。我们可以这样理解:领导学是理论,是科学。领导力是一种能力,是把科学的理论运用于实践的能力,是把思想变成行动的能力,没有领导力就如同有人只会说不会做一样。也可以把领导力理解成执行力,执行就是把思想变成行动。领导艺术就是会领导,能依据具体情况灵活应变。

所有的领导学理论都是盲人摸象。领导者是人,人是复杂的,领导学研究者从自己感兴趣的视角观察领导者,指出领导者的领导特点。如果有了其他学者的跟随,发表了一些同类的文章,就形成了一个流派。由于任何一个领导学理论只是描述领导的一个侧面,所以没有任何领导理论是万能的,权衡变化才是有效领导的真谛。对领导学的研究最开始是简单的认识,然后变得复杂,最后走向综合。所以领导学的研究走势是:简单—复杂—综合。当综合以后,理论则难以说清楚,最完美的综合是知识模块在人脑里面的整合,而这种整合才是灵活、权变、完美的。因此,把领导学中的一个个理论当作模块来学习,积累的模块在自己头脑中就会形成魔方,其变化不可穷尽。

为了缔造领导力,首先需要理解领导、领导者、追随者、权力及其来源,了解影响力的来源与缔造方法,在此基础上缔造领导力。

个人领导力通过提升情商来打造、提升情绪管理能力,锻炼情商的五个能力:知道别人情绪的能力,管理别人情绪的能力,知道自己情绪的能力,管理自己情绪的能力,激励自己的能力。通过熟悉神经语言编程的基本原理和主要假设、学习管理情绪的基本方法来培养个人领导力。

如果你同你喜欢的人在同一条船上，这条船开到哪里没有关系。什么是你喜欢的人？应该是志同道合的人，就是价值观彼此认同的人。基于这样的理解，我们提出了基于价值观认同来缔造团队领导力的思路。通过凝聚价值观彼此认同的人，打造高绩效的团队，提出企业是价值观彼此认同的人聚集并且实现各种价值的平台。

如果一本领导学教材没有西方的领导学理论发展脉络，就如同缺少骨架。西方的领导学理论是一个个的模块，研究的是领导学的某个侧面，从某个视角观察领导者如何领导才有效。在现实的领导实践中，我们可以从复杂的活动中抽象出西方领导学理论所描述的特点，一个领导者可能交替使用不同的领导行为，越熟练转换领导效果越好。

如果有能力把领导学理论灵活运用到实践中，就具有了领导艺术，这表现在做一把手、做副手、沟通、奖励与批评、时间管理等方面上。由于实践活动丰富多彩，因此难以穷尽各种情景，所以也只能选择一些重点来描述。

领导学是包罗万象的学科，是科学，但更是艺术，其体系也不成熟，因此，没有现成的框架，也不能完全从科学的角度来审视领导学，其理论是否正确只能遵守满意准则。由于领导学艺术性极强，所以领导学的写作也很困难，只有教授领导学的教师和研究领导学的人员才能够深切理解其中的苦衷。

这个教材吸纳了我和我的研究团队的两项国家自然基金研究成果。

一个是《基于价值的领导理论与中国企业高层领导行为研究》(国家自然基金资助，项目号79970009)，该项目同时得到香港中文大学资助[44M7007,2070239,2070220]。本项目同时也是由豪斯教授主持、有62个国家参与的《全球跨文化领导行为研究》中的中国部分。另一个是《改造型/交易型领导行为与下属激励：关于情绪智力的效用研究》(国家自然基金资助，项目号70572012)。

本教材的新颖之处在于以个人领导力、团队领导力、领导理论、应用领导力为主线，以西方领导学理论脉络为核心，以自然基金的研究成果为基础，以中国企业实践为背景，以实际导向为指导思想，适合在中国文化背景下领导力的培养。

由于知识水平和阅历有限，不足之处在所难免，敬请读者不吝赐教。

最后向在本书写作的过程中给予我极大帮助的以下人员表示衷心的感谢，他们是：胡伟科，蓝明，姚迪，袁晨，张洪意，张建国，甘志平，姚伟，韩劲春，袁楚云，李霞，王春峰，吴志刚，尹民。

吴维库

清华大学经济管理学院

2006年4月1日

目　　录

第1单元　概　　述

第2单元　个人领导力

第 3 单元 团队领导力

第 4 单元 组织领导力

第 5 单元　应用领导力

第 1 单元

概　　述

第1章　领导与权力

1. 理解领导、领导者、领导力
2. 区别领导与管理
3. 理解领导学、领导力、领导艺术
4. 认识领导者的行为
5. 掌握权力及其来源
6. 理解影响力及其来源

1.1　领导者与领导

1.1.1　领导者

领导者(leader)一词源于英文中“小径、道路、海上船只的航行路线”的词根。领导者的原始含义是“指明方向的人”。在陆地上,他走在前面引路,起带头作用。在海上,他就是领航员和舵手。所以,领导者就是“基本的引路人”。他把大家组织起来,并且团结在一起,通过榜样的力量和鼓舞性的语言来激励队伍中的每个人,不管遇到什么艰难困苦,都义无反顾、勇往直前。领导者应该在旅途中为大家指引方向,保持成员之间的团结和联系,并且始终关注每个成员的个人需要。领导者要与他人一起分担困苦与风险。领导不等于压制,而是说服别人共同为一个目标努力的艺术。

领导者的产生路径有三个:在成员的交互作用中非正式产生,外部机构任命,由团体选举产生。

每一个奇迹背后,一定有一个卓越的领导者为之呕心沥血,一定有一支生机勃勃的队伍为之竭尽全力、不懈奋斗,一定有大量的人为之默默奉献,为之欢欣鼓舞。卓越的领导者是这幅生机勃勃的画面的核心。只有卓越的领导者,才会带出团结的队伍,团结一大批默默奉献的人。领导者的行为规则、所面临的困难与挑战、认识世界的方式和方法、心理与情感等,都是关乎领导者成功的关键因素。一个人,只要努力地在自己的领域里面寻求成功,不管其本人是否希望成为领导者,掌握有关领导者的关键成功因素的知识都是至关重要的。

1.1.2 领导者的角色

1. 设计师

如果把组织想象成一艘轮船，领导者的角色就是轮船的设计师。设计是一项幕后工作，不容易看到。今天出现的结果，是过去长期工作的结果；而今天工作带来的利益，要到长远的未来才能显现出来。领导者的设计工作包括设计组织的政策、策略和系统，但最重要的工作是设计组织的基本理念——企业活动时所依据的愿景、核心价值观和最终目的。

老子对领导者的这个角色做了精辟的诠释。他说：好的领导者会赢得人们的称颂；不好的领导者，人们会敬畏他；最差的领导者会被人们瞧不起；真正伟大的领导者是让大家在事情完成时说"是我们自己完成的"。

2. 领导者是愿景的仆人

每一个成功的领导者在自己的愿景背后，都有一个发自内心深处的"使命故事"，阐明这个组织为什么存在以及要走向何处的理由。领导者的使命故事既是个人的，也是全体的，它界定领导者想做的事，使他全力以赴，却又能保持谦卑，而不至于把成败看得太重。在这种深层的理由和生命意识之中，领导者发展出与自己个人愿景的独特关系，他变成愿景的"仆人"，永远忠于自己的愿景。这些领导者可能由追求自己的愿景开始，但当他们学会了细心聆听别人的愿景时，他们开始明白自己的个人愿景是某种更大事物的一部分，这将会加深领导者对愿景的责任感。成了愿景的仆人，改变了领导者与自己个人愿景的关系，它不再是"这是我的愿景"那种拥有关系，而是变成一种召唤。

3. 领导者是教师

领导者要不断帮助下属认清现实情况，不断指明组织的愿景和目的，给下属以知识，塑造下属的理念。领导者是教师并不意味着领导的工作就是"纠正"人们对现实的认识。相反，教师这一职能是始于在重大问题上对人们的启蒙开智。他帮助组织的每一个人，包括他本人，在观察现实时获得独创的见解。

1.1.3 领导

领导有名词和动词之分。作为名词的领导（leadership）的定义，国外心理学、管理学界已经争论了几十年，各有各的诠释，到目前为止尚没有一个令大多数人都接受的、统一而全面的定义。人们从不同的角度来理解和定义领导，具有代表性的主要有以下一些：

（1）领导是一种统治形式，其下属或多或少地愿意接受另一个人的指挥和控制。（K. Yang）

（2）领导即使用权威与（做出）决定。（Robert Dubin）

（3）领导是影响人们自动为完成群体目标而努力的一种行为。（G.R.Turner）

（4）领导是一种向他人施加影响的过程，以使其努力达到某些目标。（杨锡山）

（5）领导者是一种能将其想做的事或设想形成一种愿景（visioning），并能使其他人理解、采纳这种愿景，以推动这种愿景成为现实的人。（Jack Welch）

（6）有效的领导者是权力的使者，是那些能够利用技巧和手段达到自己目标的人。（Machiavellian）

（7）有效的领导有一种魅力，即某种精神力量和个人特征，能够对许多人施加个人影响。（Max Weber）

（8）有效的领导应能完成管理的职能，即计划、组织、指导、衡量。（Peter Drucker）

（9）有效的领导可以娴熟地组织别人做事。（Lawrence Appley）

（10）有效的领导能够依次集中注意力于3个P上，即人（people）、生产率（productivity）和利润（profits）。（Lee Iacocca）

（11）领导是一种影响力，或称作对人们施加影响的艺术或过程，从而可使人们心甘情愿地为实现群体或组织的目标而努力。（Harold Koontz）

（12）领导是一种影响一个群体实现目标的能力。（Stephen P.Robbins）

从以上定义不难看出，领导的定义多注重从领导者和下属的相互作用角度出发，强调如何推动或带领下属共同完成群体目标。领导力是人际互动能力，领导力如同运作水的能力，要善于疏导——借势、运势、造势。

作为动词的领导（lead），是带领、引导的意思，指的是一种活动和行为。其中最关键的内容是“影响他人使他们愿意为达到群体目标而努力”。领导者为了对组织的目的负责，达到企业的“群体目标”，必须用“一种艺术或方法”去影响被领导者，使之“愿意工作”，甚至“热情自信地工作”。

我们把领导定义成影响，把领导者定义成拥有影响力的人。领导是科学，更是艺术。领导者唯一要做的就是带领手下赢得胜利。但是，领导艺术就像是育儿之道，永远不可能成为一门精确的科学。领导、领导者、领导能力、领导过程、领导风格等概念都与人的需要联系在一起，人的天性不会随时间的流逝而发生大的变化，而领导者的成功在于对人的理解。

领导的行动是为了对人们产生影响，使得他们产生自己期望的行为。受领导者影响的人称为追随者，没有追随者就没有领导者。由于领导者不能完全控制追随者的行为，因此领导者必须采用各种行为去影响追随者。领导者对追随者的心态、行为和业绩有重要的影响，领导者还能够影响氛围。领导者可以引导一个组织和追随者走向辉煌，也可以使得一个组织和追随者毁灭。

70%左右的领导能力是可以通过后天培养的，能够借助经验获得。经验是最有前景、最具潜力的强大的领导力发展要素。领导由领导者、追随者以及他们的共同目标所构成。领导力开发是指个体能力的拓展，使其在处于领导角色和实施领导过程中更加有效。

1.1.4 权力

1. 权力与影响

权力指的是 A 对 B 的行为产生影响,从而使 B 按照 A 的意愿行事的能力(Bass)。这个定义包含以下几点:① 权力是潜在的,无须通过实际来指明它的有效性;② 依赖关系;③ 假设 B 对自己的行为有一定的自主权。

权力可以存在但不被使用,因此,它是一种潜力,一个人可以拥有权力但不运用权力。(French,Raven)

领导者影响力的构成因素可以划分为权力影响力和非权力影响力。

权力影响力即领导权力,是由社会和组织赋予个人的职位、地位等权力性因素构成的。这种影响力的特点是以外推的形式发生作用,其基础是奖励、惩罚和法定的。此时,下属的心理表现为被动、服从。

非权力影响力即领导权威,指的就是领导的品质、作风、知识、能力、业绩以及行为榜样等非权力因素对其他人造成的影响力。这种影响力更多地属于自然影响力,其产生的基础要比权力影响力广泛得多。

根据领导权威的构成是静态因素还是动态因素占主导,可以把其划分为人格行为影响力和榜样行为影响力。

所谓人格行为影响力,就是在领导工作中,领导者通过自己的品德素质、心理素质和知识素质影响下属的心理和行为的一种力量。

榜样行为影响力指的是在领导工作中,领导者通过自己的行为给下属提供一种可学习和效仿的模式,使之在下属身上产生同样的心理和行为的一种力量。(甘华鸣,李湘华)

领导与权力两个概念密切相关,领导者将权力作为实现目标的手段。两者的第一个差别在于:权力不要求构成权力关系的双方有一致的目标,只需要依赖;而领导要求领导者和被领导者双方的目标有相当的一致性。两者的第二个差别在于影响的方向。领导一般倾向于向下属施加影响,而尽量减少横向的和向上的影响;权力则不然。两者的第三个差别是研究的重点不同。关于领导的研究在大多数情况下强调领导方式,它寻求下列问题的答案:一个领导者应该提供多大的支持?下属应在什么范围内参与决策?相反,关于权力的研究包括更宽泛的领域,集中关注赢得服从的权力方面。因为群体和个人一样可以用"权术"来控制其他个体或群体,所以权力的实施者不限于个人的范畴。

2. 权力的划分

弗伦奇(French)和瑞文(Raven)提出了五种权力:强制权、奖赏权、法定权、专家权、参照权。

巴斯(Bass 1960)把权力分成岗位权力和个人权力。岗位权力包括法定权、奖赏权、强制权、信息权、生态权。个人权力包括参照权、专家权。

强制性权力是建立在惧怕的基础上的，一个人如果不服从的话就会产生消极的后果，出于对这种后果的惧怕，这个人就对强制性权力做出了反应。奖赏性权力是指人们因为服从一个人而给他们带来益处。由一个人在组织中拥有某种地位而获得的权力，叫做法定权。专家性权力来自于专长、技能和知识。参照性权力的基础是对于拥有理想的资源或个人特质的人的认同。领导者掌握重要的信息，人们为了获得必要的信息而对领导者服从，领导者的这个权力叫做信息权。领导者可以为下属安排合适的工作，改善工作环境，使下属加入喜欢的团队，适应团队文化等，从而为下属构建一个良好的生态系统，这个权力叫做生态权。

人类社会中主要存在三种形式的权威：职位权威、品质权威、知识权威。

苏格拉底认为：正是那些知道该做什么和怎样去做的人，才会得到人们的服从，尤其是在处于危机和不确定的情况下。当战士了解了战争策略、医生学会了医学知识、水手掌握了航海技能后，都有资格成为领导者，因为那些比他们无知的人更倾向于尊重和服从他们。对领导者的尊敬是实施领导的基础，缺乏尊敬是实施领导过程的大忌。一个柔弱的领导者会使自己暴露在肆无忌惮的下属面前，很有可能被下属利用。

下属对领导者的服从可以分为两种类型：一种是下属心甘情愿地服从，另一种是下属由于惧怕而服从。生命的本质就是趋利和避害。利用下属的趋利性，领导者可以提供诱因而获得下属的追随。利用下属的避害心理，领导者可以提供恐惧而获得下属的服从。《君主论》作者马基雅维利说："恐惧比诱因有更强的动力。"当人不希望再得到什么的时候，或者自己已经拥有足够多、正激励已经不再起作用的时候，就需要用恐惧来激励这个人了。诱因可以获得追随，恐惧可以维系忠诚。推动一个人持续奋斗的动力有三个：财富、权力、荣誉。如果一个人能够不断升华自己，则可以不断用正激励来产生动力。领导才能往往由那些在特定环境下知道该做什么的人所拥有。

领导力主要是由下属所赋予和领导者所支配的。下属所赋予的领导力如心理契约、长幼有序、依存心理、危机心理等是领导者不可随意支配的，故从这方面着手去建立领导力空间是有限的。针对领导力产生的七个权力基础来提升领导力的空间会较大。

这些权力可以分成三大类，即以个人为基础的权力、以职位为基础的权力、同时以职位和个人为基础的权力。

领导者使用权力的类型

个人权力

专家权：追随者因为领导者具有特殊知识而服从

参照权：追随者因为敬重和认同领导者而服从

职位权力

法定权：追随者认为领导者有权提出要求而自己有义务服从

生态权：追随者认为有可能获得领导者的资源支持而服从

信息权：追随者认为可以从领导者那里及时得到必要的信息而服从

职位+个人权力

奖赏权：追随者为了从领导者那里得到奖赏而服从

强制权：追随者为了避免领导者的惩罚而服从

3. 权力的关键是依赖

权力的关键是依赖。如果领导者掌握的资源是稀缺的、重要的且不可替代的，那么下属对他的依赖就会增加，其对下属的制约权就很大。相反，如果下属掌握了更多的资源，领导者对下属的依赖性就很强。

权力的关键是依赖性的强弱，依赖性越强，这种权力和作用力也会越大。

（1）依赖性取决于资源的重要程度。领导者所掌握的资源必须是重要的，但是同样一种资源在不同的企业中的重要性是不一样的。例如，对于工程师这个群体，其在英特尔公司比在宝洁公司权力更大。为什么呢？因为英特尔公司是以技术为导向的企业，这个企业之所以能保持领先优势，在于它的质量和技术，那么企业对于这样一群工程师依赖性就很强；而宝洁是一家以市场为导向的公司，在这家企业中市场部的工作人员、做销售的人权力较大。

（2）依赖性取决于资源是否稀缺。物以稀为贵，有的资源是不可以代替的，不能代替的资源更难得。在一家企业中，如果某位员工所掌握的技术是独门的，就他自己知道，这就说明该员工在这个企业中就很稀缺，具有不可代替性。企业对他有一种很强的依赖性，那么他对企业来说就有很强的影响力，或者说权力很大。

越稀少的人才在市场中、行业中就越宝贵。例如，保险行业的精算师在市场上很难找，这样他的工资就高，这是由他本身的资源稀缺性决定的。

1.1.5 互联网时代如何缔造参照权

1. 互联网时代缔造参照权的可能性

互联网思维有七字诀：专注、极致、口碑、快。互联网时代是大众的时代，是人人可以展现自我的时代，是平等与共赢的时代，是一个“高手在民间”的时代，更是一个诞生魅力领导者的时代。人人都想当领导，但是在传统组织结构里，人们获得权力的渠道更多地依靠组织授予的法定权、奖赏权、强迫权和专家权，以此来形成个人的领导力。但是在当今，互联网使得人们相互之间联系更加频繁，从而形成了若干个社会虚拟组织。这种组织可能无法授予一个人合法权、奖赏权、强制权，但是却赋予了个人打造参照权来获得权力的更大的可能性。

在组织内部的领导者往往更倾向于通过合法权、奖赏权以及强制权来增强影响力，从而行使个人的领导力。而在互联网时代，每个人随时随地都可以通过互联网工具来传播自己的影响力而获得个人的参照性权力，从而形成一种可以超越实体组织之上的领导力。

参照性权力是指对拥有理想的资源或个人特质的人的认同而形成的权力。如果喜欢一个人到了要模仿他的行为和态度的地步,那么这个人则拥有了参照性权力。

2. 互联网时代获得参照权的"六有"路径

一是要有心。有心包括了两层意思:① 要有意识地去使用互联网工具。这些工具包括网站、微博、微信、QQ、论坛、自媒体等,可以通过它们来打造个人给公众的第一印象。② 需要用心谋划、精心策划提升参照权的方式和方法。所以要留意并且要有心。思考问题的时间长度决定了一个人思想的深度广度,决定了一个站位的高度,也就决定了一个人的竞争优势。

二是要有货。有货是需要培养自己的一技之长,展现自己擅长的特点。一个人在某方面的经历、知识、技巧能让大家受益,这就是货。有了货,就有打造参照权的资本,就会通过交易而在网上有一部分追随者,同时有机会通过不断完善自己的货而获得在圈子中的影响力。有货还要舍得给予。因为互联网是共赢的平台,只有别人得到好处,才会继续保持与你的连接。

三是要有料。有料就是对突发公共事件在网上快速响应来提升注意力。作为一个明白人,要能够见微知著,窥一斑而见全豹。

四是要有胆。有胆,即有勇气打破常规。如果你按常规来做,实质上对制定规则的人是有益的,而这些人往往都是已经具备了领导力的人;而以反常规的方式行事,即采用非传统的策略,则可以让自己受益,并进而使影响力提升。

五是要有别。有别,是让自己与众不同。由于与众不同会引起人们的好奇、让大家感兴趣、引人关注,因此在打造核心能力的基础上,如果还能将核心能力变得与众不同,则可以事半功倍。跨界也是一种有别,在自己的行业里融合其他行业的模式,在其他行业中加上自身行业的特点,博采众长,收获惊喜,必然能让一部分网民义无反顾地追随你。有别在于自己知识的积累,长存好奇之心。

六是要有乐。有乐是能在这个竞争压力特别巨大、生活节奏越来越快的网络时代,给人带来快乐的一种超凡的能力。如果我们能够把压力下生存当作新常态,以阳光心态面对现实,把压力变成幽默搞笑,就会提升参照权。

只要我们有心、有货、有料、有胆、有别、有乐地善用这个时代给我们的若干互联网平台和工具,我们任何一个普通人都能获得自己的粉丝群,都能给一部分人带来价值和快乐,就能通过提升个人的参照权来成为这群人的领袖,也能由此获得满足他人的愉悦和自我满足感。因此在网络时代人人都能实施个人的影响力,人人能都做其社群的领导,在大众创新、万众创业的环境下成就自己的事业。

1.2 领导与管理

1.2.1 领导与管理的主要区别

如果一个占据领导岗位的人单纯使用职位权力对下属管、卡、压,这个人就是一个管理者;如果一个人利用自己的个人魅力影响别人,获得别人的主动追随,他就是一个领导者。

1. 产生方式及作用不同

(1) 管理者是被任命的,他们拥有合法的权力进行奖励和处罚,其影响力来自于他们所在的职位所赋予的正式权力。领导者可以是任命的,也可以是从一个群体中产生的,领导者采用影响力而不运用正式权力来影响他人。

(2) 并非所有的领导者都是管理者,一个没有职位权力,不参与计划、组织和控制的人,同样能够影响别人。不是所有的管理者都是领导者,仅仅依靠组织提供的正式权力并不能保证能够实施有效的领导。那些非正式任命的领导者,他们的影响力来自于正式组织之外,他们的非正式影响力与正式影响力同等重要,甚至更为重要。也就是说,一个群体的领导者可以通过正式任命的方式出现,也可以从群体中自发产生出来。

(3) 领导者与管理者起的作用不同。领导者引领变革,管理者维持秩序;领导者走在队伍的前边起到示范作用,管理者分布在队伍中间,起到保证与控制作用;领导者的任务是把梯子架在正确的墙上,管理者则负责提供爬梯子的技巧。

2. 动机以及做事情的方式不同

(1) 管理者以被动的态度面对目标,领导者则是以一种个人的、积极的态度面对目标;管理者把组织的目标看做是别人的,领导者把组织的目标看做是自己个人的目标,把自己的个人目标融入集体的愿景之中。

(2) 管理者重视过程,喜欢按部就班;领导者主动寻求冒险,当机遇很好奖励很高时尤其如此。

(3) 管理者喜欢管理人的行为,他们根据自己在事件和决策过程中所扮演的角色与他人发生联系;领导者则关心的是理念和思想,以一种更为直觉化和移情的方式与他人发生联系。

(4) 管理者重视短期结果;领导者更多地考虑长远的未来。

(5) 管理者追求的是稳定和有序;领导者致力于促进变革,为企业确立新的方向,寻找新的机会。

3. 工作过程不同

管理主要处理复杂的问题,优秀的管理通过制定正式的计划、设计规范的组织结构以及监督计划实施的结果而达到有序。

管理是一套能使人和技术组成的复杂系统运转自如的程序。管理工作涉及的最重要的方面有:① 制定计划和提出预算。② 组织安排和人员的配备。③ 控制局面和解决问题。

管理者通过这三项工作产生某种程度上的可预见性,并能不断创造出利益攸关人员所期望的短期收益。

领导涉及的是如何创造一流的企业,如何对它进行改造使之完全适应市场的需要。领导者指明未来的发展方向,说服人们接受这一设想,并鼓励他们克服重重障碍使之变为现实。领导者的工作程序是:① 确立方向。② 争取人们的支持。③ 调动和激发人们的积极性。

领导主要处理变化的问题,领导者通过描述前景而确定前进的方向,然后,他们把这种前景与其他人进行交流,并激励其他人克服障碍达到这一目标。

正如 SONY 公司创始人盛田昭夫所说:"最成功的企业管理者并不是紧盯着部属,不断地下达大大小小指令的经理,而是只给部属概括性的方针,培养部属的信心,帮助他们圆满完成工作的领导者。"

1.2.2 领导与管理并存

领导与管理是有区别的,要想达到最佳的组织效果,领导和管理具有同等的重要性,两者不可或缺,成功的领导者应该同时兼有管理和领导的特点。但是大多数组织总是过于强调管理而忽视领导的重要性,因此我们应注重发挥组织中领导的作用。在现代组织中,领导和管理角色很少分离,有时一个领导者要给追随者注入活力,激发他们的成就感、成长意愿,这时他就是发挥领导者的作用。但是他还要管理日常的行政事务,如规章制度的完善、资源的分配等,这时他从事的是日常管理活动,他是一个管理者。领导的领与导是柔性的,管理的管与理是刚性的。领导与管理并举,则可以实现刚柔并济的效果。因此,管理和领导是不可分的,一个人要同时履行两种职责,目的是要促使追随者实现目标。

一个人在组织中的地位较高,其领导成分较多;一个人在组织中的地位较低,则管理成分较多。图 1.1 所示为不同层次职位领导与管理比例。

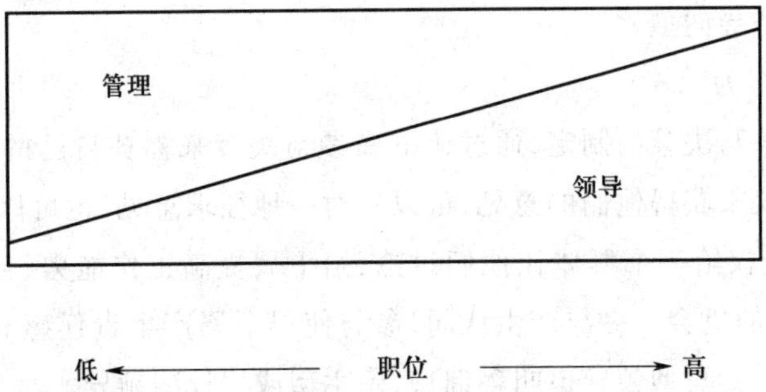

图 1.1 不同层次职位领导与管理比例示意图

1.3 领导者的行为

1.3.1 领导者的核心行为

领导者主要采用五种行为去影响下属，如图 1.2 所示。

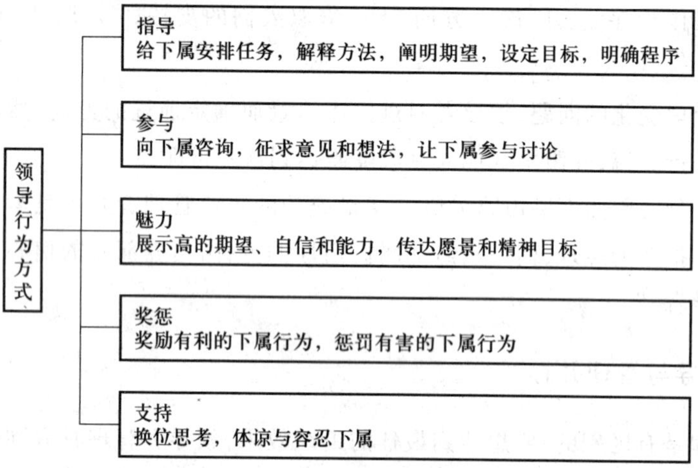

图 1.2 领导者的核心领导行为

资料来源：乔恩 · P.豪威尔，丹 · L.科斯特利.有效领导力.付彦，等，译.北京：机械工业出版社，2003.

1. 指导型领导行为

这是一种向下属提供指导和结构规范以帮助他们完成工作和为团队做出贡献的领导行为。这种领导在为下属安排任务的同时还说明完成任务的方法，提出目标的同时还指出通往目标的路径，提出在质量和数量方面的期望的同时还给予必要的行为指导，进行必要的协调，制定大家要遵循的规则和程序。他们同员工沟通，运用自己的专业知识改进员工的工作方法，帮助员工克服困难，激励员工改变和改善工作，教授员工技巧，包括新技术和程序。这种领导方式也叫任务导向型领导。

2. 参与型领导行为

领导者让下属参与决策的制定，通过让下属参与决策来弥补自己的不足。参与型领导行为包括和下属商议来获得他们的意见，可以一对一地征求意见，也可以召集一些人集体讨论，还可以把问题授权给一个群体让他们讨论，给下属提高工作能力、自我控制能力、独立性、自尊和个人成长的机会。参与产生认同，参与使得下属产生责任感和承诺，可以提高下属的满意度和业绩。参与型领导也叫咨询型、民主型或授权型领导。

美国电话电报公司（AT&T）的 CEO 鲍勃 · 艾伦（Bob Allen）说："我从来没有想过我对市场有如此的见识，并且能作出英明的决策。我总是和他人一同作决策，而且我也倡导这种理念。事实上,我相信这是为什么我成为首席执行官的原因之一。”

3. 魅力型领导行为

那些对下属的情感、信仰、态度和行为具有强烈影响的领导者所具有的特性、能力、行为可归结为超凡魅力。他们能够激发下属绝对的忠诚、尊敬和情感依附。魅力型领导的主要行为包括:描绘有吸引力的愿景,为了实现愿景而冒险和自我牺牲,传递高的期望,表达对追随者的信任,率先垂范,树立个人形象,建立组织形象,授权追随者。领袖气质是一种可以将想象转化为现实的能力。

4. 奖惩型领导行为

如果下属的行为对组织有利,领导者就给予他们有形或者无形的奖励。惩罚则是针对下属出现不利于组织的行为,领导者利用自己的合法权力和强制权力给予下属有形或者无形的负面反馈。领导者通过正负激励来促使下属的行为有利于公司,奖惩行为是领导与下属之间的一种社会交换。奖惩措施针对人趋利避害的本性而进行,迎合的是人们对认可、自尊、成就、安全和物质的需要。

5. 支持型领导行为

支持型领导是一种涉及关心、接纳、关怀、尊重和促进下属成长等行为的领导方式。领导者体贴并关心下属的健康、幸福和需要;善于从下属的角度着想,对下属关心,对下属和蔼可亲,理解下属,对下属友好,提供信息,善于同下属沟通,关心下属的个人发展。支持型领导者待人友善,见识广博,鼓励开放式双向沟通。他们信任和尊重下属,通过某种方式表示对下属的尊重和信任。支持型领导行为满足了人们渴望被爱、被尊重和被欣赏的需要。支持型领导有助于提高群体和个人的情绪健康水平,改善领导者同下属的关系。相类似的术语包括:体贴型领导、关系导向型领导或人本领导。

这五种领导行为是经过学者深入研究过的,证明在描述领导行为有效性时是十分有用的,领导者通过这些行为来影响追随者。这些行为可以单独使用,也可以同时使用,或者组合使用。领导者的行为直接影响下属的心理反应,进而引起行为反应。下属的情绪反应包括感觉、态度、情感、动机、期望等。领导者的行为可以对员工的心理产生积极的或者消极的影响。

1.3.2 有效的领导行为

在 20 世纪 90 年代,美国沃顿商学院豪斯(R.J.House)教授领导了一个全球跨文化领导行为研究项目(GLOBE)。该项目前后历时五年,参加此项目调查的有来自 62 个国家的 170 个合作调查者(世界每个主要地区至少有 3 个国家),样本包括 800 多个金融服务、食品加工以及电信服务公司的 17 000 名中层管理人员。调查问卷分三大部分:社会文化、组织文化及有效领导的行为和特征。项目使用的领导定义是:影响、激励、组织企业员工为企业的成功作出贡献的能力。领导部分的内容旨在识别在某一文化环境里能够影响或让周围的人为企业的成功做出努力的有效领导的特征和行为。问卷包括112条描述领导特征和行为的形容词或短语。这112条特征和行为短语是从合作研究者们提供的700多条中筛选出来的。问卷让参加者们根据自己的经历,就每一条是促进还是有碍于有效领导作出评判,最高分为七分(最大限度地促进领导的有效性),最低分为一分(严重阻碍领导的有效性)。项目把平均分在六分以上的行为列为全球公认的有助于有效领导的行为,把平均分低于三分的列为全球最不受欢迎的领导行为,处于中间的则被看做是受文化左右的。

该项目的研究结果如下:

1. 全球公认的有效领导的综合素质

协调能力强,可靠性强,值得信赖,聪明机智,公正无私,诚实本分。

2. 全球公认的有效领导的管理能力

双赢、成功地解决问题,熟练的行政管理技巧,事先计划,消息灵通,有效的谈判技巧,善于表达。

3. 全球公认的有效领导行为

互动的,善于激励下属,追求卓越,善于唤起信心,善于组建团队,具有鼓动性,决策果断,善于鼓励,积极向上,具有远见。

4. 全球评价最低(最不受欢迎)的领导特征

孤独不合群,性格暴躁/易怒,不善交际,含糊其辞,自私,冷酷无情,刚愎自用,不合作。

5. 以下领导特征是否有效取决于所处的文化环境

按部就班,谦虚和蔼,热情洋溢,论资排辈,标新立异,自主独立,充满激情,克制顺从,直截了当,具有感染力的表达能力。

6. 以价值观为本的领导特征

高瞻远瞩,品格高尚,决策果断,业绩卓越,激励和鼓动,勇担风险。

以价值观为本的领导在全球范围内都有效,与文化无关。

7. 有效领导在引导团队方面的特征

团队的集合者和发展者,集体主义精神,很有策略,乐善好施,行政能力强。

8. 有效领导在人情味方面的表现

友善的,重感情的,善于支持人的,平静不发火。

9. 有效领导在参与性方面的表现

权力下放,平息矛盾,不计地位,集思广益,按部就班,走群众路线。

1.4 领 导 力

1.4.1 领导力的定义

1. 对领导力的多种理解

领导力本质上是一种人际关系、一种影响力，它渗透于企业文化的方方面面。（Paul Hersey）

领导力首先是一个影响过程，领导力就是让人们愿意做某些事情。（詹姆斯 · P.刘易斯）

领导力是一个包括道德魅力、职责努力、岗位能力和心理承受能力的四元函数，是一种影响力，是一个行为，一个过程产生的力量。（李光炎）

领导力是领导者与追随者相互作用的合力，是领导者与追随者为实现共同目标而迸发出的一种思想和行为的能力。用公式表示：领导力（合力）= 领导者的能力+追随者的能力-阻力。（王丽慧，王玉英）

领导能力描述了成功的领导者所必需的知识和能力范围。（Barne）

2. 本书关于领导力的定义

每发表一篇领导力方面的文章，就会出现一个领导的定义。沃伦 · 本尼斯说："领导与爱情一样，大家都知道它的存在，但是没有人能够说清楚它是怎么一回事。在所有最模糊和最混沌的社会心理学领域，领导力理论无疑排在首位。相对于任何其他行为科学而言，我们对于领导力的著述非常多，而对于其内容却了解得最少"。关于领导的定义，其数量与该领域的学者一样多。目前有 850 多种领导的定义，都是正确的定义，但是都不是准确的定义。对于领导力之道的观察，如同盲人摸象，虽然描述的都是领导之道，但是"道可道，非常道"。所以，我们也可以根据自己对领导力的理解来定义领导力。

本书推荐采用埃德加 · 沙因的领导力定义："当我们有权力塑造他人的行为和价值观时，我们就认为那就是领导力。"也就是说领导力就是对他人的行为和价值观进行塑造的能力。可以根据《道德经》"有无相生"的智慧理解沙因的理论，行为是看见的"有"，价值观是看不见的"无"，对他人的有形与无形部分进行塑造的能力就是领导力。

同时，我们这样定义领导力：

（1）领导力是一种能力，是担任领导者的能力。领导者（leader）用领导力（leadership）去领导（lead）。

（2）领导力就是带领人们跟自己来的能力。

领导者通过设立愿景和目标，用个人魅力和资源影响一些人成为自己的追随者并与自己一起行动去实现目标。领导的实质就是带领别人与自己同行。这是大道至简的定义。

（3）领导力就是把自己的思想装入他人脑中的能力。

领导者不能控制员工的手脚和嘴巴，员工的手脚和嘴巴只能由员工自己的脑来指挥。如果领导者能够把自己的思想装入员工的脑中，则员工的语言和行为就会符合领导者的思想。因此，能够把自己的思想装入别人脑中的人，就会成为别人的领导者。领导者用思想引领追随者，并因此而影响群体实现既定的目标。追随者是主动把领导者的思想装入自己头脑的人。

（4）领导力是有无相生的智慧，包括五个境界：① 无中生有；② 有中生有；③ 有中化无；④ 无中化无；⑤ 无中生无。

这个定义是根据国学智慧来理解领导力而做出的本土解释。无表示思想、心态、价值观、情绪等看不见的无形的内容。有表示行为、语言、事情等看得见的有形的内容。

无中生有就是从无到有的过程，创新就是无中生有。

有中生有是小有变大有、一有变多有。

有中化无就是大事化小、小事化了的过程。

无中化无的第一个无可以表示不良心态、不正确的价值观等，是看不见的无形，所以叫做无；第二个无表示去除了不良心态、不正确的价值观等无形的内容。把看不见的不良心态、不正确的价值观去除的过程，叫做无中化无。此时没有不良心态、没有不正确的价值观，但是也没有优良心态、没有正确的价值观。

无中生无的第一个无是指没有优良与不良心态，没有正确与不正确的价值观等无形的内容，第二个无表示优良的心态、正确的价值观等无形的内容。从没有优良与不良心态、没有正确与不正确的价值观而产生优良心态、正确价值观的过程，叫做无中生无。

领导者借助有无相生的智慧，带领群体实现愿景和目标。

3. 领导学、领导力、领导艺术

领导学、领导力与领导艺术之间的区别是：领导学指理论，是科学，是知识，是道，是树根；领导力指领导能力，是法，是树干，是把领导学中的思想变成行为的能力；领导艺术是操作，是应用，是术，是树上的花、果、叶。

4. 领导力三要素

构成领导力的要素有三个：领导者、追随者、情境。三者和谐统一而产生领导力。

美国传统词典这样定义追随者：一个同意他人教导的人，一个随从、服务员或是下级；一个能仿效或同意他人的人；一个能够接受他人的指导和领导的人。

我们这样定义追随者：追随者是与领导者有共同的价值观和目标的人，在成就组织、领导者的同时成就自己。

追随者成就领导者。领导者因为有追随者而存在，追随者赋予领导者领导权力。优秀的领导者培养优秀的追随者，优秀的追随者造就优秀的领导者。

领导者通过影响追随者的心理反应而引发追随行为，如图 1.3 所示。

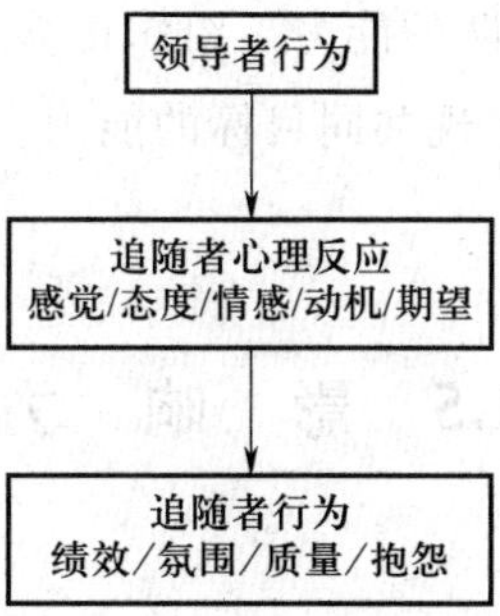

图 1.3　领导—追随者行为互动模型

资料来源:乔恩·P.豪威尔,丹·L.科斯特利.有效领导力.付彦,等,译.北京:机械工业出版社,2003.

不同的情境下人的欲望不同。经济学里的理性人都是有欲望的人,而且都希望自己的欲望得到最大限度的满足。其背后的含义就是:如果我们可以满足“理性人”的欲望,那么他们就会为我们去做“等价”的交换。因此,领导力又可以理解为“对他人的行为或者思想起到推动或者改变的能力”。由此可以看出,领导力的实质是对他人欲望的操纵。欲望有很多种,如权力、财富、荣誉、感情等。人的欲望都是一样的,但是满足欲望的渠道不同。只要精准地知道他人的欲望是什么,那么如何去对这个人施加“领导力”就成了水到渠成的事情。

1.4.2　领导力的三个层次

领导力可以分成个人领导力、团队领导力和组织领导力三部分。个人领导力是其他领导力的基础,个人领导力提升为团队领导力,团队领导力提升为组织领导力。先要能够领导自己和影响其他个体,再影响一个团队。组织由多个团队构成,当能够影响多个团队的时候,就具备了组织领导力。领导力的三个层次如图 1.4 所示。

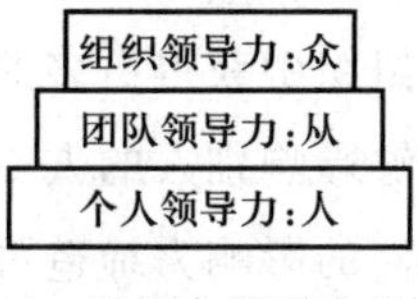

图 1.4　组织中领导力的层次

1. 个人领导力

个人领导力指个人领导自我的能力。影响别人之前先影响自己,通过建立个人美好的愿景,构筑健康向上的心智模式,约束自己的行为,培养个人良好的行为和思维习惯,激励自我,不断挑战极限的能力。可以用一个中文字“人”表示个人领导力。

2. 团队领导力

团队领导力指个人领导团队的能力,是个人作为团队的领导者所表现出来的领导力,是影响一个群体的活动并使之迈向既定目标的能力。可以用一个中文字“从”表示团队领导力。

3. 组织领导力

组织领导力指个人领导多个团队的能力。组织由多个团队构成,组织领导力是能够协调和指导多个团队缔造共同愿景,实现共同目标的能力。可以用一个中文字“众”表示组织领导力。

1.5 影　响　力

1.5.1 影响力的定义

所谓影响力,就是一个人在与他人交往中影响和改变他人心理和行为的能力。影响力人皆有之,但强度各不相同,并且,同一个人的影响力也会随着交往对象、交往环境等因素的变化而发生变化。领导者的影响力就是领导者有效地影响和改变被领导者的心理和行为,使之纳入群体活动目标轨道的能力,也就是领导者的状况和行为在被领导者身上产生的心理效应。任何领导活动都是在领导者与被领导者的相互作用中进行的。在领导者与被领导者的关系中,领导者起主导作用。领导者如果不能影响或改变被领导者的心理和行为,就很难实现领导功能,群体目标也很难达到。

这样的目标,可以通过缔造高的情商实现。高情商的人首先是能够清楚地认识自我,掌握一些自我情绪调控的方法,通过调控自我的情绪来影响自己的行为,然后再影响朋友、家人、下级、同级、上级。能够影响陌生人,把陌生人变成熟人,把熟人变成朋友,在这个过程中,就积累了广泛的人脉,积累了人脉就有了财脉。能够影响别人,就有了影响力;有了影响力以后,就拥有了领导力,就拥有了个人权力;有了个人权力,就有可能获得职位权力,就会在一个组织中获得更多的资源支持。我们不可能一开始就做管理别人的人,但是我们可以成为能够影响别人的人。影响别人的前提条件是我们要拥有能够影响别人的素质和内涵,基于情商的影响力缔造可以培育这样的素质和内涵。

影响力的大小最终取决于影响力主体、影响力客体、影响力本身以及影响力环境四个方面的因素。

1. 影响力主体

对于施加影响的主体本身,最重要的是要用心,付出自己的真心。用心一方面是认真,一个在外人看来还不认真的行为,只能取得相反的效果;用心另一方面是倾注真挚的情感,真情可以感人,感人的事迹和话语最容易造就影响力。影响力来源于对人们思维的冲击,影响力的形成还在于坚持不懈。没有坚持,也就没有影响力。

2. 影响力客体

影响力的形成也离不开影响力客体的接受和配合。观察被影响者对影响力的反应,掌握动态信息,将有利于影响力实施者调整影响策略,提升影响力的强度和有效性。

3. 影响力本身

从影响力本身而言，最关键的是既符合主体的行为特征又符合客体的行为特征，这个力量的发出要满足主客体的动机与利益要求。

4. 影响力环境

环境是影响力的平台。一种影响力之所以成为影响力，恰恰就是因为影响力的主客体以及影响力本身处在一个特定的环境之中。环境会决定影响力的种类，决定影响力的强弱，决定影响力的有效性。因此，应注意影响力与特定环境的匹配，选择有利的环境，必要时可以创造环境，营造一个良好的氛围，来提升影响力的强度；如果无法改变环境，则应及时调整影响力实施的手段，改造自己以适应所处的环境。

案例

一个妇女带着她的儿子去见甘地，甘地问她想要什么，她回答："我想请你让他不再吃糖。"

"两周以后，把这孩子再带来。"甘地回答。

两周以后，这位妇女带着她的儿子来了。甘地转向这个男孩，说："不要再吃糖。"

妇女奇怪地问："为什么两周以后你才说这句话？"

"两周前，我自己也在吃糖。"甘地回答。

领导就是影响，影响别人先影响自己。以身作则才能够影响别人。

1.5.2 影响力的社会心理依据

领导者之所以能发挥其影响力，除了社会分工的需要、领导者的自身素质之外，很重要的是在社会个体中存在着对领导的心理需要。这些心理需要的总和，构成了实现领导影响力的社会心理基础。它们是对特定群体的归属心理，对杰出人物的崇拜心理，对行为表率的模仿心理，对权威的遵从心理。

1. 对特定群体的归属心理

按照马斯洛的需要层次理论，归属是人的一种高层次需要。人在社会生活中，总是渴望自己归属于一定的群体，成为某一群体中的一员并得到群体成员的关心与爱护。事实上，无论什么人，都必然归属于一定的社会群体。物以类聚，人以群分。这是因为在群体中，个人的才能能够得到发展和表现，同时，群体的其他成员才能以不同方式来满足个体的物质和精神需要。从社会物质生产和社会生活来说，这是社会的分工和协作。

2. 对杰出人物的崇拜心理

心理学与社会学研究表明，人类对于建立了功勋的领导者会有一种自发的崇拜心理。原始社会氏族或部落的领导，一般都是作为渔猎的能手或战争中的英雄而被人们拥戴的，并且人们往往以自己的群体有这样的杰出人物当领导者而自豪。

3. 对行为表率的模仿心理

模仿是在没有外界控制的条件下,个体受到他人行为的刺激影响,使自己的行为与之相似或相同。模仿是人的一种本能倾向,这种倾向在群体行为中尤其显著,它可以促进社会的整合和发展。模仿的行为总是自己所倾向的、所希望具有的行为。通过模仿,能使自己适应环境,得到好处,或产生一种满意感。模仿达到内在的更深层次时,被称为认同。这时,模仿者已经能够认识到模仿的那种行为的意义和价值,产生一种喜爱的情绪体验。对于行为表率的模仿,既有有意识的,也有无意识或下意识的。

4. 对权威的遵从心理

遵从是人的一种心理倾向。社会通过每个个体的特殊心理需要,使其接受社会所认同的行为模式,产生社会遵从。遵从包括对人的遵从和对规范的遵从。遵从不同于模仿,不是被动的、消极的;遵从也不同于依从,不是不愿意而勉强去做,而是构成一定的文化模式,是为了维持社会团体所订立的标准,个人自觉自愿地普遍采取的行为方式,是习以为常的、自然的。卡耐基曾把人的本能列为 18 种倾向,遵从即其中之一。遵从总的说是一种适应性的必然现象。遵从往往是同一文化环境中人的相似性行为方式。社会单位越小,其成员的相似性就越大,个人对群体就越信任。或者越觉得是一个可靠的信息来源,他就越可能遵从。遵从还出于对偏离的恐惧。在产生遵从的过程中,群体意见的一致性是很重要的因素。群体的内聚性越大,导致的遵从性越大。群体成员的群体精神越强,遵从性越大。群体有明确的价值目标,较之没有明确目标或目标价值不大,遵从性要大得多。较大的群体、群体的专长、个体自信心的缺乏,都是遵从性产生的因素。以上说的是领导者影响力的社会心理条件,离开这种社会心理定式和社会效应,领导者就无法实现其影响力。

1.5.3 影响力的本质

人的趋利避害的本性的进一步延伸就是影响力的本质所在。影响力的发出者之所以会发出影响力是为了实现个人目标或个人所代表的组织、部门、岗位的目标。影响力的接受者分为自觉接受、被迫接受和排斥三种情况。如果影响力的发出者与接受者在目标、信念、观点以及策略上趋同,接受者就会自觉认同这种影响力。如果影响力的发出者和接受者的目标、信念、观点以及策略的差异性占主导地位,则会产生排斥心理,但是这种排斥心理能否变为实际的排斥行为取决于利弊得失,由此产生被迫接受或排斥影响力的行为。研究影响力的本质有助于理解影响力的客观性、普遍性和差异性,也有助于影响力的获得、提升、保持等科学性、艺术性和实践性问题的解决。比如,有前瞻性的领导的影响力之所以较强,是因为人们都渴望有美好的未来;品质优良的人的影响力之所以较强,是因为人们都有一种避免受到伤害的趋向。

1.5.4 影响力分类

1. 影响力的构成因素

领导者影响力本身作为一个多因素的综合结构，是一个很复杂的系统。领导者影响力的构成因素可以划分为权力因素和非权力因素两大因素群。权力因素包括传统因素、职位因素、资历因素等，非权力因素包括品格因素、能力因素、知识因素、感情因素等。根据这两个因素群在影响力系统中的作用不同，可以把领导者影响力划分为权力性影响力和非权力性影响力。

领导者的影响力包含主观和客观两个层面。

主观上，领导者是否愿意更大范围地影响他人，是否希望更多的人追随自己行动，反映在行为上。有影响力的领导者热情地推销自己的主张，极力说服他人，喜欢拥有追随者和支持者；其内驱力是建立在自信心基础上的对领导责任、权力和成就的追求，并且主动提高领导水平和领导艺术，提高组织效率，达到更高的领导效果，从而获得更广泛的影响力。

客观上，领导者对被领导者的影响力有两种：权力性影响力和非权力性影响力。前者是由领导者的职务、地位和权力所形成的，对他人的影响具有强迫性和不可抗拒性，造成被影响者的心理上和行为上的服从；而后者是由领导者本身的素质和行为决定的，其特点是没有明显的约束力，要依靠自己的威信来影响他人的心理行为，对他人的影响具有自然属性。

非权力性影响力依赖于权力性影响力，同时又影响着权力性影响力。非权力性影响力可以使权力性影响力得以发挥，也可以使权力性影响力丧失殆尽。成功的领导者能够灵活运用权力性影响力和非权力性影响力。如果领导者只注重发挥权力性影响力，则往往是得势不得人，使人口服心不服，导致部下对其貌合神离、敬而远之，无法达到领导者与被领导者彼此之间心理相容、配合默契、轻松愉快、步调一致，因而，难以调动被领导者的积极性，也难以提高组织效能。其在位时门庭若市，退位时门可罗雀。

非权力性影响力是以榜样的示范性和导向性作为基础产生感召力。人都有尊重、服从、崇敬、信赖、接纳、忍让的心理基础。在实际工作中，领导者优秀的品德、超群的才能、渊博的知识、纯洁的感情、健康的心理、良好的形象、完善的人格能深深赢得被领导者的敬佩和仰慕，并把他当作自己的榜样、楷模和前进的导航者。形成这种心理之后，他们就会认为领导者所发出的各种信息，包括做出的决策，都是真实的、可靠的、正确的、可信赖的，值得全力以赴地为之奋斗。

表 1.1 列示了权力性影响力和非权力性影响力的区别。

表 1.1 权力性影响力与非权力性影响力的区别

影响力类型	行为表现		
权力性影响力	以权制人	以力压人	以利诱人
非权力性影响力	以德服人	以理服人	以情感人

2. 权力性影响力

权力性影响力又称强制性影响力，它是由社会赋予个人的职务、地位和权力等形成的，带有法定性、强制性和不可抗拒性。此种影响力不是每个人都有的，它是领导者特有的影响力，也是领导者完成领导职务必须依赖的重要影响力。这种影响力的获得与职位和权力的获得是同步的。构成权力性影响力的要素主要包括：传统因素、职位因素和资历因素三个方面。

（1）传统因素。它是指人们对领导者的一种传统观念。由于长期以来人们怕“官”，人们对领导者有一种心理观念（不是法定的），认为领导者总是不同于一般人。这种观念逐步成为某种形式的社会“规范”，使人们从小就打上了深刻的印记，导致被领导者对领导者产生服从感。这种传统观念所产生的影响力普遍存在，只要是领导者，就自然获得了这种力量。

（2）职位因素。它是指个人在组织中的职务与地位。居于领导地位的人，组织授予他一定的权力。而权力使领导者具有强制下级的力量，凭借权力可以左右被领导者的行为、处境、前途以至命运，使被领导者产生敬畏感。职位因素造成的影响力是以法定为基础的，与领导者本人的素质条件没有直接关系。它是由社会组织赋予领导者的一种力量。

（3）资历因素。它是个人历史性的东西。

从这里我们可以看到，由传统因素、职位因素和资历因素所构成的影响力，都不是领导者的现实行为造成的，是外界赋予的。它对下级的影响带有强制性和不可抗拒性。这种影响力对被领导者的作用主要表现为被动、服从，它的核心是权力。所以，它对人的心理和行为的激励作用是有限的。

3. 非权力性影响力

非权力性影响力又称自然影响力。与权力影响力不同，它既没有正式的规定，也没有组织授予的形式，而是以个人的品德、才能、学识等因素为基础形成的。

这种影响力人皆有之，其产生的基础要比权力性影响力广泛得多。这种影响力表面上并没有合法权力那种明显的约束力，但实际上它常常能发挥权力性影响力所不能发挥的约束作用。构成非权力性影响力的要素是：品格因素、能力因素、知识因素、感情因素。

（1）品格因素。这是指领导者的道德品质、人格、作风等，它反映在领导者的一切言行之中。优秀的品格会给领导者带来巨大的影响力，使人产生敬爱感，而且能吸引人，促使人去模仿。无论多么出色的领导者，倘若在品格上出了问题，那他的影响力就会荡然无存。我们反对以权谋私，就是这个道理。领导者如果在公开场合讲得头头是道，而在私下却大开后门，搞不正之风，那么，下属对这样的领导者往往只是表面服从，而内心是反感的。下属最讨厌的是言行不一、表里不一的上级主管。为此，领导者要十分注意培养自己的优良品格。下属对于领导者缺乏某些素质因素如能力、知识、经验等是可以原谅的，但如果领导者缺乏品格因素则是不可原谅的。

(2) 能力因素。一个有才能的领导者会给工作群体带来成功的希望,使人们对他产生一种敬佩感。敬佩感是一种心理磁石,它会吸引人们自觉去接受影响。

一般来说,人的才能应该同他的职务相称,这叫“人与事”的最佳匹配。但生活中的确存在一些位高才低的无能领导者。他们身居高位,但是名实不相符。这种领导者处理事务慢慢腾腾,往往不能按时完成计划。由于缺乏判断能力,他们还会经常做出错误的决定。这种领导者带领的工作群体,与其他工作群体在工作上无法协调,势必妨碍工作群体各项业务工作的开展。所以,要善于识别职位与能力不相适应的领导者,发现有真才实学的领导者。在进行提拔或晋级的安排时,必须依能力和贡献大小的标准来进行,以便使各级领导者都能够名实相符。如果让一个人担任他完全力不从心的职位,这对他本人来说也是一件苦恼的事。因为在这样的职位上显示不出他的才能,就得不到下属的敬佩,最终会失去下属的信任。

(3) 知识因素。知识是一个人最宝贵的财富。知识本身就是一种力量,是科学所赋予的力量。一个领导者如果具有某种知识专长,便会对别人产生更大的影响力。领导者所拥有的这种权力,就是专家权力。

一个工作群体的领导者除了具有行政领导权外,还必须掌握丰富的业务知识。这样才能正确地处理各类问题,使下属感到满意,才能在下属中产生影响力。这种影响力是超越职权的。

领导者在合法权力之外,充分发挥专家权力的作用,可以大大提高工作成效。一个没有专家权力的领导者由于缺乏业务知识,可能在许多问题上一筹莫展。因此,必须提高自己的业务能力。

(4) 感情因素。感情是人对客观事物(包括人)好恶倾向的内在反映。人与人之间建立了良好的感情关系,便能产生亲切感。在有了亲切感的人与人之间,相互的吸引力就大,彼此的影响力就大。领导者平时待人和蔼可亲,时时体贴、关怀下属,与员工的关系十分融洽,他的影响力往往比较大。如果领导者与下属关系比较紧张,就会造成双方的心理距离。心理距离是一种心理排斥力、对抗力,超过一定限度就会产生负的影响力。

一个工作群体的领导者要将他们的决策变成下属的自觉行动,单凭权力性影响力是不够的,因为,若没有感情的影响力,仍然不能最大限度地发挥领导者作用。领导者要想使下属心悦诚服、为其所用,不仅工作上听从领导者的指挥,更在感情上能与领导者心心相印、忧乐与共,就必须发挥感情的影响力;要在下属中发挥感情的影响力,就必须克服官僚主义的领导作风,改进工作方法,做到从感情入手,动之以情、晓之以理,以取得彼此感情上的沟通。

本章关键词

领导　领导者　追随者　权力　个人领导力　团队领导力　组织领导力　领导与管理

影响力　权力性影响力　非权力性影响力

作业 1　课程思考题

1. 选择一位对你有影响力的人，描述他的影响力来源。

2. 选择一位有影响力的领导者，想想他的哪些行为使得他的领导有效。

3. 在你的阅历中，哪种领导行为有效地影响过你？你如何才能够培养自己的这些行为？

4. 判断你和领导者（或者同事）的关系，并考虑如何改善。

5. 什么是影响力和领导力？

6. 影响力的构成要素是什么？

7. 如何提升自己的影响力？

8. 没有岗位权力如何缔造影响力？

9. 什么是权力？权力的七种构成要素是什么？

10. 互联网时代的特点是什么？

11. 互联网的虚拟世界与实体组织的领导力有何区别？

12. 如何利用互联网获得个人权力并因此而获得领导力？

作业 2　课后练习题

1. 策划一次活动，并且设法让足够多的人参与。分析你在这个过程中采用权力的艺术。

2. 观察别人组织的一个活动，构思一个更好的创意，把这个创意推销给主办者。

3. 熟悉提升影响力的方法，逐渐使用提升影响力的一些方法，使得自己具有影响力。

4. 记录每天有影响力的行为，并且总结提高。

5. 找出一个利用互联网获得个人权力的案例，并分析其产生领导力和影响力的路径。

6. 在自己的微信朋友圈中，利用六有策略，产生一次个人影响力。

作业 3　即测即评

第 2 单元

个人领导力

第 2 章　智商与情商培养

1. 理解智商和情商
2. 了解智力的分类和培养
3. 认识情商的作用
4. 把握情商培养的路径
5. 基于情商开发领导力
6. 开发逆境商
7. 基于情商使用批判性思维

2.1　智商培养

智商是个人智力水平的数量化指标。1921 年美国《教育心理学》杂志、1986 年美国《智力》杂志邀请知名心理学家讨论了关于智力的维度和广度的一些问题:智力是单一结构还是复合结构?哪类行为涉及智力?艺术和体育行为是否也涉及智力?第一次讨论形成三种意见:智力是抽象的思维能力,智力是学习的能力,智力是适应环境的能力。第二次讨论也形成了三种意见:智力是理解和推理的一般能力,智力是相关的各种特殊能力的总称,智力是以抽象思维能力为中心的多种认识能力的综合。

我国学者对智力的理解也有三种意见:智力包括观察力、判断力和创造力;智力是多种认识能力的综合表现,其中最基本的就是记忆力和思维能力,思维能力是核心;智力是脑神经活动的各种特征及由它引起并与它相互作用的心理的协调反应。我国学者认为,智力是认识事物、解决问题和创造性活动的能力。它的构成因素包括十种能力:自学能力、记忆能力、消化能力、研究能力、想象能力、抽象能力、组织能力、表达能力、解决能力、创造能力。自学能力是智力活动的源泉,记忆能力是智力活动的仓库,消化能力是智力活动的取舍器,研究能力是智力活动的加工厂,想象能力是智力活动的翅膀,抽象能力是智力活动的渠道,组织能力和表达能力是智力活动的输出口,解决能力和创造能力是智力活动的检验员。

2.2 情商的内涵与作用

2.2.1 情商的内涵

1. 情绪

情绪(emotion)一词的拉丁语词根为“行动”(motere),加上前缀“e”,表示“离开”,意味着采取行动逃离危险的内在动力。

学者们已经给出了101种情绪的定义,其中一种定义是:主观和客观因素以神经和荷尔蒙系统为媒介,使得情感经验如冲动或是高兴、不愉快等感觉发生复杂的相互作用,将认知的过程如与情绪有关的直觉作用进行排列或是评估,使得心理可以适应情绪释出的条件,从而导向表达强烈目的取向的行为。(艾利丝 · 克乃吉纳)

《牛津词典》对情绪的定义是:心灵、感觉或感情的激动或骚动,泛指任何激越或兴奋的心理状态。

2. 情商

情商又叫情绪智力。领导效能的实现是通过领导者与追随者的互动实现的,在这种互动过程中不仅仅是利益和任务的简单传达交换,更是情感的传递和沟通过程。因此从20世纪80年代以来,作为意识和控制自身情绪、理解和影响他人情绪、进行人际沟通发挥影响力的综合能力指标——情绪智力(emotional intelligence)越来越受到领导学研究者的重视。

情绪智力属于社会智力(social intelligence)的一部分。社会智力是理解和控制自己和他人以及在人际关系中活动的能力。社会智力被分为人的个体智力(intrapersonal intelligence)和人际智力(interpersonal intelligence)。个体智力是指管理自己的能力,是在各种复杂甚至有可能冲突的感受中调控自己的外在表现的能力;人际智力是一个人能够识别和区辨他人,特别是对他们的情绪、气质、动机以及行为倾向的思辨能力。

情绪智力是处理情绪的能力,是监控自己和他人的感觉与情绪,在其中做出区辨并用这些信息指导自己思维和行动的能力。从认知以及行为的复杂性和柔韧性方面讲,情绪智力与领导者的竞争能力有关。对领导者来说,重要的不是去用自己的认知能力身体力行地做事情,而是如何使手下的人团结一致去完成共同的目标。在这种情况下,情绪能力的重要性要高于认知能力,因为每一个人的需求都不一样,在一起工作时往往会因为个人的需求得不到满足而通过情绪来发泄,作为一个领导要想使有不同需求的个体一起为集体的目标努力,就必须体察员工个人情绪上的变化。无论是任务导向还是关系导向的领导都需要有移情换位的能力,也就是说,要能够了解下属内心的变化。

1995年10月,美国《纽约时报》专栏作家丹尼尔 · 戈尔曼(Daniel Goleman)出版了《情感智商》一书,对情感智商进行了全面介绍。此书迅速成为畅销书。传统的观点认为一般智力(智商)和技术能力是领导获得成功的关键,而戈尔曼通过对近两百个大型的跨国公司的研究发现,情商是一个领导者成功的必要条件,尤其是对那些高层次的公司领导者而言。如果没有很高的情商,一个人即使受过很好的教育,有着敏锐的思维,具有高智商和极强的分析能力,也无法成为一名优秀的领导者。

情商是一种表达和调节情感的艺术。戈尔曼指出,情商不同于智商,它不是先天决定的,而是由下列五种学习能力构成:

(1) 认识自身的情绪的能力。能够迅速觉知自己的情绪,了解情绪产生的原因。

(2) 妥善管理情绪的能力。能够自我安慰,摆脱焦虑、不安、犹豫,能够控制情绪。这方面能力较匮乏的人常不自觉地与低落的情绪交战,掌控自如的人则能很快走出情绪的低潮。

(3) 自我激励的能力。能够整理情绪,让自己朝一定的方向努力。成就任何事情都要靠情感的自制力——克制冲动与延迟满足,保持高度热忱。一般而言,能自我激励的人做任何事情的效率都比较高。

(4) 认知他人情绪的能力。觉知别人的需要,理解别人的感受,能够换位思考,具有同理心。移情是认知别人情绪的主要工具。知己知彼,才能成就主动的态势。了解他人的思绪变化,才能有的放矢。

(5) 维系融洽人际关系的能力。能够理解别人的情绪且适应别人的情绪。维系人际关系就是管理他人情绪的艺术。

丹尼尔·戈尔曼2002年9月在《哈佛商业评论》上发表的文章《卓有成效的领导艺术》,对情商的具体内容进行了汇总,见表2.1。

表2.1 情商内容汇总

情商分类	具体内容
自我意识	知觉自己的感情:觉察与理解自己的情感,并认识到它们对自己的绩效、人际关系等的影响 正确的自我评价:客观准确地评价自己的优势和不足 自信:对自身能力有极强的正面认识,相信自己
自我管理	自我控制:能够控制破坏性情感与冲动 可信赖性:一贯表现出正直与诚实 敬业:恪尽职守,尽职尽责 适应能力:适应环境的变化,能克服困难 成就导向:具有追求卓越的内在动力 主动性:时刻准备抓住机遇
社会意识	同理心:能觉察他人的情感,理解他人的想法并关心他人的利益 组织意识:能洞察组织状态,建立决策网络并驾驭内部权力斗争 服务意识:了解与满足客户需求

续表

情商分类	具体内容
社交技能	远见:能用愿景、目标激励他人 影响力:熟练使用说服技巧 培养他人:不断给他人提供反馈与指导,支持他人进步 沟通:聆听他人,传递明确、可信、恰当的信息 变革催化剂:擅长实施新思想,领导他人朝着新方向迈进 冲突管理:能够减少争执及协调不同的方案 建立纽带:娴熟地建立与维护关系网络 团队协作:能够促进合作并建立团队

资料来源:丹尼尔·戈尔曼.卓有成效的领导艺术.哈佛商业评论,2002(9).

根据对情商学术研究的理解,我们这样简单定义情商:情商是管理情绪的能力。这个能力分五个维度,为了便于记忆,我们这样描述这五个能力维度:认识自己的情绪、管理自己的情绪、认识别人的情绪、管理别人的情绪、自我激励。

中国传统文化认为人的情绪包括七情六欲。七情包括:喜、怒、忧、思、悲、恐、惊。七种情志,如果不能调控到中庸状态,则会导致人生病。七情过度伤人:喜伤心、怒伤肝、忧思伤脾胃、悲伤肺、惊恐伤肾。六欲包括:色、声、香、味、触、法。六欲来自人体与外界沟通的六个门户:眼、耳、鼻、舌、身、意。

管理情绪也就是管理七情六欲。中国传统文化中有极其丰富的管理情绪的智慧。《道德经》中有:开其兑,济其事,终身不救。塞其兑,闭其门,终身不勤。《礼记·曲礼》中有:傲不可长,欲不可纵,志不可满,乐不可极。《群书治要》中有:德日新,万邦为怀。志自满,九族乃离。

2.2.2 情商的作用

习近平主席在天津和高校毕业生、失业人员等座谈时,问村官杨代显情商重要还是智商重要? 杨代显回答都重要。习近平说:"做实际工作情商很重要,更多需要的是做群众工作和解决问题能力,也就是适应社会能力。老话说,万贯家财不如薄技在身,情商当然要与专业知识和技能结合。"①

情商的高低可以决定一个人的能力是否可以充分发挥,由此也就决定了人生的成就。不能驾驭情感的人,内心激烈的冲突会削弱他们的实际工作能力和思考能力。情商决定命运,现代研究证明,情商在人生的成功中起决定作用。人生成功遵守 20/80 原则,即成功 20%取决于智商,80%由其他因素决定,其中重要的是情商。这个比例不是绝对准确,只是

① 中国新闻网.2015-05-14.

表明情感智商对人的重要性而已。一个人在社会上最终占据什么位置,绝大部分取决于非智力因素。一个人前半生主要取决于智商,后半生主要取决于情商。

戈尔曼用了两年时间,对全球接近500家企业、政府机构和非营利组织进行分析,除了发现成功者具有极高的工作能力以外,其卓越的表现与情绪智力有密切的关系。卓越的领导者在一系列的情绪智力上都有卓越的表现。

情商对领导者尤其重要,因为领导就是影响,领导力就是影响别人、调动别人情绪的能力,领导就是发动别人去工作。

首个《中产家庭幸福白皮书》在沪出炉,由中宏保险2010年启动。该调查历时2个月,覆盖全国10个省及地区,35个城市,共有10万人参与了活动。该调查旨在通过一系列可量化的数据,真实反映中产家庭幸福生活的各个层面,探究影响中产家庭幸福的若干因素,以期为促进中产家庭生活质量的提高提供可行性的建议;根据调查结果,总结出影响"守护家庭幸福"的五个因素,并对如何提高家庭幸福感提出建议。健康、情商、财商、家庭责任以及社会环境被绝大多数调查者认为是影响家庭幸福最重要的因素,且五者相互关联、缺一不可。调查报告显示,除了工作压力、身体健康以及经济因素构成家庭幸福的最大阻碍外,与家人之间的沟通也是影响守护家庭幸福的重要因素,并且与其他四个重要因素之间有着千丝万缕的联系。

2.3 知觉自己的情绪

2.3.1 知觉自己的途径

苏格拉底的名言是:"认识你自己。"人要有自知之明,在情绪产生时,能够知觉它们的存在。了解自己的情绪,才能够有目的地调控和驾驭它;不了解自己的情绪,就只能无助地听任它们摆布,成为情绪的奴隶。当你能够观察自己的情绪的时候,情商就起作用了。高情商的人能够觉察自己情绪的状态,知道这种情绪能够表达的意思,找出情绪产生的原因,对自我情绪做出必要的调整,使得自己处于良好的情绪状态。低情商的人不能及时认识自我情绪的状态和原因,不能对自己的情绪进行调节,因此使得消极情绪弥漫、心境糟糕。

认识并把握自己的情绪,就能够指导自己的行动,从而把握自己的命运,主宰自己的人生。心理学家迈耶提出,人们的情绪管理有以下几种类型:

(1) 自我知觉型。一旦情绪出现,自己就能够觉察。这种人情绪复杂丰富,心理健康,积极乐观,情绪低落时不辗转反侧、缠绵其中。这种人能够有效地管理自己的情绪。

(2) 难以自拔型。这种人在情绪处于低潮时无力自拔,任凭情绪主宰自己。这种人情绪多变、反复无常,自己又不知道,常常处于情绪失控状态,精神容易崩溃。

(3) 逆来顺受型,又叫认可型。这种人了解自己的情绪,接受自己的情绪,但是不改变它。这种人又分两种类型:一种是乐天知命型,整天开开心心,自然不愿意去改变。另外一种是悲观绝望型,虽然认识到了自己的不良情绪状态,但是却没有能力去改变,束手待毙于自己的绝望中。抑郁症属于这种类型。

高情商的人属于自我知觉型。这种人通过三个途径了解自己:通过别人对自己的评价了解自己,通过自己的人生阅历了解自己,通过对别人的观察了解自己。

通过别人了解自己是客观的,如果别人对自己的评价与自我评价的差别大,就需要调整。人生格局由自己来定,不能从别人身上寻找自己,所以要内省反思,通过阅历了解自己。唐太宗说:以铜为鉴,可以正衣冠;以人为鉴,可以明得失;以古为鉴,可以知兴替。从别人身上,可以看到自己的优点与不足。

2.3.2 内省

内省是反思自己的动机与行为。审视自我,目的是发现和克服自身缺陷以达到心理上的健康和完善、克服病态,是自我净化心灵的一种手段。内省是积极健康的心理,不是自毁、自卑,也不是自满、自负。别人的疏远、事业的失利、别人的阿谀逢迎都是激发内省的动力。

知人者智,自知者明。(《道德经》)认识自己比认识别人困难,能够内省的人是大智大勇的人。亚里士多德认为:"对自己的了解不仅仅是最困难的事情,也是残酷的事情。"把手术刀指向自己的时候,就很难心平气和、不偏不倚了。

在每个人的精神世界里都存在着矛盾的价值观:善良与丑恶、好与坏、崇高与堕落、高雅与庸俗、创造性与破坏欲。能否不断内省、在精神世界里自我扬弃,决定你成为怎样的人。任何只停留在外表的变化,都无法使得人得到真正的成长。

每个人都有巨大的潜能、各自的特点和长处,都可以通过内省发扬自己的优点。渺小或者伟大,杰出或者平庸,取决于透彻到位的内省。

案例

一个富有的人脾气暴躁,对周围的一切都看不惯,感到生活没有乐趣。一天他听说附近来了一个有智慧的人,就前去拜访,希望从那里得到快乐的秘诀。这个人一进智者的家门便开始唠叨抱怨:妻子不体贴、子女不孝顺、朋友不够意思、同事斤斤计较、自己如何了不起。智者看清楚了富人不快乐的原因。此时他听到窗外有吵闹声,便有了主意。他打开窗户,让富人往外看,并问他看到了什么。富人说:"外面有人在卖菜,有人在讨价还价,有大人和孩子、车子。""很好!"智者又把他领到镜子前面,问道:"你看到了什么?""只有自己。"这个人回答。"对了。"智者说,"镜子和窗户都是玻璃做的,唯一的区别是镜子的玻璃后面有一层水银。就是这一点点差别,透过窗户能看到别人,而对照镜子就只能看到自己。"

2.4 管理自己的情绪

自己的情绪要靠自己管理，打开自己心灵之锁的钥匙在自己的手里。因为别人没有历经你的心路历程，所以别人很难懂你。只有你自己才能够无条件听从自己，只有你自己才能够改变自己。除了改变自己习惯的思维，还可以改变自己的注意力，做些自己喜欢的事情，学会自我安慰。当事情无法挽回的时候可以用精神胜利法维护自尊和自信心，以图东山再起。

情绪具有感染性：当看到别人微笑或发怒的表情时，自己面部肌肉会产生轻微的动作反应，因而会出现同样的特征。“不要因为你的敌人燃起一把火，你就把自己烧死。”（莎士比亚）

不能生气的人是笨蛋，而不去生气的人才是聪明人。

先做好自己的主人，然后才能够做别人的主人。当你的感情超越了理智，你将成为感情的奴隶。战胜你自己的感情，真正证明你是命运的主人时，你才能真正获得自由。苏轼说：“天下有大勇者，猝然临之而不惊，无故加之而不怒。”马卡连柯说：“伟大的意志不仅善于期待并获得某种东西，而且善于迫使自己在必要时拒绝某种东西。没有制动就不可能有机器，没有抑制力就不可能有任何意志。”

情绪化是一种破坏力量。

情绪化的表现就是不管后果地表达情绪，什么话都敢说，什么事都敢做，什么人都敢伤，给人的感觉是失去了理智、不冷静。

情绪化行为的特征是：

（1）无理智性。由于不理性，因而失去了自己行为的目的。人与动物的区别是人的行为具有理智性。

（2）跟着情绪走。不能驾驭自己的情绪，反而被情绪左右，还被别人的情绪驱动。

（3）冲动。意志控制力薄弱，不能控制行为，就像爆竹，一引就炸。冲动是魔鬼。

（4）对刺激敏感。满足自己需要的刺激一出现就异常高兴，对满足不了自己需要的刺激异常愤怒。行为原始低级，容易被利用而上当。

（5）不稳定。行为多变，喜怒无常，忽云忽雨，让人捉摸不定。

（6）攻击性。容易把自己的愤怒情绪表现出来，用行为、语言、表情等攻击别人，让人难堪。

情绪化行为负面效果严重，破坏自己的情绪，破坏团队的情绪，甚至是祸根，因此需要对自己的情绪进行管理。

案例

一个企业管理者发问:“我总爱发火,而且发火然后就后悔,什么原因?”教授问他:“你都跟谁发火了?”答曰:“主要是下级。”问曰:“为什么不跟上司发火?”答曰:“不敢”。教授曰:“你管理情绪的能力非常强,该发火的时候发火,不该发火的时候就不发火。如果向下级发火令你产生恐惧感,你就可以控制情绪了。”

管理情绪的力量有两个:恐惧和诱因。

何为激励?通过刺激使发生。刺激就是恐惧和诱因,也叫做正激励和负激励、胡萝卜和大棒。可以发生的有思想、语言、行为。

领导者自我激励开发领导力,可以用《中庸》的智慧管理好自己的情绪:“喜怒哀乐之未发,谓之中;发而皆中节,谓之和。”“不偏谓之中,不易之谓庸。中者,天下之正道;庸者,天下之定理。”这样才能达到孔子倡导的境界:哀而不伤,乐而不淫。

2.5 认识他人的情绪

2.5.1 移情换位

认识他人有多种方法,可以用移情换位和中国古代先哲的思想,如鬼谷子的揣摩思想等。移情换位是从不同的立场知觉情景的方法。当我们思考问题的时候,可以把自己放在三个位置,如表 2.2 所示。

表 2.2 知觉的位置

位置	说明
自己	站在自己的角度感知情景,通过你的视觉、听觉、触觉、味觉、嗅觉去体验
对方	站在对方的角度感知情景。假定你就是别人,站在别人的角度去思考
旁观	站在局外人的角度感知情景。把自己设想成第三者,或者是行路人

(1) 站在自己的角度,你会根据自己的价值观和目标去考虑问题,以自我为中心,用的词汇包括:我认为、我想、我觉得、我担心、我恐怕、我要等。

(2) 站在对方的角度,自己就是对方,就能够设想出对方如此行事的理由。

(3) 站在局外人考虑,你是第三者。在你的大脑里,你能够看见自己和对方。这样中立客观,不会引起情绪反应。

移情换位的能力,是走出日常局限的一种方式。跳出盒子思考,会使得自己超脱、客观地观察事物,可以使得自己摆脱情景中情绪的干扰。不论是个人还是组织,恰当采取三个位置，都能够增加灵活性。

有些管理者可能觉得很难接受移情换位。很多人觉得对下属产生同理心可能会难以达成企业目标，甚至有些人认为去了解下属的感受是很荒谬的，因为“这样就不可能去管理他们了”。另有些人表示，在情感上与下属保持距离才能做出复杂的企业决策。事实上与下属接近只是让管理者在做决策时更人性化一点。

案例

一个大公司的副总裁具有人权和财权，他过去生硬地指挥他的下属们工作，从来没有考虑过他们的情绪反应。当他知道了换位移情重要性的时候，他深有感触地说：“这个思想价值连城。过去我只是生硬地命令我的属下。他们内心不满却又不敢表达，他们明知道我的指挥不对却又不提出，而我不可能对所有具体的事情都清楚。他们会坚决地按照我的意思去做，然后让我损失惨重。”

2.5.2 揣摩

1. 鬼谷子的揣摩思想

中国人讲究思辨，中国古人思想的智慧可以告诉我们如何去换位移情。鬼谷子（公元前390—前320）培养了学生苏秦和张仪。《鬼谷子》由苏秦所作，成书于春秋战国时期。

古之善用天下者，必量天下之权，而揣诸侯之情。量权不审，不知强弱轻重之称；揣情不审，不知隐匿变化之动静。（《鬼谷子》）

揣情即通过外在表象来探测和了解隐藏在内的真情。“揣”的具体方法如下：

（1）在人有“喜”或“恶”之情时，挑动并加重这种情绪。人在情绪化之时，容易露出真相。

（2）当人不为你的挑动而动时，离开他，去问和他亲近的人，以曲为直。

摩者揣之术也，内符者揣之主也。圣人谋之于阴，故曰‘神’；成之于阳，故曰‘明’。其摩者，有以平，有以正，有以喜，有以怒，有以名，有以行，有以廉，有以信，有以利，有以卑。夫事成必合于数，道数与时相偶者也。（《鬼谷子》）

鬼谷子的所谓“摩”就是揣摩的意思，它的主要对象是人们的内心活动。进行揣摩时，有规律可依，而这些规律却不是显而易见的。在进行揣摩时，要根据对方欲望投其所好进行测探，其内情就会通过外部行为反映出来。内在的感情要表现出来，必然要有所作为，这就是揣摩的作用。

在“揣摩”之后，要适当地离开对方，像把地窖盖上一样隐藏起来，消除痕迹，伪装外表，回避实情，使人无法知道是谁办成的这件事。这样，办成了事，却不会留下祸患。在一处揣摩对方，而要在另一处观察对方的表现，顺应事物规律，使我方揣摩能在对方应验，则办事无所不成。古代善于揣摩的人就像拿着钓钩到水潭边上去钓鱼一样,只要把带着鱼饵的钩投入水中就一定可以钓到鱼。

在实施"揣摩"时,可以采用十种策略:用和平进攻、用正义征服、用娱乐麻痹、用愤怒刺激、用名望威吓、用行为逼迫、用廉洁感化、用信誉说服、用利害诱惑、用谦卑争取。

和平就是宁静,正义就是刚直,娱乐就是喜悦,愤怒就是威吓,名望就是声誉,行为就是实施,廉洁就是洁净,信誉就是清明,利害就是求取,谦卑就是谄媚。

所以,圣人所使用的"摩"之术,平常人也可以拥有;之所以没能运用成功,是因为他们运用不当。因此,谋划策略,最困难的就是周到缜密;进行游说,最困难的就是让对方全部听从自己的主张;主办事情,最困难的就是必定成功。这三个方面只有圣人才能胜任。

2. 中国古人的智慧

诸葛亮了解将军通常采用以下方法:

(1) 问之以是非而观其志。

(2) 穷之以词辩而观其变。

(3) 咨之以谋而观其识。

(4) 告之以祸难而观其勇。

(5) 醉之以酒而观其性。

(6) 监之以利以观其廉。

(7) 期之以事以观其信。

韩非子的察奸术主要包括:

(1) 观听法。观察与倾听不同时使用得不到真情。

(2) 一听法。不一一考察,分不清好坏人。一一去听,可以防止滥竽充数。

(3) 挟智法。知情而故问,奸人自露。

(4) 倒言法。说假话看是否有人附和。

(5) 反察法。从灾难的受益人中考察。

2.5.3 《大学》中换位思考的智慧

《大学》是成就大家、大我、大事业的学问。《大学》中有:"所恶于上,勿以使下。所恶于下,勿以事上。所恶于前,勿以先后。所恶于后,勿以从前。所恶于左,勿以交于右。所恶于右,勿以交于左。"上对下容易犯的是傲慢无礼。我们不愿意上位的人用不合理、不守礼的事加在我们身上,我们就要存警惕的心为下属设想,绝对不能用无礼的行为加在部属的身上。下对上容易犯的是不忠诚。我们不愿意下位的人对我们不忠,我们就要存警惕的心为上司设想,绝对不能用不忠的行为加在上司身上。前对后容易犯的是固执自是。看到前面的人做事固执不变通,刚愎又自以为是,我们就要存警惕之心为后面的人设想,绝对不能用固执自是的行为加在后面的人身上。后对前容易犯的是敷衍塞责。看到后面的做事马虎随便，拖拖拉拉不负责任，我们就要存警惕之心为前面的人设想，绝对不能用敷衍塞责的行为加在前面的人身上。右对左容易犯的是抢功推过。看到右面的人做事抢别人功劳，掩饰自己的过错，我们就要存警惕的心为左面的人设想，绝对不能用抢功推过的行为加在左面的人身上。左对右容易犯的是以牙还牙。看到左面的人遇到冲突的事只会报复攻击而缺少宽容体谅，我们就要存警惕的心为右面的人设想，不能用以牙还牙的行为加在右面的人身上。

这种高情商的换位思考能力，能够让自己将心比心，做到“己所不欲，勿施于人。己欲立而立人，己欲达而达人”。首先体验于自身，而后推己及人。因为首先要忠恕，所以必立自己之德。如果自己无德而又推己及人，则导致人人失德则天下大乱。在上位的人，必须保持高风亮节，使自己不失德，然后才能使别人佩服。小成靠勤，中成靠智，大成在德，终成于道。对忠恕之道能够知行合一者，方可达到修身、齐家、治国、平天下的大家境界。

2.6 情绪运用

2.6.1 维系融洽的人际关系

人际关系以情感为基础，相互认同可以缩短彼此之间的心理距离，是良好人际关系的基础。能够使得人们彼此接近、合作、联系的情感，称为结合性情感。能够使得人分离的情感，如憎恨、厌恶、冷淡、不满，叫做分离性情感。结合性情感强烈则人们彼此融洽，分离性情感强烈则人们彼此不合。因此，情感是人际关系形成的基础。相互认同、情感相容、行为相近三个因素构成的人际关系，是对个体和组织以及社会最有利的人际关系。

善于揣摩并控制情绪，随机应变适应环境，在与人交往中有说服力、充满智慧幽默、宽容宽恕、经常微笑、给予赏识鼓励、对别人感兴趣、记住别人的名字等，都有助于建立良好的人际关系。实质上人际关系建立的过程，也是一个人成长和成熟的过程。

案例

普鲁士的国王弗雷德里克·威廉姆斯一世，曾有一群很不错的部下。他的热情都在军队上面，他花了大部分心血来经营他的军队，而对其他事物则很少倾注感情，包括他的家庭。他对他的儿子很粗暴。后来他的儿子，也就是弗雷德里克二世接替了父亲的王位。

老弗雷德里克经常独自在柏林街上漫步，而他的臣民看到他都落荒而逃。据说有一次他散步的时候，一个市民看到他走过来，刚要逃进一扇门后就被弗雷德里克叫住了。

“你，”国王高喊，“你要上哪儿去？”

“进房子，我的陛下。”那个男子胆怯地回答。

“这是你的房子吗？”弗雷德里克紧接着问。

“不是，陛下。”

“那你为什么要进去？”国王问。

“陛下，”那人只得老实承认，害怕被误认为是贼而被抓起来，“为了躲避您。”

“为什么？”弗雷德里克继续问道。

“因为我畏惧您，陛下。”

弗雷德里克快步走近那个已经吓呆了的人，咆哮道：“你不应该畏惧我，你这渣滓。你应该爱我！”

关系帮助我们定义我们是谁和我们能够成为什么。我们中大部分人的成功都源于关键的人际关系。人际关系是把团队成员连接在一起的黏合剂。

美国芝加哥大学的研究结果表明：孤独削弱人的免疫系统，使得人体血压上升、压力增大，增加患抑郁症的危险。孤独者与社交活跃者的健康水平差距与吸烟者和非吸烟者、肥胖者和非肥胖患者的差距类似。各种社会原因导致现代人的孤独感增强，人们需要维系社交纽带。

人们很少能与和他们无法相处的人处好人际关系。缔结良好人际关系的路径有以下几个：

1. 尊重

尊重在人的需要层次中属于高层次需要。如果要建立好的人际关系，首先要尊重别人。如果你打心底看不起你的同伴，那么你也不会让他们感觉到你存在的重要性。大家都是人，都有被尊重的需要。尊重是相互的，以自己希望被对待的方式对待别人，别人也会用相同的方式对待你。

2. 分享经历

尊重是良好人际关系的奠基石，但仅有尊重还不够。如果不了解别人同样无法建立良好的人际关系。需要花一些时间和同事分享你的经历，而这并不是很容易就能做到的。除非你和别人分享你的经历，否则你永远不会和其他人相处融洽。在一起工作是最基本的要求，但也需要在工作外花一些时间和大家相处。在家里，多花一些时间和你的家人在一起，找出一些和他们一起分享你的生活的办法来。

3. 信任

被信任要比被爱分量更重。没有信任，不可能维持任何人际关系。当人们决定相信一条信息时，首先考虑信息的来源，其次考虑信息的内容。

在信任范畴中存在马桶效应：当人们相信你时，会把你的信息一条一条储存起来。一旦开始怀疑你，就会立刻将你的信息视为“废物”。

4. 花更多精力关注别人

要搭建好的人际关系首要和最重要的一步就是关注别人。想一想你的同事，你怎样能给他们带去益处？在自己不受益的情况下你能带给他们什么？别忘了这个团队并不是你一个人。

5. 互利互惠

单边的人际关系并不能持续。如果一个人总是付出而另一个人总是获取，那么他们之间的关系将会破裂。对于团队也是这样。对于一个要营建和改善人际关系的团队来说，必须有付出也有回报，每个人都要互惠互利。

6. 共享乐趣

当好的人际关系开始萌芽并逐渐牢靠时，人们之间开始相互享受这种关系带来的乐趣。好朋友聚在一起甚至会把不愉快的任务变成一次奇妙的经历。

7. 使人感觉自己很特别

让每个人都感觉自己是与众不同的。可以通过把注意力全部放在别人身上，给他们真诚的赞许以及在别人的上级或者家人面前称赞他们来达到这个效果。当你主动关心别人时，别人也会和你建立良好的关系。

2.6.2 赏识式管理

管理别人情绪的路径很多，其中之一是赏识式管理。每个人都渴望得到别人的欣赏与肯定，每个人也需要学会欣赏别人。欣赏与被欣赏是一种互动：欣赏者必须具备愉悦之心、仁爱之怀、成人之美的善念；被欣赏者会产生自尊之心、奋进之力、向上之志。

培根说：“欣赏者心中有朝霞、露珠和常年盛开的花朵，漠视者冰结心城、四海枯竭、丛山荒芜。”欣赏是一种给予，一种温馨，一种沟通与理解，一种信赖与幸福。

使一个人发挥最大能力的办法是赞赏和鼓励。如果想调动一个人的积极性和创造性，就去寻找并夸奖他的好行为。在生活中，大多数人希望自己的价值得到社会的承认，希望别人赞赏和赞美自己。

人类天生有一种受人尊重的强烈愿望。受到尊重，会使人感到自己是一个于他人、于社会有用的人，体味到自我实现的喜悦，获得荣誉感和成就感，为继续进步奠定一个良好的自我认可、提高士气的心理基础。所以能否获得赞美，以及获得赞美的程度，便成了衡量一个人社会价值的标尺，每个人都希望在赞美声中实现自身的价值。赏识产生感恩和激励，人们会对认识到自身的价值并予以肯定的人产生感激和报恩的心理，行动上就会做得更好，以争取更大的成绩来报答其信任和鼓励。这是一种正常的被表扬者的心态反映。没有哪一个人会拒绝或者反感对自己的真诚赞美和肯定的。从未受到或者很少受到别人肯定的人，往往会产生自卑心理和自我否定心理，认为自己一无是处，让人看不起，没有什么生存价值，严重的会导致自暴自弃。

领导者在工作中，要善于对同事和下属给予真诚的赞美。赞美可以给平凡的工作带来温馨和欢乐，可以给人们的心田里带来雨露甘霖，给人们带来鼓舞，赋予人们一种积极向上的力量。理性的领导者在批评下属之前会先找出他的优点加以肯定，这样，下属就会意识到自己的工作还是受到领导关注的，尽管在某些方面做错了，但是，只要能认知并在以后的工作中改正，领导肯定会认可自己的工作成绩的。

被赞美是一种知遇和激励，赞美是一种关爱和善良。

令人愉快、充满亲和力的人，处处给人带来欢乐幸福。他们能够对别人的情感给予积极回馈，他们的言行让别人觉得可靠和可信赖，他们是人们在这个世界上的坚实依靠。他们也善于发现别人的长处并给予赞美。

对于赞美的重要性，很多名人都曾有过精彩的阐述。

林肯说过："每个人都喜欢赞美。"赞美之所以得其殊遇，一在于其"美"字，表明被赞美者有卓然不凡的地方；二在于其"赞"字，表明赞美者友好、热情的待人态度。人类行为学家约翰·杜威也说："人类本质里最深远的驱策力就是希望具有重要性，希望被赞美。"因此，对于他人的成绩与进步，要肯定，要赞扬，要鼓励。别人有值得褒奖之处，应毫不吝啬地给予诚挚的赞许，以使得交往变得和谐而温馨。

历史上，戴维和法拉第的合作是一个典范。虽然有一段时间，法拉第的突出成就引起戴维的嫉妒，但其二人的友谊仍被世人所称道。这份情缘的取得少不了法拉第对戴维的真诚赞美。法拉第和戴维相识前，就给戴维写信："戴维先生，您的演讲真好，我简直听得入迷了。我热爱化学，我想拜您为师……"收到信后，戴维便约见了法拉第。后来，法拉第成了近代电磁学的奠基人，名满欧洲，也总忘不了戴维，说是戴维把自己领进科学殿堂大门的。可以说，赞美是友谊的源泉，是一种理想的黏合剂。它不但会把老相识、老朋友团结得更加紧密，而且可以把互不相识的人连在一起。

人在犯错误的时候，如果他知道错了，他的自尊心、自信心就会受到伤害。赞美可以使人恢复自尊和自信，能够催化出上进的行为，可以使得人的优势行为保持长久。赞美是正激励，人会向被鼓励的方向努力。

2.6.3 情商与领导力

1. 基于情商缔造领导力模型

一个人开发领导力的途径很多，掌握情商工具是缔造领导力的一条有效途径。人是情感动物，小布什总统说："能调动情绪就能调动一切。"如果你能够调动一个人的情绪，就能够调动这个人的行为。如果这个行为是追随行为，就能够获得这个追随者，因此也就能使得自己成为领导者。依据这样的逻辑，我们提出基于情商缔造领导力模型，如图 2.1 所示。

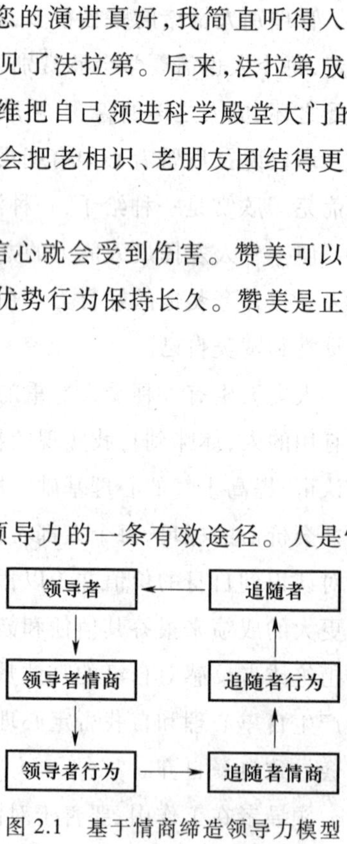

图 2.1　基于情商缔造领导力模型

根据情商缔造领导力的途径是：领导者通过提升情商

可以利用领导行为管理情绪，下属会产生追随行为，这时下属就变成了追随者，追随者造就了领导者。

2. 基于情商使用权力

一个情商比较高的人具备五个能力：知觉自己情绪的能力、管理自己情绪的能力、知觉别人情绪的能力、管理别人情绪的能力、激励自己的能力。具备这五个能力可以恰当地影响、调动和管理情绪，从而可以管理自己的行为并且获得下属的追随行为。

领导者的领导行为主要基于两种权力：岗位权力和个人权力。领导者使用来自这两个权力的领导行为实质上是影响下属的情绪，奖励使下属获得良好情绪，惩处使下属产生恐惧。领导者的个人权力，可以使下属的某些欲望得到满足或者不满足。因为生命的本质是趋利避害，所以下属就会产生领导者所需要的行为，下属就成为追随者。如果领导者的领导行为有效地在情商理论的指导下使用，就会很好地调动下属的情绪，进而产生下属的追随行为，由此就可以缔造以情商为基础的领导力了。

3. 领导行为的实质是影响别人的情绪

领导者主要采用两种行为，即变革型和交易型领导行为，又可以分成以下五种主要行为方式。

指导：给下属安排任务，解释方法，阐明期望，设定目标，明确程序。

参与：向下属咨询，征求意见和想法，让下属参与讨论。

魅力：展示高的期望、自信和能力，传达愿景和目标。

奖惩：奖励有利的下属行为，惩罚有害的下属行为。

支持：换位思考，体谅与容忍下属。

在以上领导者行为当中，奖惩、参与、指导属于利用岗位权力，魅力和支持属于利用个人权力。当下属能力完全胜任岗位要求的时候，参与、指导和支持行为属于多余，领导者主要采用奖惩和魅力，而这两种领导者行为直接引起追随者心理反应：追随者的情绪、感觉、态度、动机、期望会发生变化。当下属的成熟度和工作的结构化较高时，其感觉、态度、动机、期望会自主把握，那么，领导者的个人魅力和奖惩行为主要影响下属的情绪。下属为了获得良好的情绪，而产生追随者的心态和追随者的行为。

4. 提高情商而自治

知道如何进行情绪管理不难，做到就很难了，需要把思想变成行动且养成习惯。两个力量使得自己行动：恐惧和诱因。这两个力量必须自己加给自己，自己加给自己叫自治，别人加给自己叫被治。

操之在我和情感强度是灵活运用情商工具提升领导力的素质准备，趋利避害是人追随的基本心理动机。

5. 情商与职场成功

智商反映了人的智能水平，情商则反映了人在认识自我、控制情绪、激励自己以及处理人际关系方面的能力。情商决定职场成败。情商看不见摸不着,但是如果你忽视它,成功就必然会忽视你。在具备一定的工作技能以后,人与人之间的竞争往往就是情商上的比拼:谁的情商高,谁就更容易受到领导及同事的支持;谁的情商高,谁就拥有更多的人脉资源与潜在机会。所以,情商的高低往往就是职场成功与否的关键所在。

2.6.4 其他商数

决定一个人的成功有三个基本商数:智商、情商、逆境商。通过开发,这三个商数都可以得到提升。智商 50%靠先天,50%靠后天。情商 70%是后天培养。

基于这三个商数的具体运用,又产生了很多商数。目前有如下的商数:

德商(MQ):道德的水平,它包括尊重、容忍、宽容、诚实、负责、忠心、礼貌等美德。

胆商(CQ):胆识,即挑战、竞争和冒险的能力。

志商(WQ):志向大小和志向的坚持程度。

健商(HQ):健康水平和健康意识的高低。

财商(FQ):对财产的态度及获取财富的能力。

势商(PQ): 能够运势、顺势、借势、造势。

社交商(SQ):基本生存能力,适应新的人际环境的能力。

灵商(Spirit Q):事业心、积极心态、热情。

还有其他可以演绎出来的商数:搜商(网络上搜索知识的能力)、爱商(接受与给出爱的智慧)、感商(情感饱满充沛程度)、师商(如何当老师的智慧)、学商(如何当学生的智慧)、医商(如何做医生的智慧)、护商(如何做护士的智慧)、官商(如何做官的智慧)、吃商(会吃,也叫做吃货)、酒商(喝酒及品酒的能力)等。新的商数不断出现,但是都是三个基本商数在不同领域的具体应用。

2.6.5 钝感力

"钝感力"一词源自于日本作家渡边淳一的同名杂文集《钝感力》,它是一种刚柔并济的生存态度,提倡人们在追求和谐、平衡的过程中求得发展,宽容地面对社会和人生。

"钝感力"可直译为"迟钝的力量",即从容面对生活中的挫折和伤痛,坚定地朝着自己的方向前进。钝感,心理学名词,与敏感互为反义词。钝感虽然有时给人以迟钝、木讷的负面印象,但却是我们赢得美好生活的手段和智慧。

钝感力的五项原则:

(1) 迅速忘却不快之事。

(2) 认定目标,即使失败仍要继续挑战。

(3) 坦然面对流言蜚语。

(4) 对嫉妒讽刺常怀感谢之心。

(5) 面对表扬,不得寸进尺,不得意忘形。

一个人身体太敏感,抵抗力则差,就容易生病;感情太敏感,则容易受伤;性格太敏感,就会脆弱并自我封闭。一个很有才华的人,可能会因为个性的过于敏感,从而缺乏适应环境和抗击打的能力,最终无法成功。只有身体与心灵都不太敏感的人,最后才可能获得成功。"钝感力",作为一种为人处世的态度及人生智慧,相比激进、张扬、刚硬而言,更易在目前竞争激烈、节奏飞快、错综复杂的现代社会中生存,也更易取得成功,并同时求得自身内心的平衡及与他人和社会的和谐相处。与其有锐利的敏感度,不如对大多数事物不气馁。这种迟钝的顽强意志,就是得以生存在现代的力量,也是一种智慧。

2.6.6 基于情商使用批判性思维

批判性思维(critical thinking),是通过一定的标准评价思维,进而改善思维,是合理的、反思性的、心灵开放式的思维。目标是使表达准确、推理逻辑严谨、论证合理,并培养明辨精神。

批判性思维的主要思维过程是:解释、分析、评估、推论、说明、自我校准。其思维倾向是:求真、开放思想(对不同的意见采取宽容的态度)、分析性、系统性、自信心、求知欲、认知成熟度(审慎地做出判断)。

批判性思维起源最早可追溯到2 000多年前的古希腊哲学家苏格拉底。苏格拉底认为一切知识均从疑难中产生。苏格拉底承认自己本来没有知识,而他又要教授别人知识。所以他教授给人的知识并不是由他灌输给人的,而是人们原来已有的;人们已在心上怀了"胎",不过自己还不知道。苏格拉底像一个"助产婆",帮助别人产生知识。

苏格拉底的"助产术",表现在他经常采用的"追问式"的形式中。他以提问的方式揭露对方学说中的矛盾,动摇对方论证的基础,指明对方的无知。苏格拉底的批判性思维的实践,被后来众多的学者所传承,这其中就包括记录其思想的柏拉图、亚里士多德。在现代社会,批判性思维被普遍确立为教育特别是高等教育的目标之一。从古到今,创造知识的人,都是具有杰出批判性思维的人。批判性思维强调的是证据、逻辑的重要性,反对权威和流行观点的人云亦云。世界高等教育会议(巴黎,1998年)发表的《面向二十一世纪高等教育宣言:观念与行动》指出:高等教育机构必须教育学生,使其成为具有丰富知识和强烈上进心的公民。他们能够批判地思考和分析问题,寻找社会问题的解决方案并承担社会责任。为实现这些目标,课程需要改革以超越对学科知识的简单的认知性掌握。课程必须包含获得在多元文化条件下批判性和创造性分析的技能,以及独立思考、集体工作的技能。

批判性思维给学习和讨论带来了活力,对学生智慧的开启具有极大的推动力。但是,对批判性思维也要采用批判性思维。因为管理是不精确的科学,经过实证的科学概念也只有有限的可信度,所以老师在课堂上提出一个概念或者原理,都容易遭到批判和打击,甚至老师还没有把概念介绍完毕就有同学开始批判,以致没有办法进入下一个环节。这使得一些学生积累的是一套自以为是的心态,藐视一切、怀疑一切、打倒一切,最后把自己锻炼成永远处于进攻待命状态。这种人可能自己一事无成,还总是挑战别人的成功。

批判性思维需要专门的培训,而不是所有的人都能够真正把握批判性思维。有人望文生义地以为批判性思维就是找茬挑毛病,以显示出自己具有超越别人的知识和智慧,这使得课堂的教学氛围容易尴尬。所以,如果批判性思维没有学到位,就容易产生冲突。批判性思维如果不熟练,其使用效果会有限。如果在情商的基础上采用批判性思维,则会收到比较好的效果。

高情商的人,以自己愿意被对待的方式对待别人,“己所不欲,勿施于人”(《论语》)。儒家以“立德”、“立功”、“立言”为“三不朽”。“立德”,即树立道德;“立功”,即建功立业;“立言”,即提出真知灼见。故每个人都希望自己的观点得到支持,所以通过打倒别人以便让自己站住脚的想法是哗众取宠的,是不值得推广的,是引起冲突的原因。

批判性思维的目的是获取知识而不是为了颠覆对方,是为了深化认识而不是为了让对方丢失面子。带着学习的目的去讨论和分析,是谦虚好学而不是咄咄逼人。

我们可以把批判性思维简化成接收、分析、选择、行动四个步骤,如图 2.2 所示。

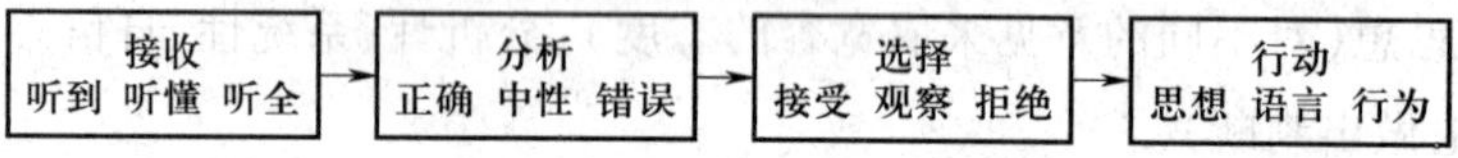

图 2.2 批判性思维的主要步骤

接收:就是先读懂、听懂别人的观点,全方位把握住对方的概念体系。

分析:根据自己的知识和经验,对这个概念进行全方位的分析,分出正确、错误、中立的部分。

选择:这是大脑的思想活动。对正确的部分要接受和肯定,对中立的部分继续研究或者放弃,对错误的部分可以商榷。

行动:选择属于思想活动,然后再把思想的结果付诸行动。想明白以后再行动,否则就是草率冲动。

一个高情商的批判性思维者,会确认对方正确的地方,然后把对方错误的地方说成是自己还没有充分理解,换个情境是否这个理论还有效。

本章关键词

智力　智力分类　情商　逆境商　情绪　内省　管理情绪　激励自己　移情换位　揣摩　赏识式管理　情商与领导力　钝感力　批判性思维

作业 1 课程思考题

1. 如何理解智力?

2. 什么是情商?为什么要重视情商?

3. 情商的构成要素是什么?

4. 如何提高情商?

5. “互联网+”时代情商是否重要?为什么?

6. 什么是逆境商?为什么要开发逆境商?

7. 如何依据情商提升领导力?

8. 如何依据情商提升权力的使用技术?

9. 什么是批判性思维?其主要步骤是什么?

10. 在开发领导力的时候,为什么要基于情商使用批判性思维?

作业 2 课后练习题

练习 1:在这个练习中,照镜子是指反省自己的言行。别人是我们的镜子,他们反映出我们的举止行为。因此,形成对自己准确看法的最好办法是把自己的思想、态度、感情、行动和计划同别人谈,他们能够像镜子一样反映出我们的风格和行为。

两三个人一组,讨论以下问题:

1. 我的最大优点是________________________________。

2. 我的最大缺点是________________________________。

3. 我觉得最成功的时候是________________________________。

4. 我觉得我最无能为力的时候是________________________________。

5. 我生活中的三大优点是________________________________。

6. 我同其他人最大的不同是________________________________。

7. 同我相处最好的人的特点是________________________________。

8. 我最满意自己的特点是________________________________。

9. 我最不满意自己的特点是________________________________。

练习 2:找出令自己烦恼的事情或者人物,用情商的原理做好沟通的计划,通过基于情商的沟通消除烦恼或者隔阂。

练习 3:用批判性思维的四个步骤,在小组讨论或者课堂与老师互动时采用,并写出感受。

练习 4:与学习管理的人和学习科学的人沟通,并努力达到争论的程度,观察情商在他们身上的表现,写出自己的体会。

练习 5:到射箭的靶场练习射箭,体验一下孔子说的“射有似乎君子,失诸正鹄,反求诸其身”和老子说的“天之道,其犹张弓欤。高者抑之,下者举之。有余者损之,不足者补之”。

练习 6:创造一个机会,被同学、老师、父母训斥一顿,但是不能产生愤怒的情绪,平和地应对被批评的过程,感受一下逆境商和钝感力。

练习 7:制止一次陌生人的违规行为,例如:在电梯间抽烟、在厕所抽烟、在教室里不听讲座而说话、在电影院说话。写出自己的感受,并总结如何有效制止陌生人的违规行为。

作业 3　即测即评

第3章 心态管理

1. 熟悉神经语言程序编制的基本原理
2. 了解优良心态的一般假设
3. 学习情绪管理的一般方法
4. 理解压力及其作用
5. 掌握解压与扛压的原理
6. 了解阳光心态的概念以及建设阳光心态的路径

3.1 心态管理与神经语言程序编制的基本原理

3.1.1 心态管理与神经语言程序编制的概念

心态管理就是让积极心态主导自己，让消极心态减少或者在不伤害他人的前提下疏通掉。

心态管理的目的是延长积极情绪的时间，缩短消极情绪的时间，降低不良情绪的力度，减少不良情绪的次数。叔本华说：“事物本身不影响人，人们只受对事物看法的影响。”如何选择对事物的看法，神经语言编程是一个有效的心态管理的科学工具。

神经语言程序编制（neuro-linguistic programming，NLP）创始于20世纪70年代，它研究思维、语言和行为中的规律，是一种对优秀进行编码和复制的方式。当时的语言学家约翰·格林德（John Grinder）和数学家、心理治疗师、计算机专家理查德·班德勒（Richard Bandler）研究了三个能够持续创造人类行为杰出改变的顶尖大师所用的方法。这三个顶尖大师一个是密尔顿·艾里克森博士（Milton H. Erickson），被称为有史以来最伟大的催眠治疗师；一个是维吉尼亚·萨特尔（Verginia Satir），是一位杰出的家族治疗师，她具有无与伦比的解决人际关系的能力；一个是格里高利·拜特森（Gregory Bateson），是英国的人类学家，他创造了杰出的成就。

NLP中的N（neuro）指神经系统，指用眼睛看（视觉），用耳朵听（听觉），用身体去感觉（触觉），用舌头去品尝（味觉），用鼻子去闻（嗅觉），然后把感觉经过转换为思维过程，不管这种思考是有意识的还是无意识的。

L（linguistic）指的是语言，指用语言归纳整理经验的方式，以及如何与自己和别人交流这些经验。语言的作用是:提高交换质量,影响事件的结果。运用无意识心理绕过无意识阻力,以吸引人的方式交流,丰富语言就丰富了生活。

P(programming)指对经验的编码,就如同计算机按设定程序而运行一样。通过编码,把自己的信念、价值观、态度等形成一套确定的模式。

神经语言程序是一套教导人如何使用自己的头脑来激发潜力,从而使得人能够达到个人目标的理论。

这个理论研究人类达到积极进取的心理和生理状态所需要采用的方式。其核心思想是:人被信息处理过程中的模式所控制,头脑或身体对语言或信息做出相应的反应。因此,改变所使用的语言和改变对事情的看法,人的心理和生理就会产生积极的互动,内心积极就会产生积极的生理反应。

3.1.2 神经语言程序编制的主要假设

在任何时候,当我们同人和环境打交道时,我们都是在大量的假设前提下进行的。一般情况下,这些假设都是依据以往的经验做出的。神经语言程序编制有许多假设。

1. 每一种行为都有其积极的动机

人类行为的意图是积极的,人的本质是向上的。因此,批评人时要对事不对人,不能对人进行人身攻击,如"你这么笨"会严重挫伤他人的自尊心。

采用这个假设可以把指责型管理变成理智型管理。

指责型管理:当下属同我互动的方式令我无法接受时,我斥责他们。

理智型管理:当下属同我互动的方式令我无法接受时,我猜想这些方式一定有原因,因此我去揣摩其行为的动机。

2. 人们都会做出在他们看来是最佳的选择

没有人乐于做出最糟糕的选择,虽然在别人看来这个选择很糟糕,但是他们自己却认为是最好的。在某种背景下,每种行为都是合适的。虽然这种行为可能是负面的、破坏的,但是对于我们当时的心理状态、感觉、技巧、资源、需求、信念、限制、经历、环境、价值观、目标而言,的的确确是最佳的选择。表现出来的行为一般是能够得到的最好行为,因此不要用今天的眼光和标准去衡量过去的决定。当时的经验和眼光决定了当时的选择是最好的。人类行为的目的是:追求快乐和逃避痛苦。当我们接受这个理念的时候,就能够与任何人建立良好的关系。

3. 地图不等于它所描绘的疆域

言语不等于它所描绘的事实;符号不代表它所代表的事物。表象不是事实,就如同地图不是地球,照片不是本人,而风景画也不等于风景,它只是风景的部分信息而已。据此可以知道,对同样的问题不同人有不同的见解,原因就是他们掌握的信息不同,虽然意见不一致,但是他们都没有错。大多数成人都具有关于环境丰富的经验和知识,也知道自己的定位;成人希望被当作成人来对待，每个人都希望有自己实现价值的平台。

由于信息不对称，无论我们做什么或者说什么，我们都将在某种程度上被人误解。无论我们看到什么或者听到什么，我们都将在一定程度上对它产生误解。我们无法消除误解，但是这种弊端不应当阻止我们把这类误解降低到最低限度。

地图假设揭示意识的三个规律：

(1) 归纳。从数量十分有限的信息中构建可以普遍适用的原则。

(2) 删除。有选择地注意，对于那些我们不喜欢或者不想操心的事情不理睬。大脑具有删减和筛选功能，人脑通过五官接收和传递信息，五官是视觉、听觉、触觉、味觉、嗅觉，接收的信息是经过筛选的。

(3) 歪曲。知觉受经验、知识结构、个性影响。人的价值观影响对事物的态度，把我们的知觉建立在主观见解而非客观考证的基础之上。

4. 如果我们按照一贯的方式去做事，那么得到的结果自然也是与之前类似的

如果你以同样的方式做你目前正在做的事情，那么你就有可能获得同上次一样的结果。假如我们一如既往地以同样的方式做事情，那么最大的可能是维持现状。这是比较乐观的假设，前提条件是环境没有发生变化。

5. 有选择机会比没有选择机会要好

如果你改变了做事情的方式，就会获得不同的结果。这是比较乐观的假设，说明凡事总有解决的办法。有选择机会比没有选择机会要好。行动可以增加选择的机会。拥有最多选择机会的人，也就拥有最好的思考与行为的弹性，会在任何互动过程中拥有最大的影响力。凡是拥有大量选择的人，最有可能实现他们向往的结果。

6. 变化带来变化

当你改变了自己的行为时，你也会改变周围的环境。你是系统中的一个要素，一个要素发生了变化，整个系统也会发生变化，以适应那个已经发生变化的要素。真正能够使得你发生变化的人是你自己。

7. 交流的意义在于获得反应

理解他人模式的途径是沟通，在他们的世界里认识他们。不管主观动机如何，都要用反应来衡量交流的结果。如果动机是好的，但是对方受到了伤害，说明交流得不好，对抗是不灵活交流的结果。个体中有潜意识和意识两个层次的交流。

如果我们想要人们对我们所说的话做出适当的反应，那么我们就要与他们交谈，而不仅仅是命令。当我们同别人谈话时要注意别人的反应，并据此调整我们的谈话，没有反馈不可以认为对方已经知道了我们的意思。我们无法回避交流，我们无时无刻不在交流，我们同人交流、同物交流、同动物交流。交流有语言和非语言交流，我们通过五官处理所有的信息。

8. 人都有他们所需要的能力

我们总是拥有必要的资源，或者说我们可以创造它们。人们根据自己的能力可以应付

任何事情。布拉德伯里(Bradbury)推论,若要利用一种能力,你就必须知道你已经拥有它并在有意识的水平上了解如何运用它。这个论点同中国的力所能及、量力而行观点是一样的,在做事情之前,先估计自己的实力,再使得自己的实力最大限度地发挥。我们已经拥有所需要的一切资源,用以应对我们所面临的任何处境。

9. 真正的理解来自体验

再细腻描写的书也是经过删减和整理加工过的信息,不是真实事物,只是真实事物的部分信息。只有实践后,才能够体验和理解事情。体验有读书前的体验和读书后的体验。读书前的体验可以印证理论、理清思路、坚定信念、读书后的体验是实践理论、修正和提升理论。

10. 身心合一

如果你嘴里的唾液增加了,这可能是思维过程的力量。身心是一个系统中不可分割的两个部分,心理活动对生理活动具有直接的制约性。1980 年以后,科学证明人体的免疫系统与心灵的活动完全相关,心理紧张可以抑制免疫系统发挥作用,从而导致人体健康状况下降。行为是心境的反映,行为和注意力影响心境,心境影响能力。动作创造情绪,模仿一个人的生理状态可以获得同他一样的心境。

提问题的方式影响人的心情。使心情变差的提问:为什么我总是倒霉?为什么这些问题总是发生在我身上?为什么总是我来处理这些问题?为什么我就是无法解决这些问题?为什么他们要这么对我?使心情变好的提问:处理这个问题对我有什么帮助?我能够从这个问题中学到什么?这个问题中存在哪些机会?有哪些有效的方法来解决这个问题?我如何能有效地解决这个问题?如何享受解决问题的过程?积极地提问会引起积极的注意:提问题引起注意力,注意力影响心境,心境影响行为,行为影响结果。成功者善于问好的问题。而消极地提问则引发消极的注意力。

心态的决定性作用如图 3.1 所示。

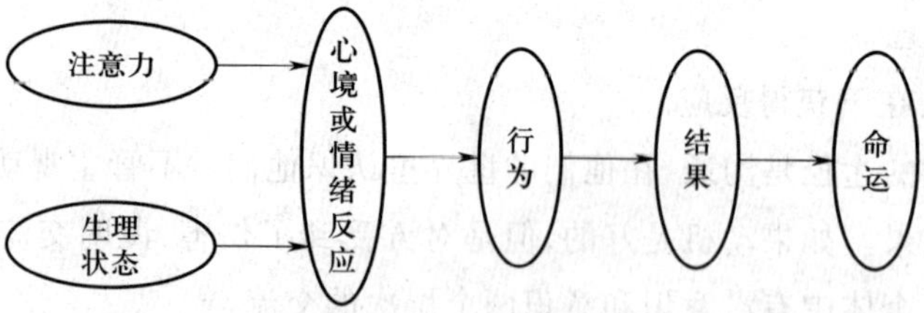

图 3.1　心态决定命运

11. 没有失败,只有反馈

没有失败,只有反馈,不要说“我失败了”,而要说“这不是我想要的结果”。当一件事情不是按我们预先的计划进行的时候,我们会把这一结果看做失败,导致我们产生生气、发火、悲伤、忧郁、担心、内疚等负面心态。但是如果我们把这个结果看做反馈而不是失败,就会产生积极的心态,会增强我们继续前进的勇气。记住托马斯·爱迪生的名言:不是失败了一千次,而是证明了一千种材料不适合做灯丝。

失败的经验和无奈=退却和消沉

反馈的经验和升华=进步和奋起

12. 卓越可以复制

别人能够做的事情,我也可以学会去做。模仿成功的表现,可以导致卓越。只要有人可以做到,就有可能去模仿他。差异引发动力,当差异被识别后,我们就有了改进的目标和动力,榜样的力量无穷。当然,获得改进的信息不等于完成了改进,还需要能力。树立榜样的目的在于使人们复制成功的行为,促进技能提高,而不是克隆榜样本人。

不同领域的顶尖人物获得杰出成就的方法是可以复制的。成功就是达到你想要达到的目标,而不管这一目标是什么。成功需要机会与运气,但是机会与运气只偏爱那些有准备的人。

13. 学习能力不随年龄而降低

很多成人对学习能力不自信,他们需要鼓励和肯定,使得他们保持终身学习的信心和兴趣。可以活到老,学到老。

14. 正激励鼓励行为继续发生

取得成功会增加继续取得成绩的动力,正向激励会促成行为的重复,负向激励会减弱行为发生的动力。

3.1.3 神经连接和心锚

1. 心锚

头脑中的神经系统对发生在身边的事件,都会做一种“神经连接”,或下一个定义,而这些定义或连接便主导了我们的行为。神经连接就是头脑对事情的定义。

心锚(mind trigger,也可以翻译成心智触发器)是某种诱因与特殊心理状态的稳定连接,是一种潜意识中惯性的连接,大部分是在不自觉中建立起来的,是一种本能反应。

2. 心锚原理

当一个人身心处于一种强烈或特殊的状态时,此刻必然有一个诱因不断介入这种状态里,那么这个诱因就会自动和这个状态结合而产生神经连接。此后只要诱因出现,这种心理状态就会自动产生,称为条件反射,如巴甫洛夫的狗与骨头试验,每次给狗骨头时就摇铃,当摇铃没有骨头时狗也会流口水。

建立心锚的过程:使得个体处于强烈或特殊的情绪或身心状态;让诱因出现,诱因必须独特;相同的诱因必须持续地出现一段时间或数次;每次的诱因必须完全相同。诱因可以是任何形式,如视觉(视觉心锚)、听觉(听觉心锚)、触觉(触觉心锚)、嗅觉(嗅觉心锚)、味觉(味觉心锚)。

3. 心锚原理的运用

只要改变你的神经连接(对事情的定义),就可以改变你的行为与情绪,就可以改变结果。任何事情本身没有定义,除非你给它下一个定义。你对每件事情所下的定义不同,造成你采取的行为不同。不同的行为造成不同的结果,也就造成了不同的命运。因此,改变命运先要改变你对事情所下的定义。激励一个人,需要改变他的神经连接,即改变他对事件所下的定义。生命的本质是追求快乐、躲避痛苦。但是不同的人对快乐和痛苦的理解不同,也就是头脑对事情的定义不同,改变了定义就可以改变痛苦与快乐,坏事可以变好事,好事可以变坏事。对某件事情厌烦是因为此事过去带来过不快。

4. 成功建立心锚

先使自己处于你所想达到的情绪巅峰状态(动作创造情绪)。

处于巅峰状态时,做一个特殊的动作,说一句简短而让你兴奋的话,并且不断重复。

在一般情绪状态时,做这个动作,检查心锚是否成功建立。

如果没有成功,考察是否违反了以下原则:情绪达到"巅峰"的强烈状态,所做的动作必须独特。

每次重复动作和说的话在方式、力度、音调、内容上都要一样(重复是学习之母)。

心锚可以用在任何积极正面的情绪上,可以用上述的方法建立起快乐、自信心、行动力的心锚,当你需要这些情绪时,就可以随时触发这些心锚。

3.1.4 改变限制自己的观念

人被思想推动,人也被思想限制。根据神经连接和心锚原理可以改变限制性的观念,使得自己处于良好的情绪状态。其可以按以下三个步骤进行:

第一,建立足够强烈的改变意愿(建立愿望)。当一个人没有足够强烈的意愿时,任何一种方式都会效果不佳。

第二,打断其对现有的限制性或惯性思考方式或定义的连接(打断连接)。

第三,建立一个新的神经连接,并且不断强化,直到成为一种习惯(养成习惯)。

说服的主要原理是:找出目前影响你发展及达到人生重要目标的主要限制性的信念,在头脑中对这些限制性信念产生足够的痛苦(逃离痛苦),建立一个新的积极正面的信念来取代那些限制性的信念,对你所建立的新信念在头脑中连接起大量的快乐(追求幸福),在心中不断重复想象这些新的信念给你带来的正面改变与影响,让自己真正感受到那种感觉,通过不断的想象和自我暗示使得它成为潜意识中的信念。

3.1.5 态度是如何改变的

态度随行为的改变而改变。改变情绪的动作包括脸部表情、呼吸方式、姿势、肢体动作。模仿一个人的生理状态,可以了解他的心态。当一个人听到争论时,由内心思考获得的思想转变比这个人参与争论获得的思想转变要大。为了与大家的行为一致,一个人会改变他的态度。当人们所持观点与行为方式不一致时,人会产生消极的感受。这些不适的感受越强,一个人越可能改变其态度使其与行为相一致。所以可以先改变人的行为,然后人的态度自然改变。态度改变过程如图 3.2 所示。无精打采时抬头挺胸走路可以振奋精神,能使自己精神爽朗,情绪自然愉快。

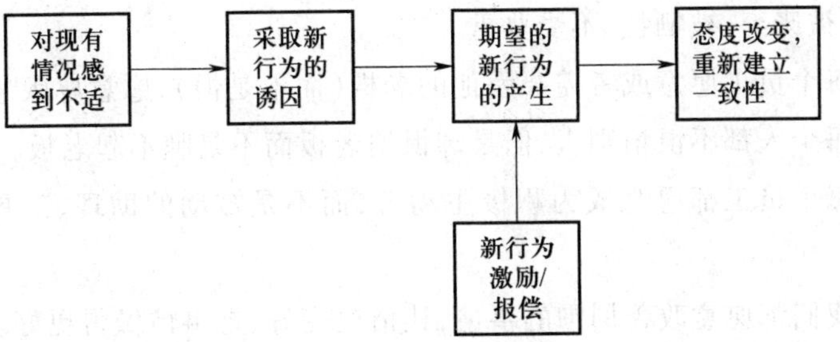

图 3.2　态度改变模型

3.1.6　优良心态的一些假设

每个人都想成为积极的行动者,而不是被动的应答者,也不愿意成为被操纵的挣钱工具,或者是随波逐流的软木塞。所有行为的产生都要依据一个假设前提。马斯洛提出,优良心态的开明管理者要有 36 个人性假设,它们是:

(1) 假设每个人都是可信任的。

(2) 每个人都尽可能地被完全告知所有的事实真相。

(3) 设想你的员工都有达成目标的激情。

(4) 假设不在丛林和独裁的环境里,存在支配—从属层级。

(5) 假设每个人都有相同的终极管理目标并且认同它,不论处于组织中的哪个层级。

(6) 假设员工之间的关系都很融洽,没有对抗或者嫉妒。

(7) 假设当每个人在追求自己的兴趣时,也能惠及他人。

(8) 假设相关的人都是健康的,至少不是精神病人、心智薄弱者或者过度热心者。

(9) 假设组织健全。

(10) 假设我们都具备欣赏别人的能力。站在绝对客观的立场和持超然的态度,称赞他人的能力和技术,同时包括对自己的能力和技术的喜爱。

(11) 假设员工并非只想获得安全。人一旦被恐惧主宰,就不可能做到开明管理。

(12) 假设人有主动自我实现的积极倾向。

(13) 假设每个人都喜欢好的团队、好的团队和谐、好的团队精神、朋友关系、良好的归属以及团队友爱。

(14) 假设敌意是一种初始反应而不是天性,是客观的,只存在于当下。自由表达反应性敌意是诚实,若无法公开表达合理的愤怒或者非理性情绪,会造成长期紧张和无理的怨恨。

(15) 假设你的员工可以忍受压力。

(16) 假设员工是可以被改善的。

(17) 假设每个人都感觉自己很重要、被需要、有用、希望成功、受尊敬,而不是默默无闻、随时被替换、被废弃、被牺牲、不受尊重。

(18) 假设每个员工愿意或者需要爱他的老板(而不是恨),愿意尊敬老板。

(19) 假设每个人都不惧怕别人,但是却惧怕老板而不是瞧不起老板。

(20) 假设每个员工都愿意成为积极主动者,而不是被动的助理、工具、随波逐流的软木塞。

(21) 假设我们都愿意改善周围的事情,让情况变好,把事情做得更好。

(22) 假设成长时愉悦与厌倦是相当贴近的,就如同孩童成长是愉悦与厌倦相互交替的过程,开明管理需要在新鲜与多元变得熟悉和无趣时提供新奇与挑战。

(23) 假设每个人都喜欢做一个完整的人。

(24) 假设每个人都比较喜欢工作,而不是无所事事。

(25) 假设所有人都比较喜欢做有意义的工作。如果你所从事的工作是毫无意义的,你的生活就接近毫无意义。

(26) 假设每个人都比较喜欢个性和特殊性。

(27) 假设人们具有足够的勇气经历开明管理的过程。

(28) 人们都具有良心、羞耻心,感到难为情、伤心。我们必须假设每个人多多少少都会有一点妄想、疑心、夸张的感觉,每个人或多或少都有些心理疾病。

(29) 自我选择是凭借智慧和能力的。但是人不总能够做出明智的选择,即使是健康的人,个人的习惯和持续的挫折也会产生负面影响。

(30) 每个人都喜欢得到公正的赞美,受到大众的欢迎。但是夸耀不值得夸耀的人,或者夸大某人的成就,都会产生罪恶感。

(31) 假设以上所举的正面倾向都有其相对立的反面倾向。

(32) 每个人都比较有责任感。人在软弱、害怕、生病、沮丧时责任感减弱。

(33) 人从爱中获得的乐趣比从恨中获得的更多,但是指人格健全的人。

(34) 健全发展的人去创造而不是毁灭。他们从创造中得到的快乐,远远超过从毁灭中得到的快乐。

(35) 人们愿意认同世界,与世界合而为一。

(36) 最后提出超越动机、病理的假设,以及追求存在价值的假设,如真、正义、完美等。

马斯洛认为,管理的主体是人,管理的目标是激发人的心灵、欲望以及创造力。经历过自由的人,无法再忍受奴役的处境。人在享受到尊重和自尊以后,再也无法接受被奴役。人们的客观条件太好,就无法适应恶劣的环境。社会越健全,政治越民主,教育越先进,人们就越不适应X理论和独裁的管理,所以旧的管理方式会逐渐被淘汰,开明管理会成为重要的竞争优势。

3.2 管理情绪

3.2.1 操之在我

“操之在我”的英文是proactive,积极主动,是指如何对待情绪在于自己,要能够控制自己的情绪,不受制于人,不为环境所左右。

只有先学习如何控制自己,才能够去影响别人。

孙子的“致人而不致于人”,就是操之在我的思想。要能够左右敌人而不被敌人所左右,要能够调动敌人而不被敌人所调动,要牵着敌人的鼻子而不被敌人牵制。

基于情商的影响力训练是一个使人生完美的过程。受过情商与影响力训练的人学会移情换位以后,能够正确认识自己、理解别人。

人的情绪会受到外界各种因素的影响,情绪具有很强的感染性,看到别人的微笑或发怒的表情时,自己面部肌肉会产生轻微的动作反应,因而会出现同样的特征。每个人都会面对很多不如意的事情,当面对这种境况时,如果可以做到自我解嘲、自我调节,从问题的另一个方面去考虑其得失利弊,就犹如“塞翁失马,焉知非福”,不好的事情也许可以变成好的事情,好的事情并不意味着结果一定好。

蝴蝶效应是说在一个动力系统中,初始条件微小的变化能带动整个系统长期和巨大的连锁反应。美国气象学家爱德华·罗伦兹(Edward Lorenz)1963年在一篇提交给纽约科学院的论文中分析了这个效应:“一只蝴蝶在巴西轻拍翅膀,可以导致一个月后德克萨斯州的一场龙卷风。”蝴蝶效应在社会学领域可以用来解释以下现象:一个坏的微小的机制,会给社会带来非常大的危害;一个好的微小的机制,将会产生轰动效应。一个名不见经传的小人物,因为其事迹彰显了社会公德而被报道,则可以引发出巨大的社会反响。例如《大国工匠》中那些把普通的工作做到极致的人,见报以后引起了巨大的社会反响,甚至国家领导人也在推广工匠精神。

不良情绪传染的蝴蝶效应我们这样定义:一个人不良情绪一旦生成,会以蝴蝶效应向外界传播,每个人的不良情绪都是煽动一下翅膀的蝴蝶。不良情绪传播的结果导致每个人都是多种不良情绪的受害者,多种不良情绪交织叠加的结果导致人心理自我平衡能力下降,人会变得浮躁、烦躁、焦躁、暴躁、急躁、狂躁。

不良情绪属于社会系统中的一个初始的小扰动,不良情绪是链条式传染的,如果一个人产生了负能量,其传递的方式会以链条方式进行。这个现象叫做踢猫效应。

踢猫效应是这样演绎出来的:一个总经理开车闯了红灯挨罚,心情不爽,产生了愤怒。总经理到了办公室把营销经理叫来,找个借口把营销经理骂了个狗血喷头。营销经理莫名其妙被惹怒,回到自己办公室,找借口把秘书骂了个狗血喷头。秘书莫名其妙回家骂孩子,愤怒的孩子回到自己房间把猫一脚踢飞了。

踢猫效应说的是人会产生不良情绪,也就是负能量,为了减轻自己的心理压力,会向对自己无反抗能力的人发泄不良情绪,由此形成了强者欺负弱者的链条。最弱者,也就是生态链最低端的那个环节将承受来自高端所有环节的不良情绪,积累了很多的负能量。组织是个金字塔型结构,顶尖处只有一个人,最底层有众多的员工,他们都可能是被踢一脚的猫。他们满腹怨恨恼怒烦,又不能对组织里的别人发泄,而只有向社会和家庭发泄了,更可能向最爱护他和心疼他的人发泄,因为这些人对他具有包容心。如果不能发泄给人,则发泄给物或者小动物。这样负能量就会破坏了家庭、社会以及生态系统。

在人际交往频繁的今天,一个人在某个地方是踢猫的人,在另一个地方就可能成为被踢一脚的猫,最终导致每个人都可能是被踢一脚甚至被踢多脚的猫,所以都在发出自己是“弱势群体”的感慨。每个人都在吸收和产生不良情绪,同时也在向外界释放不良情绪。如果是一对一传递不良情绪则形成踢猫效应,如果是一对二传递不良情绪,每个人又都影响两个人使其产生不良情绪,则形成了辐射面。如果一个人向他所接触到的上下左右前后的人都释放出不良情绪,并且都符合二叉树原理继续传递这个不良情绪,遇到已经是处于不良情绪状态的人则火上浇油,那么就形成了一个不良情绪构成的云团。很多个这样的不良情绪云团则产生混沌效应,导致不良情绪弥漫。

一个有影响力的人可以向很多人传递不良情绪,而在互联网时代更是向多个微信圈的人传递不良情绪,这将产生情绪传染的混沌现象,我们这里称之为“不良情绪传染的蝴蝶效应”。

如果能够管理好自己的情绪,向外界释放出积极的情绪、释放出正能量,成为不良情绪的终结者,则一个组织就会充满正气。

3.2.2 管理畏惧

畏惧属于消极情绪,有有益的一面,可以保护我们,使得我们免受伤害。但大多数情况下,畏惧是一种破坏力量。如果畏惧来自于想象,那么畏惧会使得我们不敢行动。如果畏惧来自于现实,人们就会因为没有退路而背水一战。畏惧常常是想象出来的,人们在头脑中构思出可怕的灾难画面,并且为它加上更可怕的结果。

烦恼是自找的。一个心理学家做实验,他要求实验者在周日的晚上,把未来 7 天所有烦恼的事情都写出来,然后投入到一个大型的“烦恼箱”。

到了第三周的星期天,他在实验者面前打开这个箱子,与成员核对每个“烦恼”,结果发现有 9 成并没有发生。

接着，他要求大家把剩下的纸条重新丢进纸箱中，又过了三周，大家发现那些烦恼已经不再是烦恼了。

一般人的忧虑40%属于过去，50%属于未来，只有10%属于现在。而92%的忧虑从来没有发生过，剩下的8%则是轻易可以应付的。美国的一个调查机构对人恐惧心理的一项调查表明：人们所担心的事情99%都不会发生，在发生了的事情中77%不像想象的那么糟糕。

大多数的疾病都可以不治而愈，大多数的烦恼都会在第二天早晨好很多。把心头泛滥的忧愁看做流过去的江水，不要任凭自己沉溺在里面。带着感恩的心把心思集中于身边的事物，以未来为导向活在当下。

有一些不可避免的事情，如生老病死，带着战战兢兢的畏惧心理去对待它们，会使得它们比事情本身更糟糕，勇敢地面对却发现没有过不去的。

克服恐惧的办法就是建设性地运用想象，看到事情的好结果、坏结果、可能出现的结果，对各种结果设想出应对措施，勇敢地面对，而不是一味地惊恐和担心。当你因为害怕不行动会使得事情变得越来越糟时，恐惧心反而会激励你去采取行动。因为过分惧怕而不采取行动，恐惧心就会变成前进道路中的最大障碍。当你超越了自己的恐惧时，就会感到轻松自在。其实，你所害怕的东西根本没有你想象的那样糟糕，心里想象的恐惧比实际处境更坏。

3.2.3 克服情绪疾病

情绪疾病主要有以下几种：

1. 嫉妒

嫉妒就是极欲排除他人优越地位，或想破坏别人优越状态，含有憎恨的激烈感情。它是一种难于发觉，又不愿发觉，不易表面化的感情；凡事喜欢抢先，缺少善意；缺乏自信又不安，对竞争者虎视眈眈，状似亲切其实冷酷无情。

嫉妒动力学指出，引发嫉妒的条件有四种：① 各方面条件与自己相似或不如自己的人居于优势地位；② 自己厌恶或轻视的人居于优势地位；③ 与自己同性别、年龄的人居于优势地位；④ 比自己高明但是炫耀的人居于优势地位。

培根说：在一切人类的情绪中，嫉妒是危害最强烈、最持久的一种。巴尔扎克说：嫉妒者所受到的痛苦是别人的两倍，他自己的不幸和别人的幸福都使他痛苦。

嫉妒固然是竞争的动力，但是往往使人变得偏激，带来心理紧张和攻击欲望，甚至导致做出越轨行为。

2. 多疑

多疑者在心理上总是处于不安全、痛苦的揣摩状态。这种人会因为一次冷遇而怀疑别人不相信自己，也会怀疑自己是否被别人喜爱，怀疑自己患有不治之症。多疑症是一种恐惧症。领导者多疑，会迅速在组织内部传播和蔓延，破坏组织的内聚力，瓦解士气。

3. 权力欲

权力欲指对权力的认识发生偏移，过分热衷于追求权力。其主要表现是揽权，支配欲强，喜欢控制，居高临下。

4. 焦虑

焦虑是一种情绪反应，是个体对环境即将出现的变化或者需要做出特别的努力时，在主观上引起紧张和一种不愉快的期待情绪，包括自尊心的伤害、自信心的丧失、失败感、愧疚感、不安全感、惊恐等。与焦虑相伴而生的是烦躁不安，焦虑使得人不能冷静地处理和思考问题。领导者的焦虑会动摇追随者的信心，导致本人产生疾病。

5. 虚荣和自卑

虚荣和自卑都属于心理失调，是自尊心失度的两极表现。虚荣心是对自尊心的曲解。克服自卑的关键在于保持心理健康和平衡，客观评价自己，正当表现自己，适当补偿自己。

6. 麻木或冷漠

这是个体对挫折的一种消极反应，是对挫折的自我保护性反应。其表现是情感淡漠，情绪低落，意志衰退，思维停滞。

7. 逆反心理

逆反心理是一种与大多数人对立的、与常态性质相反的情绪和行为，是一种消极的心理定式。

8. 不良嗜好

嗜好是一种特殊的习惯，是人积极、主动去从事某种活动，以满足某种需要的活动倾向。不良嗜好具有自毁性。

9. 忧虑

忧虑是一种消极心理状态，使人的工作欲望与创造欲望降低，工作动力不足。使得人的生理功能与心理功能水平下降，因而造成人体的抵抗能力下降。忧虑具有弥散性，使得自己对一切事物失去信心和兴致。

案例

欧洲中古时期，残忍的将军折磨他们的俘虏时，常常把他们的手绑起来，放在一个不停往下滴水的袋子下面。水滴着，滴着……夜以继日。最后，这些不停滴落在心头的水，变得像槌子敲击的声音，使那些人精神失常。

忧虑就像不停往下滴的水，而那不停往下滴的忧虑通常会使人心神丧失而自杀。诺贝尔医学奖得主亚历克西斯·卡锐尔博士说：不知道抗拒忧虑的人都会短命而死。忧虑使你紧张，影响到胃部神经，使得胃液分泌不正常，因此容易产生胃溃疡。忧虑也会导致精神和神经问题。

转移注意力是解脱忧虑的最好办法，以下是一些解脱路径："没有时间去忧虑"，"让自己忙着"。"让他们忙着"是医生治疗心理性精神衰弱症的办法。除了睡觉之外，应该让这些在精神上受到打击的人不断活动，比如钓鱼、打球、养花、跳舞，不让他们有时间闲着。心理医生往往会拿工作当处方进行心理治疗。

3.3 压力管理

3.3.1 压力及其作用

1. 什么是压力

压力是当人们觉察到自己的需要同满足需要的能力之间不平衡时所引起的身心反应。压力是在外界刺激下引起伴有躯体技能和生理改变的身心紧张状态。

2. 职场心理压力产生的公式

外界要求+内心需求-个人能力=心理压力

外界要求而自己又不情愿，因被动而产生心理压力。内心需求就是个人要努力成长，实现自我价值。如果自我能力达不到外界要求或者自己内心的期望值，就会因力不能及而产生心理压力。

3. 压力分类

压力有不良压力和良性压力两种：不良压力是让人感到无助、灰心、失望、痛苦，对人产生破坏性的压力。良性压力是让人感到愉快、振奋，推动人成功的压力。

压力有益还是有害取决于看法。

4. 职场压力的来源

职场压力主要来源于业务指标、内部管理、职业安全感、职业疲劳、没有工作的激情、人际关系、健康问题、自我实现等方面，其他包括政策、制度、创新、技术、顾客等。

5. 压力与业绩的关系

耶基斯—多得森（Yerkes-Dodson）提出：压力与绩效之间存在着一种倒U形关系，绩效随压力而变化，如图3.3所示。对于容易或简单性任务，较高的压力会增加绩效；然而对于难度大或复杂性工作，较低的压力易激发最佳绩效；中度压力对提升中等难度任务的绩效最好。

由此可见，绩效在压力极高和极低程度上都是最差的。过低的压力难以激发个体向更高绩效努力的动机，而过高的压力则起到一种心理抑制作用，同时个体为了应对高压力也会耗用更多的时间、精力和心理资源，只有适度压力才可能促进个体工作绩效最大化，但同时也需要考虑工作任务的难易度。

"工作压力—绩效"适度理论对压力管理实践具有重要的启示价值。就领导者而言，给

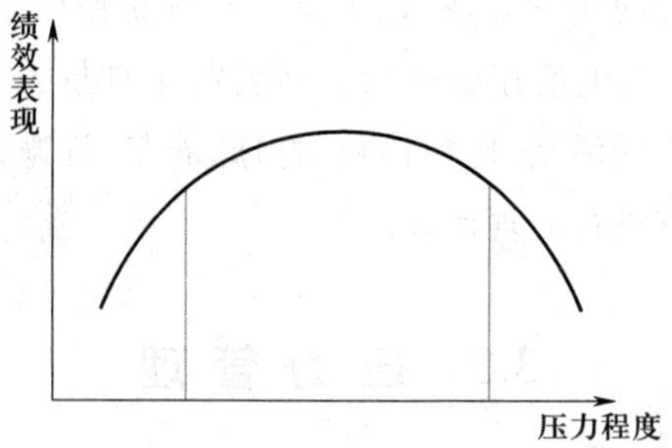

图 3.3　绩效表现与压力程度的倒 U 形关系图

下属分配任务时,需要考虑下属的准备度,过难或者过易的工作任务都不利于激发员工的工作绩效。就每个个体而言,应注意评价并找到特定工作压力的最佳点,并以此为标准,当压力较小时应适当增加压力,当压力较大时应缓解压力。

6. 压力过大对工作的影响

压力过大对工作的影响主要有:工作效率降低、对工作缺乏兴趣、与上下级或同事关系不良、工作失误增加、非疾病导致的缺勤增加、病假次数增加。

7. 压力过大对个人生活的影响

压力过大对个人生活的影响主要有:失眠或其他睡眠问题、消极情绪产生、生理疾病出现、吸烟或饮酒量的增加、与伴侣关系不良、与子女关系不良。

3.3.2　压力缓解的办法

分析压力产生的原因,尝试着自己排除。

预演压力可能导致结果的全过程,做好充分的准备。

邀几个朋友相聚一次。

寻找最近自己生活中成功的小事情,给自己奖励一下。

如果是欲望或动机过高,每周要有一天完全不同的兴趣点来调节。

不要极端地消耗自我的精力和能力,不要做没有结果的苦干家,要创造性地休息。

从改变性格入手。

合理地评价问题,减少压力源。

放松训练,健身运动。

对压力造成的身体不适应早进行健康检查。

运动时间不宜过长和猛烈。

写出压力,并想出点子对付。

找信任的人分担你的压力。

勇于决策。错误的决策比犹豫不决要好,错误的决策可以修正。不决策会导致压力损害心理健康。

不为琐碎小事垂头丧气。

防止过于孤独,结识新朋友,认识新事物。

书是最好的朋友。

有时要自我吹嘘、赞美、陶醉。

保持良好的自我感觉。

3.3.3 解压的负面效果

职场上感受到压力大的人,都试图采取解压的办法来应对压力,结果可能会产生如下的循环:白天职场工作压力大,晚上卡拉 OK 去解压,却发现自己唱得最差,产生压力。去饭店喝酒缓解卡拉 OK 产生的压力,却被别人逼着喝酒,产生压力。去旅游缓解酒桌产生的压力,却被导游逼迫买东西,又产生新的压力。

人为什么不耐压? 主要是倡导解压的原因。本来能扛 100 千克,解压以后扛 50 千克。再继续解压,最后只扛 1 千克的重量也还嫌重。过度关爱使人脆弱,解压就是降低组织对员工创造业绩的要求,持续解压下去这个组织就会让位给对手。

成功者是因为扛压而成就了自己,模范人物是因为扛压而成就了组织,英雄人物是因为扛压而成就了国家。认识到解压的危险,则有追随力的人必须唤醒男儿的血性而产生直面压力的斗志,用中华民族古圣先贤的思想开启扛压的智慧。军队不能谈解压,要知难而上,越是艰险越向前。职场上的人,要向解放军学习,“能打仗,敢打仗,打胜仗”。

3.3.4 积极的压力应对办法

1. 扛压而不是解压

组织的压力来源主要有两个:一个是对手的扩张,一个是本组织的成长。根据牛顿定律的作用力与反作用力原理可知,自己成长,会夺取对手的生存空间而产生作用力于对手,则对手也产生反作用力于自己,这个反作用力就是自己受到的压力,故成长力就是压力。如果自己安于现状而不成长,对手努力进取扩张,则争夺自己的生存空间,使得自己受到对手的作用力而受到了压力。故对手的成长力就是自己受到的压力。所以,在一个竞争的环境中,自己的成长力就是自己受到的压力,对手的成长力也是自己受到的压力。如果自己成长同时对手也成长,则压力将成倍地增加。此时两强相遇勇者胜,而解压者必然处于弱势地位而让位给扛压力强的一方。

因此,扛压者能够保证自己的生存空间,还可以占有更大的空间。

2. 提升个人能力则压力就相对减小

人有能力则可以轻松完成岗位赋予的任务。《论语》中有:“天命不可违。不知命,无以为君子。君子有三畏:畏天命、畏大人、畏圣人之言。”天命就是岗位所赋予的责任,每个人在每个时刻,都因为担任一定的角色而承担天命,不违背天命才是有责任感的人。而完成岗位赋予的天命,必须打造岗位核心能力,提升岗位胜任力,这样在竞争中就会让对手感到压力,而自己则减轻了对压力的敏感性。以阳光心态面对压力,则抗压力上升。

3.4 阳光心态

世界卫生组织统计:发达国家患有心理疾病的人口为40%。人们可以承受大多数身体疾病,却难以承受心理疾病。在社会支持、信任、合作水平比较低且充满激烈竞争的国家,心理疾病更为常见。在美国和英国,信任他人的比例在过去40年中下降了一半。竞争使得人们富裕和向上,对于整个社会来说,这样的结果却是自我挫败。一个人地位的上升,如果以别人的地位相对下降为代价,就会产生孤独感和压力感。

针对这样的大环境,个体容易做到的一个对策就是建立阳光心态。

习主席说:“心中有阳光,脚下有力量。”

阳光心态是基于大自然运行的原理提出的一个哲学概念。太阳为所有的生命提供能量,万物生长靠太阳。阳光为世界带来光明,阳光可以消毒,阳光可以杀菌。太阳不会因为狂风暴雨而不升起,也不会因为人们的赞美而不落下。太阳就是自然而然地、无为而无不为地运行。

有阳光心态的人,会讲信修睦,并行不悖,坚信“构建人类命运共同体”(习近平)的理念,“各美其美,美人之美,美美与共,世界大同”(费孝通)。

阳光心态是个体与环境相适应的积极心态,在任何环境下都能够保持平和、有力的心理状态。

个体面临的环境有三种:顺境、平境、逆境。

顺境时候的阳光心态是低调谦虚,把顺境当作考验。

平境时候的阳光心态是平和珍惜。每个人在自己的位置上平平淡淡,做好该做的事情。

逆境时候的阳光心态是高调进取,把逆境当作历练,卧薪尝胆就是积累能量蓄势待发的过程。

保持阳光心态的方法有三条:

第一,心智模式选择:知足、感恩、达观。

第二,在成功与妥协之间实现平衡。

第三,在争与不争之间取得平衡。

阳光心态的目的是:让一个人学会快乐地在路上,带着好心境生存。

阳光心态的价值是:有助于个体适应环境的变化。拥有阳光心态的个体可以建立积极的价值观、获得健康的人生、释放强劲的影响力;可以培育心理资本、提升复原力、增强心理韧性、提升主观幸福感、提升扛压能力、不断自我超越。

本章关键词

神经语言编程　神经连接　心锚　操之在我　管理畏惧　克服情绪疾病　不良情绪传染的蝴蝶效应　压力管理　解压　扛压　阳光心态

作业 1　课程思考题

1. 神经语言编程的基本假设是什么？它与心理暗示是什么关系？
2. 如何理解“操之在我”？
3. 心锚是如何形成的？
4. 什么是心理压力？
5. 心理压力是如何产生的？
6. 解压与扛压的区别是什么？
7. 阳光心态是什么样的心理状态？为什么要建设阳光心态？
8. 面对顺境、平境、逆境时，如何升起阳光心态？
9. 什么是不良情绪传染的踢猫效应与蝴蝶效应？如何避免？

作业 2　课后练习题

1. 找到自己不顺心的事情，列出事情当前好坏两个方面，再列出长远看事情的好坏两个方面。然后把好的方面记住，经常想好的方面。

2. 找到自己憎恨的或者讨厌的人，想想他给你带来的益处，然后给他发个信息致谢。

3. 回想对自己有恩的人，打个电话致谢。在感恩节的时候，通过电子邮件，感谢那些在过去一年中给你关怀和帮助的人们。

4. 养成把今天该做的事情做完的习惯。

5. 找到不符合自己的意图但是又不能改变的事情，用“操之在我”的方法解释和看待。

6. 把自己置于压力之下（例如，坐在大领导身边、当众演讲、参加考试、面对学习上的难题、初次参加面试、到医院打针），不要想着解压，而是承受，写出自己的体会。

7. 在遇到不顺的情况下，喊一声“阳光心态”，并感受内心的变化。

作业 3　即测即评

第 3 单元

团队领导力

第 4 章　团队与团队管理

1. 掌握团队与群体的概念
2. 学习团队的类型与优缺点
3. 掌握打造高绩效团队的方法
4. 了解团队领导
5. 了解团队成员的素质
6. 培养团队成员意识
7. 了解高铁动车原理与团队建设的关系

4.1　团队与群体的概念

4.1.1　团队

团队是由为同一目标而共同合作、技能互补、相互承担责任的两个以上成员组成的一种组织形式。此定义有三个基本要点:第一,团队由两个或更多人员组成。团队可以扩大,但多数趋向小规模,最多不超过 15 人。第二,团队成员长期一起工作,团队存在多久,他们就一起工作多久。第三,团队成员目标相同,不管是设计网络系统还是发射航天飞机。一个好的团队可以把企业中不同职能、不同层次的人集合起来,找出解决问题的最佳方法,形成强大的战斗力。

构成团队的要素有两个:能力和关系。团队的任务要求团队成员具有能力,关系要素要求团队成员通力合作产生效率,良好的关系可以形成合力,两者缺一不可。如何在能力与关系之间做好平衡,有以下技巧:明确工作指派、主动求教、赏识努力、协助参与、反省他人的评价、通力合作。不论你是团队领导还是成员,都有责任为团队的成功做出努力。一个团队是否有效,其衡量指标有四个:创新/适应、效率、质量、成员满意。

4.1.2　群体

群体是为了实现某个特定的目标,两个或两个以上相互作用、相互依赖的个体的组合。

群体可以分成正式群体和非正式群体。正式群体是由组织结构确定的、职务分配很明确的群体,包括任务型群体和命令型群体。非正式群体是既没有正式结构也不是由组织确定的联盟，它们是个人为了满足社会交往的需要自发在工作场合中形成的，包括利益型群体和友谊型群体。非正式群体对员工的行为和绩效的影响也是深远的。

人们加入群体的动机各不相同，大体有以下几个：安全需要、地位需要、自尊需要、情感需要、权力需要以及实现目标的需要。

群体的维系需要有凝聚力。群体凝聚力指群体之间相互吸引并愿意留在群体中的程度。

影响群体凝聚力的因素有：

（1）群体成员在一起的时间。在一起的时间越长，吸引力越大。

（2）加入群体的难度。加入群体越难，群体的凝聚力越强。

（3）群体规模。群体规模越大，群体之间进行相互作用就越难，从而群体凝聚力越小。

（4）随着群体规模的扩大，群体中会出现很多小集团，从而削弱群体凝聚力。

（5）群体成员的性别构成。女性的凝聚力高于男性，所以女性成员多有助于增强群体凝聚力。

（6）外部威胁。如果群体受到攻击，群体的凝聚力会加强。如果群体认为他们的群体无法抵挡外部的攻击，或者群体认为外部的攻击主要是由于群体的存在，只要放弃或解散群体就能消除外部的攻击，这时群体的凝聚力会降低。

（7）以往成功的经验。如果群体有一贯成功的经验，就容易建立起群体合作精神来吸引和团结群体成员。

4.1.3 组织内团队类型与优缺点

1. 团队类型

在组织内主要有三种团队：职能团队、跨职能团队、自我管理团队。

（1）职能团队。职能团队由直线经理和他的下属组成，领导者可以采用的领导风格有：独裁型、民主型、团队导向型。

（2）跨职能团队。跨职能团队由不同职能部门或单位的人组成，团队的领导者来自更高层次。

（3）自我管理团队。自我管理团队成员来自不同的部门，有自己的权力和责任。高层领导确定团队的使命、业务范围、预算。这样的团队没有领导者。

2. 团队的优缺点

（1）团队的优点。团队工作可以产生协同效应，团队成员可以互相借鉴别人的思想，可以避免犯大的错误。团队可以促进成员的提升并提高成员的满意度。成为团队的一员可以获得更多的安全感、自尊和自我实现感。

（2）团队的缺点。团队会使人产生从众效应，推卸个人责任，逃避个人责任，又叫搭便车，产生社会惰化（social loafing）。社会惰化是指团队成员在团队工作时会比个人工作时努力程度要小。团队会产生群体思维,即团队成员为了避免团队分歧而采取一致的目标。这种做法会使群体相处很好,却不利于问题的解决。团队过度团结会和其他团队产生冲突,比如生产团队可能会和市场团队产生很大的冲突,因为后者可能会为了满足顾客的需要不停地改变要求。

4.2 打造高绩效团队

4.2.1 打造高绩效团队要考虑的因素

1. 团队的规模

一般团队成员的人数控制在12人以内,如果团队成员过多,就难以形成凝聚力、忠诚感和相互信赖感,而这些是高绩效团队所不可缺少的。

2. 成员的能力

要想有效地运作团队,一个团队需要三种不同技能类型的人:第一,有技术专长的人员。第二,有解决问题和决策技能的人。第三,有善于聆听、反馈、解决冲突及其他具有人际关系技能的成员。

3. 角色分配

团队成员具有九种团队角色:① 创造者-革新者:产生创新思想;② 探索者-倡导者:倡导和拥护所产生的创新思想;③ 评价者-开发者:分析决策方案;④ 推动者-组织者:提供结构;⑤ 总结者-生产者:提供指导并坚持到底;⑥ 控制者-核查者:检查具体细节;⑦ 支持者-维护者:处理外部冲突和矛盾;⑧ 汇报者-建议者:寻求全面的信息;⑨ 联络者:合作与综合。管理人员有必要了解个体能够给团队带来贡献的个人优势,根据这一原则来选择团队成员,并使工作任务分配与团队成员偏好的风格相一致。

4. 对于共同目标的承诺

有效的团队有一个大家认同的、有意义的目标,它能够为团队成员指引方向,提供推动力,让团队成员愿意为它贡献力量。

5. 建立具体的目标

成功的团队会把他们的目标转化成具体的、可以衡量的、现实可行的绩效目标。具体的目标可以促进沟通,还有助于团队把精力集中在达到良好的结果上。

6. 领导与结构

目标决定了团队最终要达到的结果,高绩效团队还需要领导和结构来提供方向和焦点。

7. 社会惰化和责任心

由于个人的力量无法直接衡量,个人在高绩效团队中会成为惰化的一员,高绩效团队通过使其在集体层次和个人层次上都承担责任来消除这种倾向。

8. 适当的绩效评估与奖酬体系

除考虑个人的奖惩与评估以外，还要考虑以群体为基础进行绩效评估、利润分享、小群体激励及其他方面的变革，来强化团队的奋进精神和承诺。

9. 培养相互信任精神

团队成员之间相互信任是高绩效团队的一个特点，团队成员彼此相信各自的正直、个性特点和工作能力。

4.2.2 团队建设的五大障碍及其克服

1. 缺乏信任

信任是高绩效团队的核心，没有信任，团队工作几乎不可能完成。缺乏信任的表现有：互相隐藏自己的缺点和错误；不愿意寻求帮助及建设性的反馈；不愿意提供职责范围外的帮助；不愿意进一步讨论便匆忙得出结论；不愿意互相学习技能和经验；不愿意花费时间和精力调整自己的行为；害怕见面，不愿意在一起共度时光。

信任是可以建立起来的，克服缺乏信任障碍的途径如下：

（1）阐述个人经历。诸如有几个兄弟姐妹，家乡，少年时代遇到的挑战，爱好，第一份工作是什么，最坏的工作是什么。大家可以互相讲述生活中经历的事情，了解每个人的工作背景。彼此缺乏信任一般是由于互相之间不了解，只需要一些简短的交流就可以建立和谐的关系。

（2）进行团队发展讨论。每个人都要阐述自己对团队的贡献，为了团队的发展，每个人要提出需要改善哪些领域。通过这类活动，团队会得到一些积极的或消极的建议，同时团队中会出现一些紧张气氛，但这有助于建立团队成员之间的信任。

（3）开展团队活动。可以通过一些经典的团队活动如拔河比赛、登山等来增进大家的了解。

（4）发挥团队领导在建立信任过程中的作用。首先讲述自己的缺点，其次要使人们相信不会因为有缺点而受到惩罚。领导者在讲述缺点的过程中要表现出真诚，而不是舞台表演。

2. 害怕团队冲突

大部分人认为，冲突对组织有害，特别是越到高层人们越是花费时间和精力来避免冲突，害怕冲突会伤感情。其实，冲突是必要的，建设性的冲突有助于人们迅速解决问题，而不应为了避免冲突而将问题束之高阁。

害怕冲突的原因有：害怕进行人身攻击，害怕了解全部成员的观点和思想，害怕进行冲突管理，忽略对团队成功不利的因素。

克服害怕冲突障碍的方法：要区分功能正常的冲突和功能失调的冲突，教育人们认识到冲突是正常的，必要的冲突可以保持组织的活力。在这个过程中，团队领导者要注意在激发功能正常的冲突时保护团队成员不受伤害。

3. 缺乏承诺

缺乏承诺主要表现在:团队的方向不明确;害怕失败,缺乏信心;多次议而不决;团队成员之间互相猜测。

克服缺乏承诺障碍的方法有:

(1) 传递一致的信息,使员工明确任务。

(2) 规定明确的截止日期。在制定决策时,要明确截止日期,对严格遵守的人进行表扬。

(3) 如果决策结果不如意,领导不要过于紧张,一定要针对最坏的情境进行分析,使大家认识到最坏的情况莫过于此,消除大家的恐惧心理。

(4) 坚决执行既定的方针,并且使大家乐于工作。

4. 缺乏责任感

例如,某成员要求其他成员做一些事情时,后者会感到不舒服,从而造成人际关系的紧张。较大的团队应该鼓励互相帮助,互相尊重对方的付出,对他人的付出表示感激。

团队成员缺乏责任感的表现有:对绩效比自己优秀的人不满,鼓励平庸,不能按时完成任务,给领导者的压力过大。

克服缺乏责任感障碍的方法是:

(1) 明确职责。使绩效标准明确,谁做什么,在什么时间,都要清晰,避免责任不清。

(2) 简单地、经常地回顾进程。要在一起交流工作的进展情况,确定是在朝目标前进。

(3) 奖励团队。改变奖励个人的方法为奖励团队的方法,可以增强团队的凝聚力和团队成员的责任感。

(4) 领导者的角色。领导者要创造一个适合团队成员工作的文化氛围,鼓励成员承担责任,要避免成员为了保持一团和气而不发表自己的看法。

5. 不关注结果

这是指不关注财务指标,而是关注团队的地位或个人的地位。具体表现在:增长停滞,输给竞争者,缺乏成就导向的雇员,成员只关心自己个人的发展,不具有凝聚力。

克服不关注结果障碍的方法有:

(1) 公开说明团队目标,而不仅仅说"我们尽力了",这样大家工作起来会充满激情。

(2) 制定目标导向的奖励政策。但这也会引起一些问题,诸如一切向钱看。

(3) 领导发挥作用。领导一定不能是自私的,不能关注别的目标,对真正为团队做出贡献的人要进行奖励。

4.2.3 提升团队绩效的行动要点

1. 确定目标

同团队成员一起,以明确的方式共同确定成员要在一定期限内取得的成果。

遵循的准则是：

（1）成员的目标应有助于实现团队的目标。

（2）简明扼要地陈述目标，把它们记录下来，有助于增加明确性和认同感。

（3）可能的话，让员工设定自己的目标。最重要的是让大家都了解要完成什么任务。

（4）只设定几个目标，而且依重要性排序。目标过多等于没有目标。

（5）检查目标之间是否有冲突性，这样实现一个目标不会妨碍其他目标的实现。

（6）确立具有挑战性而且又可以达到的目标，可以激发团队成员最佳的表现。

（7）目标要量化：员工只做可以被衡量的事情。

（8）每个目标都要有一套足以反映成果的考评制度。

（9）衡量团队的目标比衡量个人的目标重要，因为团队的目标要首先实现。

2. 确定所需要的行为

（1）列出为实现目标所要采取的各种行为。

（2）把行为依重要性排序。

（3）员工依据这个顺序选择自己的行为。

3. 决定奖励方式

如果目标计划失败，那是因为没有同明确的奖励方式直接挂钩。不给予奖励而想取得成果，就像不加油又想让发动机转动一样。以正确的奖励促成正确的行为，就可以获得正确的结果。

如何奖励人？答案很简单：去问他们。只有他们自己才知道自己需要什么样的奖励。

4. 利用正反馈的力量

完成目标的过程可能是一个艰难的过程，团队领导要经常给成员加油，使得他们振奋和受到鼓励。让成员保持热忱的方法，就是正反馈。发现成员的长处，告诉他。积极认可和赞美良好的行为，良好的行为就会一再出现。

使用正反馈注意要点：

（1）要新颖。

（2）要诚恳。

（3）看到良好的行为当场表扬。

（4）具有针对性。让他感觉就像专门针对他自己的。

（5）让其和行为的重要性相称。

（6）要具体，不要笼统。

（7）遵守不连贯原则。不刻意强化行为，才有可能形成习惯的行为。如果每签订一个合同都受到赞美，那么成员就会把赞美当作理所当然，就失去了激励效果。在事先没有做安排的场合赞美良好的行为，会增加成员努力获得赞美的动力。

5. 给予奖励

人们会去做受到奖励的事情,因为人们都喜欢享受成功的喜悦。奖励也有助于人们设定新的目标。

案例

一个渔夫在船边俯视时,发现一条蛇叼着一只青蛙。他可怜青蛙,就俯下身来,轻轻拿走青蛙,放了它。但是他又可怜这条饥饿的蛇。因为没有食物,他只好拿出威士忌,朝它的嘴里倒了几滴。蛇快乐地游走了,这个人也为自己的善行感到快乐。他认为一切都好,直到几分钟后,他听到有东西在撞击他的船,朝下一看,渔夫简直不敢相信,原来蛇又回来了,还叼了两只青蛙。

这个案例的教训是:你奖励的行为,是你继续得到的行为。人容易掉入陷阱:奖励错误的行为,忽视或者惩罚正确的行为。

4.3 团队领导

4.3.1 团队领导的作用

成为团队的领导者不是一件容易的事情。这个人应能使其他人进步,并且相当可靠。如果你认为帮助他人多多少少会伤害到你或者你获取成功的机会,那么你很难成为团队中的领导者。当团队中的某个人慷慨地帮助别人进步时,他自己也在进步。

领导者的作用是向人们展示一个愿景,通过在一套集体共享的价值标准和共同目标方面达成一致,来最好地满足每个人的需求。应强调个人回报将取决于团队成功的程度,团队作为整体将对失败负责。领导者要建立起强烈的期望,希望员工加强工作联系,以便他们能互相信任并公开处理问题和冲突。

团队领导者在同下属之间的关系中起着核心作用。例如,人们认为,那些能够建立起合作关系并积极兑现承诺的领导者是有能力的。他们通过共同目标建立团队,通过支持共享价值标准使自己的信誉得到提高。相反,人们认为那些竞争性的、独立的领导者,是碍事和无效率的。

团队领导者必须使人们确信,他们是一个合作性团队的成员,是一个团体的一部分,并在工作过程中支持共享价值标准和共同目标。

领导者必须明确团队的价值标准和目标,而成功则有赖于团队所有人一起努力实现目标。这要求保证重要价值观的一致性,并把它们放在团队背景下——为了共同利益,负责地行动。领导者应鼓励成员相互信任,并且使成员相信,通过坚持一套共享原则,就能够达到目标。人们把自己看做是整体的一部分，懂得一起工作比自己单干会更好，而且别人可以信任他们，他们同样可以依赖别人。

领导者应该鼓励成员去探索，要求团队作为一个整体制定出一套建议。例如，开发和生产一种新产品，或解决一个问题，都会增进个人同组织的紧密联系。更进一步说，当团队成员认识到某项工作要求他们协同努力时，任务本身就促进了合作行为并具有了某种团体意义，因为参与产生认同。

团队领导者的作用

- 强调团队认同和报酬
- 发现并且缔造团队优势
- 建立团队规范和信任
- 发展团队的能力，有效预测并处理变革
- 以最小的干预授权团队完成任务
- 激励团队获得更高水平的业绩
- 发现成员和团队的需要并及时满足
- 鼓励和支持团队决策
- 向团队提供具有挑战性的工作

团队工作意味着授权与委托。组织的领导者把责任下放给团队，团队在权限范围内独立做事情，而不必不断请示。对于一项工作，了解最多的是直接从事具体工作的人，他们往往比上级掌握更多细节，但是人们与有权力的上司交流是很困难的，因此管理者常常不能真正认识到导致他们不良决策的症结所在。因此，一个动态组织的领导者，就不应该总想亲手操纵管理，而是应该建立一种制度和机构，让团队成员把组织的运行掌握在自己手里。

带团队的部门经理，要能够与高层紧密结合，如果上面是总经理，要与总经理保持一致。总经理协调多个团队围绕自己旋转，而一个部门只是众多团队中的一个团队。与总经理保持一致的能力叫做入团的能力，也就是加入更大的团队，才满足组织运行的团队原理。

与上级保持一致的能力叫做追随力。

团队力=团人的能力+入团的能力

4.3.2 构建有利于团队建设的奖励制度

任何组织里都有以下四种类型的人：

（1）推托型：这种人总是希望别人会把工作做好。

（2）光说不做型：这种人讲得多，但是做得少。

（3）孤芳自赏型：这种人总是否定别人做的事情。

(4) 苦干实干型:这种人沉默而且真正地在做事。

不论组建哪类团队,我们都希望与苦干实干的人共事,其他类型的人最好没有。每个组织都有幕后英雄,即那些了解自己的工作而且默默地就把工作做好的可靠员工。但是这些幕后英雄的表现往往被那些喋喋不休者所淹没,这些人把时间用在制造问题而不是用在做出成果上。领导者由于要关注他们、帮助他们解决问题而掉入陷阱。这会打击认真做事者的积极性。

大部分人不在意努力工作,在意的是自己的努力被认可。如果他们的努力被认为理所当然,就会使得他们觉得沮丧、被利用、被剥削、不被感激。这时他们就会停止努力或者反击。

人会做任何让别人肯定他们自己的事情。所以领导者要用心辨识和认可优秀的表现。当然有时太草率的赞美和奖励员工会使他们认为你不够沉着,要在时机成熟时告诉那个员工你很赏识他。当你必须批评时,要记住:赞美工作者,批评工作。在批评时,绝不要一开始就指出对方什么地方错了,这样会激起对方的防卫心理,而自我防卫的人是听不进去话的。

批评时,一开始先要赞美对方工作做得好的部分,而且说出你很感激他的努力。然后把重点转至需要再做的努力。最后再次赞美他的努力,而且说出你对他的信心。

如果有人瞎混,没有把工作做好,那就直截了当地告诉他,他的工作令人失望,因为你知道他有能力把事情做得更好。然后明确告诉他,你期望他做到的是什么,而且限期完成。最后,提供你的支持,并且告诉他:"你可以比目前做得更好。"

一个建设性的批评可以使对方了解错误,知道改正错误的方法,心存感激并且有改进的诚意。

领导者注重团队建设,并且以奖励合作的方式来建立工作组织时,才会有团队形成。如果你要得到明星,你就奖励明星人物。如果你要想得到团队,你就得奖励团队合作。

下面是一些成功建立团队的做法:

1. 建立自我管理的团队

团队自治,可以提高士气、效率。建立自治团队的一些基本原则是:

(1) 赋予团队有意义的工作。当成员意识到自己做的是一件有价值的事情时,他们会增加自豪感。

(2) 设置有利于沟通的工作环境。让同一个团队的成员在这个环境中有大量的沟通和互动。

(3) 使得所有的工作彼此相关。工作在成员之间的分配应该这样:每个人只是完成一部分工作,当所有的部分都合在一起时,工作才能够圆满完成。这样会制造正效应的伙伴压力,减少有人落伍的可能。

(4) 让每个成员了解所有的工作。让每个成员都了解团队完成任务所要做的所有工作,这会让每个成员都觉得自己有价值,可以强化团队合作。这可以通过岗位轮换实现。岗位轮换可以增加新鲜感,减少工作厌烦感。

(5) 团队之间开展竞赛。给团队设定一些指标,供其衡量自身的表现,例如每工时完成的数量、速度、次品比例数。

(6) 团队成员彼此评估,并且把它作为员工业绩考核的一部分。

案例

安德鲁·卡耐基(Andrew Carnegie)的故事:卡耐基在他的一个钢厂巡视,他找到白天的领班并问他今天已经生产了多少吨钢。这位领班回答已经生产了6吨钢。卡耐基拿了一支粉笔并在地上写了一个大"6"字。他没再说什么,就离开了钢厂。这天晚班的领班到了,他问白天的领班,"6"代表什么意思。白天的领班说他不知道确切的意思,但是他说是卡耐基先生在他的班上问已经生产了多少吨钢后写在地上的。白天的领班在第二天上班时发现靠着"6"的一排上又写了个"7"。几天后,这个故事继续着,晚班的领班到时发现"7"旁边又是"7.5"。他们说几个月后卡耐基回到他最初写的"6"的地方时,"6"升到了"10"。

2. 防止不正当竞争

以下一些做法可以防止员工彼此对抗:

(1) 设立一个目标,只有团结合作才能够实现目标并且受到奖励。

(2) 找出会引起彼此对抗的奖励项目,把它剔除。

(3) 找出或者树立共同的敌人,例如另外一家公司,或者不相干的部门,或者一个标杆组织。

(4) 摊牌。如果有人在暗算别人或者玩弄政治手段,就要马上制止。放纵会导致瘟疫的传播。立刻面对面会见各方,把问题摊开来谈,让他们自己说出这种做法的好处、坏处;指出所允许的只有合作,而且合作会受到奖励。

案例

一个工厂主管想让夜班和白班的员工比赛,并奖励胜利者外出旅游。开始几天大家还努力奋斗,但是当正向努力已经达到极限以后,白班的员工开始损坏机器、藏匿工具、把存料减到零,为夜班的员工设置障碍。夜班的员工发现后也如法炮制,结果比赛不得不终止。

竞争、冲突、对抗是双刃剑,可以激发创造力,也可以产生破坏力。但是团队的目标有赖于成员的团结合作,不当的冲突和竞争可以毫不含糊地毁灭一个团队。如果你的组织存在全面的冲突和对抗,就是奖励制度在鼓励冲突和对抗,而不是鼓励团结与合作。在日本,公司间的竞争深受鼓励,并因此而为世界市场生产出优质产品。但是在公司内部和团体内,却推崇和谐、团结、合作。他们推崇"三个臭皮匠,顶个诸葛亮"。

3. 预防未来的竞争

预防就是最好的药方，事前控制是最低成本的控制。以下一些方法可以防止发生不正当竞争：

(1) 以对整个团队的贡献程度为基础来奖励员工和团队。

(2) 奖励员工和团队彼此相互协助。

(3) 促使团队成员经常相互交往。

(4) 不准团队和个人退缩或者彼此孤立，鼓励沟通。

(5) 只要可能，就在团队之间轮换成员。

(6) 不要在非合作不可的个人与团体之间制造胜败分明的竞争。

4. 用荣誉和认同来建立团队合作

以下是一些成功的做法：

(1) 让员工觉得他们是在值得效力的机构做事。

(2) 使得员工清楚，如果他是善良的，他的牺牲会有百倍的回报。

(3) 团队的领导者要做的就是：把团队组织起来，鼓舞人，抚慰人，让团队成员保持一条心。开明的团队领导只说三件事情：① 如果有什么事情变糟糕了，那一定是我做的。② 如果有什么事情差强人意，那是我们一起做的。③ 如果有什么事情做得很好，那一定是你做的。

5. 使用"最重要的字"来和你的团队成员沟通

当你在努力建立团队合作和信任时，记住以下要点：

(1) 最重要的两个字是："我们。"

(2) 最重要的三个字是："谢谢你。"

(3) 最重要的四个字是："有何高见？"

(4) 最重要的五个字是："你干得不错。"

(5) 最重要的六个字是："大家一起努力。"

(6) 最重要的七个字是："我承认我做错了。"

把这些句子写在每个人都看得见的公告栏上，并且开始使用它们。我们如何沟通直接影响我们的合作。很多人相信，机智、有礼貌的沟通只是一阵空气而已，但是，轮胎里除了空气别无他物，却使坐在车里的人感到十分平稳而且舒适。在没有空气的空间里，人会窒息。

4.3.3 授权

团队领导与其他组织领导的最大区别在于授权。授权是职权在组织中的转移，使得做事的人能够负责任、制定决策，使得工作有效。

团队工作的中心就是授权，高效的团队是自主决策的团队。

对于不习惯授权的领导者，当权力下放时，会面临两个问题：担心与焦虑。这会产生两个糟糕结果：工作氛围不积极；领导者还和以前一样做事。授权是成功下放权力的过程，只要成员具有清晰的目标，并且把所需的价值观应用到工作中去，当他们能够为自己的工作及时做出决策时，成员的作用就会得到最有效的发挥。

善于授权的领导者有六个品质特色：

（1）尊重与信任。成功的团队领导者相信团队的潜力，能够鉴别其优势与劣势，帮助团队建立优势。

（2）自信。授权是对自己的能力自信。

（3）培训。在员工当前的能力和潜能之间通过培训来实现平衡。

（4）清楚界限。清楚权力的哪些部分应该被下放，哪些部分应该仍然掌控在高层手中。

（5）提供信息。领导者要帮助团队获得必要的决策信息。

（6）关注进度。领导者在让团队成员自己决策时，要推进其进度的实现。

不要事必躬亲，优秀的领导者应当能够减少管理。

通过鼓励每一个人思考和贡献力量，企业能够更好地在今天极具竞争性的竞技场上参与竞争。在那些充斥着“微观管理者”的企业中，员工们害怕作决定、害怕犯错误。结果，那样的公司并不像那些鼓励员工独立思考和行动的企业那样反应迅速、具有竞争力。

要将任务从领导者身上转移到下属的肩上。在领导者帮助下属找到任务之前，他们应该先明白，任务在下属身上。一旦领导者扛起任务，下属就没有任务在身了，而领导者也就只能和自己的可支配时间道别了。这时，所有的时间会转换成下属占用的时间。

领导者应该做的事情就是把任务留在它应该停留的地方——留在下属的肩上。

没有伟大的成员，将不可能打造一个伟大的团队。这是不争的事实，正如一句俗话说的那样：“优秀的成员可能会使你走向失败，但没有他们你将永远不会胜利。”要提升团队，首先要提升团队中的个人。

4.4 团队成员

4.4.1 团队成员建立良好关系的策略

卡耐基说：“人际关系能力的重要性胜过才能的重要性。”燕京啤酒集团董事长兼总经理李福成说：“人际关系是生产力。”人际关系良好可以获得别人的配合与帮助，调动资源需要有关系。良好的团队成员关系可以通过以下途径建立。

团队成员建立良好关系的途径

- 帮助他人
- 接受共同的价值观
- 培养共同的兴趣爱好

- 顺畅地沟通
- 欣赏别人

1. 帮助他人

以自己愿意被对待的方式对待别人。要想获得别人的帮助，先给予别人帮助。

2. 接受共同的价值观

物以类聚，人以群分。持有共同的价值观的人才能够同行，不能接受团队的价值观就不要加入团队。

3. 培养共同的兴趣爱好

大家在一起共享的时间越多，共同语言就越多。

4. 顺畅地沟通

顺畅沟通以换位思考和激发对方的谈话热情为基础。

5. 欣赏别人

人人都有自卑情结，都喜欢得到别人的承认和欣赏；由于被欣赏而愉悦，因而乐于配合。

4.4.2 团队成员要有融入团队的意识

在大自然中存在的规律叫做自然规律，我们根据大自然的规律运行自己的心态和行为，叫做道法自然。

案例

宇宙运行符合团队原理。月亮围绕地球转，月亮属于地球这个小团队。地球围绕太阳转，地球和月亮属于太阳系这个团队。太阳系围绕银河系轴心转，太阳系属于银河系这个团队。按照这样的逻辑推理，银河系又围绕更大星系的轴心转，一定又属于更大的团队。宇宙中繁星点点，数不胜数，但是它们都先归属于一个小的星团，小的星团再归属于大的星团，然后才能够在浩瀚宇宙中稳健地存在下去。如果一个星星脱离了小团队，那就成为流星了，虽然可以划出一道耀眼的弧线，却会很快地消失。

这样的道理也适合个体与组织的关系。一个员工要属于一个小团队，叫做班组；一个小团队属于再大一些的团队，叫做部门；一个部门属于更大的团队，叫做组织。再有能力的一个人，也必须能够适应团队的存在方式。再有个性的一个人，也必须让自己先归属于一个小团队。不能在团队中生存的人，就如同流星一样可以耀眼明亮一时，却不能长久地存在。带团队的人，需要把一个个员工凝聚在一起，形成一个团队，同时要把这个小团队接入更大的团队，这样才符合宇宙运行之大道。

4.5 高铁动车原理与团队建设

4.5.1 高铁动车的特点

火车跑得快,全靠车头带。这说明领导者对于一个组织的发展起着领头羊的作用,决定了一个组织发展的速度。第一代火车头是蒸汽机作为动力,第二代火车头是内燃机作为动力。这种由车头提供动力的火车,当所拖挂的车厢过多或者上坡时,一个车头就拉不动了,需要增加车头的数量,叫做双机头。今天出现了更快的火车,叫做高铁动车。高铁动车这种最快的火车,已经颠覆了传统的说法,火车跑得快,要靠车厢自己走,不是车头带。

蒸汽机和内燃机驱动的火车,是由车头牵引车厢前进,动力完全由车头产生,所有车辆是在车头的牵引下前行,在必要的时候还需要有两个车头才能够拉动更多的车厢。什么是高铁动车?自己有动力的车叫做动车,动车编成一组,叫做动车组。动车由车头、车尾和多个车厢组合在一起而成。车头和车尾构造一样,去的时候是车头,回程就是车尾。车头车尾都可以自己有动力。车厢有两种:一种有动力,可以主动前行,叫做动车;一种没有动力,被动前行,叫做拖车。根据车辆运行速度的要求,一列动车组内的动车(有动力的车辆)和拖车(没有动力的车辆)的数量也是不同的。以一列 8 节编组的动车组为例,如果最高运行速度为 250km/h,采取 4 动 4 拖的组合方式;如果最高运行速度为 350km/h,则采用 6 动 2 拖的组合。也就是说,想要达到更快的运行速度,所需要动车的数量就更多。

动车组两端的车头与中间的车厢也是有明显区别的。从外观上看,车头是流线型的,可以有效地减小列车运行时的阻力。从车辆内部配置上,车头配置有司机室,司机室内配置了车辆的操作台,用以操作列车前进、加速、减速、停车,同时还配置了与地面调度中心联系的各种通信设备以及保证列车安全运行的信号设备。正是有了这些设备,司机才能及时、准确地了解列车运行的目的地以及当前允许的最高运行速度,保证列车快速、高效、安全地运行。车头的这些功能实际上是对车厢提供服务,使得车厢安全稳健高速运行在轨道上。无论是车头还是动力车厢、拖车车厢,都装备有刹车装置。

4.5.2 动车车头式团队领导

由高铁动车联想到团队,领导就像是高铁的车头,而团队成员就像是车厢。在今天互联网时代各个行业的进入壁垒急剧减小,这时候早期进入者会因为有先动优势而获得相对垄断优势地位,所以速度是互联网时代竞争优势来源。而领导者的理念也要从传统的带头转变成让员工带头,团队也要从火车头带动式企业转型为车厢推动式和自动式企业。领导者就像是动车的车头,具有开拓精神和战略眼光,为员工提供服务。所以领导者的领导风格应该从管理者转变为服务者,其领导风格应该转型为服务型领导,甚至是仆人型领导,做员工的服务人员甚至是仆人。领导者重要的是要把握企业的战略方向、任务目标及企业发展的速度,关照好员工的需求,让员工充分发挥其能力。

互联网时代和新生代员工两大因素一起决定了员工会比领导者更聪明,其学习力、知识整合力及创新能力更强。马云说:“要让聪明人告诉我们干什么,而不是我们告诉聪明人干什么。”企业领导者要读万卷书、行万里路、阅人无数,虽然知识渊博,但是在确定方向的时候,也还是要采用民主型的决策机制,让技术大牛们和领域的精英们充分发表意见,最后形成反映群体意志和有竞争力的决策。在执行决策时领导者充分体现的是到位的服务,调动大家的积极性,获得目标一致的努力,塑造出有能力的追随者,这样的企业是和谐号企业。

4.5.3 动车车厢式团队成员

高铁动车的车厢分两类:动车和拖车。员工可以比喻成高铁的车厢。评价员工的指标有两个:能力和价值观。作为车厢的员工,根据其个人的能力和价值观与组织的匹配度,可以分为推动企业发展的员工和跟随企业发展的员工,也就是骨干员工和一般员工。骨干员工就如同高铁的动车,能力符合甚至超过企业的要求,价值观与企业高度一致,有足够的自我发展动力,能够完成自己的任务并推动组织发展,具有极高的主观能动性和极强的创新能力。一般员工跟随企业发展,就如同高铁的拖车,价值观符合要求,能力也符合要求,只是主动创造力不足,能够完美地完成组织安排给自己的任务,工作具有被动性,但是拖车不发出与主流运动方向相反的力。

组织想要快速发展,就需要足够的能够推动企业发展的员工,即骨干员工。

4.5.4 高铁动车组式的团队

动车车头要保证所有的动车完全同步,同时输出相同的动力以快速启动。为了保证列车能够及时、平稳、安全地停下来,动车组所有的列车(包括车头、车尾、动车和拖车)需同时输出制动。车头要控制同步的信息网络,信息的传递必须及时、准确、有效,任何一节车厢或部件如果出现问题,都能及时在车头那里的控制台予以显示从而得到处理。

用高铁动车理念打造的组织是价值观认同的人聚集并且共赢的平台。由于集合到一起的人价值观一致而志同道合,行动会高度默契,领导者的思想就能快速、准确地传递给每一位员工,这个企业就能更准确地贯彻领导的战略意图,从而有着高度的执行力。

利用现代先进的互联网和通信技术,领导的思想可以直接传递到每一位员工,使企业的每一位员工思想和认识都尽可能同步,就能激发整个企业的活力,领导的领导力、员工的执行力都会大大增强。能够用高铁动车原理缔造的团队,是一个高绩效的团队。

本章关键词

团队　群体　高绩效团队　团队领导　团队成员　团队力　高铁动车原理与团队缔造　宇宙运行的原理与团队归属感

作业 1　课程思考题

1. 如果提升团队需要你改变做事的方式,你将怎么办呢?

2. 你是否在你的人际圈里面忽略或排除掉了一些人?或者为了自己更有创造力而将自己隔离在其他人之外?

3. 你的可接近程度如何?团队中的成员能够接近你吗?

4. 你为团队带来合作并为团队增值了吗?你帮助其他人提升他们的成就了吗?或者有你在的时候团队是否变得不那么有效率了呢?

5. 如果你是团队中的领袖,你通过你的灵感和贡献让他们比没有你的时候更加出色了吗?

6. 你的团队里,是否有人试图抬高自己的重要性而贬低其他人的重要性?

7. 在工作需要时,有人伸出援助之手吗?

8. 你的团队成员是否把很多时间花在诋毁攻击、诽谤嘲讽、互相批评、玩弄政治权术上?

9. 你的团队中是否存在派系,存在"我们"和"他们"?

10. 你是否在许多事情上存在水火不容的仇敌?如果是,你如何处理?

11. 如何根据宇宙中星际运行原理培养自己的团队意识?

12. 根据高铁动车原理解释如何打造高绩效的团队?

作业 2　课后练习题

1. 构建一个以共同兴趣为纽带的团队,并且在其中应用团队管理理论,要求成员讲出原理并且行动。

2. 利用团队领导力中的原理说服一位个性极强、极端自我的人参加你的团队,写出自己的体会。

3. 利用团队建设的原理指导自己加入一个团队,写出自己的体会。

4. 观察你的团队领导者的领导力,他(她)是如何带团队、如何与团队成员进行沟通的?写出观察要点。

作业 3　即测即评

第5章　以价值观为本的领导力

1. 了解一个领导学派：以价值观为本的领导
2. 理解以人为本的内涵
3. 理解在企业管理范围内以人为本的内涵
4. 认识价值观对于人的重要性
5. 从新的视角理解企业
6. 掌握提升员工对组织的认同的路径
7. 学会凝聚价值观认同的人一道工作
8. 学习打造以价值观为本的企业文化
9. 学会如何在一个企业中生存

5.1　以价值观为本的领导理论基础

5.1.1　以价值观为本理论的提出及其定义

卢梭说："人人生而自由，但又生而在枷锁之中。"人受三种约束：法律约束、制度约束、价值观约束（道德约束）。如果一个人能够用价值观约束自己，道德水准很高，则其行为会超过制度要求的水准，这样的人可以掌握制度，用制度去规制别人的行为，这样的人应处于组织的高端。

如果一个人不能自己管理自己，必须有人用制度去约束他的行为，这个人不能在高端存在，只能处在中间的位置。如果一个人制度都对他没有约束力，也就是说制度所产生的惩罚不能令他恐惧到不敢行动，他就会冲破制度的约束，这时只有法律能够约束他，他就受到了法律的约束。对应不同层次的约束，人处于不同的社会地位。

制度限制了人的自由，却保护了人的生命。制度限制了小我，却成就了大我。所以要对制度存敬畏之心。行为超过制度要求标准的人，则从必然王国走向自由王国。

价值观是人们判断事物的标准，是个人最稳定的、最持久的特性，是态度和偏好形成的基础，是关键决策、生命方向、个人职业选择的基础。没有价值观就无法判断（卢梭）。

我们能够成为什么是基本价值观的产物。同组织价值观相容的员工，效率和满意度都高。同组织不相容的价值观是一个人慌乱、冲突、低效率的来源。

20 世纪 90 年代,豪斯教授及其研究团队在其全球性领导研究项目 GLOBE(global leadership and organizational behavior effectiveness)得到的基本结论的基础上,总结了以往领导学及激励理论,针对上述领导学发展的新要求,提出了以价值观为本的领导理论(value based leadership, VBL)。其定义如下:持有明确而崇高价值观的领导者向组织注入核心价值观,并以此作为种子要素孕育组织文化,在此文化中通过沟通信仰、传递愿景和从事所有组织实践,强化领导者提出的核心价值观,使下属认可并内化组织核心价值观以形成持久的行为动机,激励下属做出岗位要求以外的努力。

以价值观为本的领导,也称为基于价值观的领导,简称 VBL。VBL 的组成要素包括:领导者价值观、领导动机、领导行为、企业核心价值观、企业愿景、企业文化等,如图 5.1 所示。

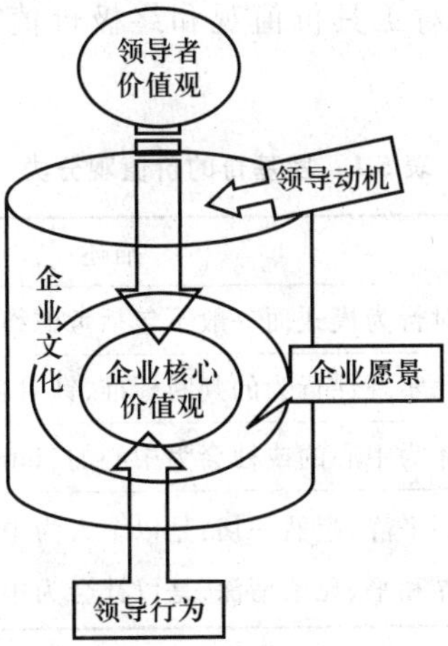

图 5.1　以价值观为本的领导组成要素

图 5.1 中所列的这些要素构成了整体的领导过程:领导者具有强烈的领导动机(成就动机、权力动机、责任感),为了实现组织和个人目标,有强烈欲望将个人价值观灌输给企业和下属,使得个人价值观成为企业核心价值观。为了使核心价值观成为所有员工的行为准则,把核心价值观转换成为一幅美好图景,领导者向下属展示良好的素质,通过宣传教育、向员工灌输核心价值观,使得大家都为这种愿景而奋进。领导者行为、员工行为和企业的一切经营活动都以企业核心价值观作为行动的基本准则,一定时期后,以鲜明价值观为核心的强势企业文化就会形成,员工按照一致的准则行动并自我激励。

领导者持有的价值观是 VBL 理论的核心。如果领导者本身都不明确自己所持有的价值观,那么他不可能有意识地灌输并教育他人认可他的价值观。从“工具价值观”角度讲,领导者对于自身行为和下属行为需有明确的判别标准:什么是对的,什么是错的,提倡什么,反对什么。从“终极价值观”角度讲,领导者需要帮助下属澄清他们在企业中的角色以及他们对企业发展的巨大价值,将实现个人价值与企业目标结合起来,使他们工作有激情、生活有意义。从价值观层次方面讲,领导者有义务根据企业实际和下属状态,有意识地、因地制宜地将下属的价值追求提高一个档次,使他们的人生追求有目标、有步骤,以达到真正从内心激励下属的效果。领导者的价值观是VBL的基础,是种子要素,是组织运作的灵魂所在。

价值观能够激励追随者,如果追随者与要求他们采取行动的人联合工作而感到充实,并且以此为荣,那就是领导。领导者的力量即在于他们处理价值观的能力。

5.1.2 个人价值观

社会心理学家罗基奇(Rokeach,1973)将人的价值观分为两类:工具价值观(行为价值观)(instrumental value)和终极价值观(terminal value)。工具价值观主要是针对当前个体的行为,实现目标的理想行为或方法的标准。终极价值观主要考虑事物存在发展的最终状态,描述个体理想的目标。他还对工具价值观和终极价值观作了进一步的分类,如表5.1所示。

表5.1 罗基奇的价值观分类

分类	描述	
工具价值观	道德价值	针对行为模式而一般不包括考虑终极存在状态的价值
	竞争价值	自我实现性行为的判断标准,针对自身而非人与人之间
终极价值观	个体价值	个体为中心的或社会为中心的(intrapersonal or interpersonal)
	社会价值	内心平静、超然一切,是以个人为中心的 世界和平、兄弟情深,是以社会为中心的

罗基奇提出的十八种终极价值观包括:舒适的生活、刺激活跃的生活、成就感、世界和平、世界美丽、平等、家庭安全、自由、幸福、内心和谐、成熟的爱、国家安全、开心、灵魂得救、自我尊重、社会认同、真正的友谊、智慧。

罗基奇提出的十八种工具价值观包括:有激情、心胸开阔、有能力、乐观、清洁、勇敢、宽容、乐于助人、诚实、有想象力、独立、聪明、逻辑性强、有爱心、服从、礼貌、负责任、自我控制。

对于个人来说,与马斯洛的需要层次理论相对应,存在不同层次的价值观,对自我实现的追求是个体最高层次的价值观。马斯洛还于1970年提出了存在价值(being value)和缺陷价值(deficiency value),这样划分也是为了说明价值观有好坏之分、高低之别。

5.2 组织的价值观

5.2.1 组织价值观的作用

组织的价值观是组织对是非、轻重、缓急的判断标准,是组织文化形成的基础,是员工价值观中共享的部分，也就是说所有的员工都必须认可、接纳、践行这些价值观。组织以价值观为基础，处理业务和内外关系。

企业核心价值观是对领导价值观的延伸，企业愿景又是对企业核心价值观的延伸。企业核心价值观是领导价值观的组织化改写（Collins 和 Porras，1996）。

在大多数公司里有四种基本价值观：一是生产能为顾客带来价值的商品，二是成为员工工作的好场所，三是以公众信赖的方式行事，四是为那些投资人提供回报。

领导动机组合理论指出：高权力动机、高责任感、适度的成就动机与较低的情谊动机搭配，是理想的有效领导动机组合。具备这种动机组合的领导者有强烈愿望将个人价值观社会化，将个体价值观注入组织，并通过各种努力使组织成员认可并内化。

优秀的组织都很清楚它们主张什么，并认真地建立组织的价值标准。

在价值观的一般描述上，优秀的组织都是类似的，但是分解成具体的行动指标后就不同了。

5.2.2 企业价值观是主要利益相关人各方妥协的结果

1. 引入新领导者后组织价值观的变化

领导者是一个组织中最关键的人物，其个人对组织的各个方面来说都具有举足轻重的作用。所以当一个组织引进新的领导者以后，其原有的价值观将会发生变化，在其原来的价值观的基础上，经过新的领导者的调整而形成新的价值观。

尽管组织新的价值观一定与新领导者的价值观和组织原有的价值观有非常密切的关系，但新领导者的价值观与组织的价值观的差异不代表组织的价值观一定会变成一个理想的状态，同时还要取决于领导者是否有调整组织价值观的愿望和能力、组织对新价值观的认可、原价值观对新价值观的接纳能力。同时对于领导者来说，其个人的职业价值观也并不是一成不变的，尽管一个人的职业价值观是与其工作、生活背景、接受的教育等相关的，具有很强的稳定性，并不很容易发生变化，但也要视具体的个人和具体的环境而定。

2. 影响组织价值观的其他因素

除了引入新的领导人会导致组织价值观变化，其他重要的利益相关人也会改变企业的价值观。企业的主要利益相关人包括四种：顾客、员工、社会、股东。国家政策指导企业价值观的建立，例如人与自然是命运共同体的国家政策，直接改变以盈利为第一目的的企业价值观。企业要有社会责任，在获得与付出之间要学会平衡。互联网+时代，企业的经营必须讲究社会公德，必须诚信，保护生态系统。

基业百年的秘密是建立起基于长远发展并兼顾社会进步的根植于价值观的企业文化。美国兰德公司曾花 20 年时间跟踪了 500 家世界大公司，发现其中百年不衰的企业有一个共同的特点，就是他们始终坚持以下四种价值观：

一是人的价值高于物的价值；

二是共同价值高于个人价值；

三是社会价值高于利润价值；

四是用户价值高于生产价值。

企业在环境当中存在，其环境有宏观环境、行业环境、内部环境，这些环境都会影响企业的价值观。国家的大政方针，就是企业的大环境，对企业的价值观以及经营者的价值观产生直接的影响。

十九大报告指出："中国特色社会主义进入新时代，我国社会主要矛盾已经转化为人民日益增长的美好生活需要和不平衡不充分的发展之间的矛盾。""我国经济已由高速增长阶段转向高质量发展阶段。"这些英明的高瞻远瞩的论断，为中国企业的领导者提出了思想和行为的准则。个体、组织都需要根据十九大精神，调整自己的价值观，以符合大环境，才能够在一带一路、打造人类命运共同体的大势中立德、立功、立言而实现人生三不朽。

5.3 企业是一个平台

5.3.1 企业是价值观相互认同的人聚集的平台

企业是什么？国际上通行的企业定义是：所谓企业，是指各种生产要素的所有者为了追求自身利益，通过契约方式而组成的经济组织。

以价值观为本的领导认为：企业是价值观彼此认同的人聚集并且共赢的平台。员工找工作的实质是找到与自己的价值观一致的平台并且借助这个平台实现自我价值。组织招聘人才的实质是找到认同其价值观的人并用其能力使得平台得到提升。因此，组织是一个共赢的平台。

以价值观为本的领导是：领导者以明晰的价值观凝聚认同的人共赢。

组织是一艘船，员工要想上这艘船就要买船票，船票由能力和价值观两个指标构成，既要有能力还要符合这里的价值观要求。能力是枪，价值观是枪的瞄准装置。价值观指挥能力。有能力则能够满足这里的制度要求，符合价值观则在制度覆盖不到的地方用价值观指导自己的行动。

制度是硬约束，要求人这样做。价值观是软约束，要求人这样想。一个能力和价值观与组织匹配的员工将如鱼得水。

人们越来越表现出不只是寻找职位，而是寻找在文化上同他们的个人价值观相和谐的工作场所。最好的组织要寻找的是那些适合于组织而不是适合于一种特定工作的人。

戴尔(DELL)公司的创始人迈克尔·戴尔认为："无论聘用的是新员工，还是负责经营最大事业体的管理阶层，都必须完全与公司的哲学和目标一致。如果这个人可以认同公司的价值观和信念，也了解公司目前的营运和努力方向，那么他不但会努力达到眼前的目标，也会对组织的更大目标有所贡献。”

在实施以价值观为本的企业,员工同企业之间的关系有了新的定义。根据价值观领导理论,我们可以从另外一个角度理解企业:企业是价值观相互认同的人聚集并且实现各方价值的平台。这里的人指利益相关人。来到同一个企业的人应该互相认同和喜欢。如果员工讨厌老板、讨厌企业,员工之间互相讨厌,这个企业必死无疑。

根据利益关系的大小和价值观的认同度可将企业的利益相关者分成四类,对于不同类型的利益相关者分别采取不同的对策,如图 5.2 所示。

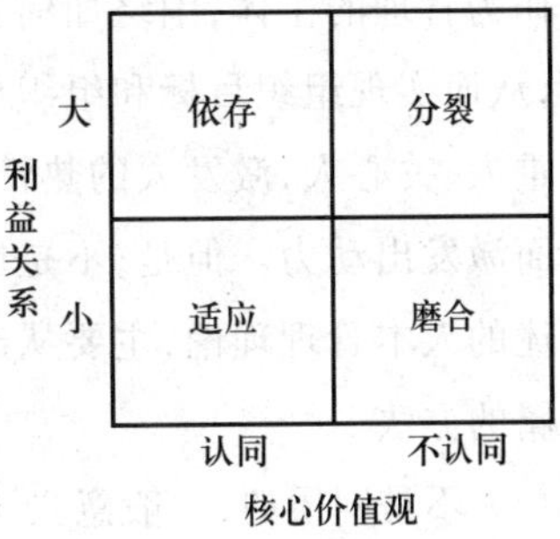

图 5.2 利益相关者分类

企业与认同企业的核心价值观的重大利益相关者之间,应当建立相互依存、共同发展的关系。不认同企业的核心价值观而又同企业具有重大的利益关系,会导致分裂,例如董事会成员如果价值观不同就会分裂。企业要同那些不认同核心价值观而利益关系又比较小的利益相关者磨合,修正彼此的价值观以达成一致。认同价值观而利益关系又比较小的利益相关人则容易处理,相互适应即可。

根据对利益相关人的划分,还可以从新的视角对企业人本管理进行解释。

企业中以人为本的内涵是:根据能力和价值观认同与否把员工进行分类,企业真正可以依赖和信任的人必须同时满足两个维度的要求,即能力和价值观。企业可以重点依靠的是那些认同企业的核心价值观,能力又符合企业要求的人。企业中以人为本是对那些富有责任感、创造高绩效的人予以重视,委以重任。以人为本是结果,而不是前提。以人为本是用认同价值观的人实现企业的目标。以人为本不是养着员工,不符合企业要求的员工要离开企业而不是把他们养起来。这种观念可以使员工变得清醒,知道自己在员工分类图中属于哪一类。

5.3.2 打工者与追随者

任何组织都有核心价值观和存在的目标,人们之所以来到这个组织供职是想借助组织的力量实现个人价值,但是个人价值的实现必须以实现组织的目标为前提,因为组织是个人赖以聚合的平台。用以价值观为本的理念来认识企业,来到组织的人目的明确,因为他追随组织的这套价值体系;在此理念下,“打工者”这个概念消失,来到组织的人是“追随者”而不是“打工者”。打工者是被动和无奈地工作,对组织没有深刻的承诺;追随者是主动的,完成职责是出于自愿,对组织有高度的承诺,因此能够在价值观高度认同的情况下做出超过岗位责任所要求的努力。

在价值观领导体系下,不采用打工者的概念,而是倡导员工和追随者与伙伴的概念。

追随者的特点:自尊、主动、心甘情愿、为愿景而动、负责任、投入、充满激情、令人放心、长期行为、为自己做事。如果一个企业的领导者以价值观为本，大多数员工具有追随者的心态，为自己做事情，这个企业会具有竞争力，员工也会有美好的未来。

5.3.3 企业中以人为本的实质

人本管理是一种把“人”作为管理活动的核心和组织的最重要的资源，把组织内全体成员作为管理的主体，围绕如何充分利用和开发组织的人力资源，服务于组织内外的利益相关者，从而实现组织目标和组织成员个人目标的管理理论和管理实践活动的总称。人本管理尊重人、关心人，激发人的热情，满足人的需要。其核心思想是：员工因为受到关怀，会被感动而激发出动力。但是，不是所有人都能够被感动，鹅卵石是孵不出小鸡的。目前理论界所阐述的人本管理理论，主要从改善员工心理状态的外部因素出发，在技术层面上提供了激励下属的方法。

人不是同质的，一般意义上讲，企业的员工各自有不同的人生哲学与追求。企业要重点依靠的，是符合企业根本价值观要求的人，是与企业基本宗旨相一致的人，要以这些人为本，使这些人的满意度最大化。而那些不符合企业价值观要求而又不可教化的人，则要离开企业，在别的企业里找到自己的位置。美国通用电气公司原总裁杰克·韦尔奇对待中层经理人员的用人原则如图 5.3 所示。

	不信价值观	信价值观
有能力	利用	使用
没能力	离开	培养

图 5.3 韦尔奇的用人原则

第一类人没能力又不信企业的价值观，这类人的对待方式很简单，让他们离开。缺乏共同价值观的人外在表现是同上下左右的人都不融合，与上级逆反，与同级不合作、不配合。

第二类人信企业的价值观但是能力不符合要求。这类人可以轮岗使用，换一个岗位试试，可以在岗位上培养他们，也可以外派出去进修。如果这类人对企业忠心耿耿，只是能力不适应企业的要求，那么企业要开辟新的领域以增加岗位来安排这类人。

第三类人信企业的价值观、能力很强，这类人是企业的中流砥柱，要大胆使用。他们应该获得企业的权力、资源支持。所以如果一个人能力符合要求，价值观又和企业一致，将成为企业重点依靠的对象。这类人是企业最满意的人。

第四类人不信企业的价值观但是能力很强，这类人比较麻烦。这类人可以利用，对待这样的人一般有四种方式：第一种方式是用他，第二种方式是监督他，第三种方式是改造他，第四种方式是替代他。这类人的处境会面临一定的风险，他是公司里面难以对付的人，一个公司总会有人有能力但是很难管理，令上司比较头痛，上下左右的关系难以协调。这类人在能力强的时候是可以被利用的，当能力不足之日就是被替代之时。给这类人的忠告是努力向认同价值观的方向移动，这样当能力不满足要求的时候他还能获得培养的机会。

韦尔奇想灌输的核心价值观是：数一数二，精简、迅捷、自信。来到通用电气的人要认同这个理念体系，如果不愿意带领通用电气做到数一数二就干脆退出，认同的留在这里，不认同的就不要来这个组织。

韦尔奇的这种政策实际上是用那些认同企业核心价值观的人,以认同企业核心价值观的人为本,而不是平等对待所有的人。那些不符合企业核心价值观要求的人,如果不能对自己的价值观进行改造,那么迟早都要被劝离开或被迫离开企业。所以,不难看出,韦尔奇对企业的领导是以价值观为本的。

企业以人为本的内涵是以价值观为本,实质是用能力和价值观符合要求的人实现企业的目标。这个价值观是企业的价值观,由利益相关人相互妥协而形成。

中国经典的用人智慧是“德”与“才”的和谐统一:有德有才大用之,有德无才善用之。无德有才慎用之,无德无才弃用之。这里什么是“才”很容易理解,而什么是“德”呢?实质上德就是个人的价值观符合企业价值观的要求,能够共享企业的价值观。如果一个企业的核心价值观是认真、敬业、诚信、合作,一个人做到了这些,就满足了企业对德的要求。韦尔奇的用人图同中国的用人标准的德才组合是一致的。“德”的标准有时会随时空的变化而有新的内涵。

企业中以人为本实质上是用认同企业的价值观而有能力的人实现企业的目标,在此前提下个人目标才能够得以实现,包括在企业中晋升、得到提升的薪酬等。本就是根,根就是依赖的基础。企业要依赖那些能力和价值观都符合企业要求的人,以这样的人为企业生存的根本。企业既要养人还要用人:养人以人性为本,为员工提供最好的福利待遇和工作环境,员工与企业一起发展。用人以价值观为本,用价值观符合企业要求的人做事。故以人为本的管理体系是以价值观为本加上人性化管理。企业对员工要人性实现,员工对企业要价值实现。

5.4 构造以价值观为本的企业文化

5.4.1 文化陀螺模型

1871 年,美国杰出的文化人类学家爱德华·泰勒(Edward Taylor)在他的《原始文化》一书中,第一次把文化作为一个科学概念下了定义:“文化是一个复杂的总体,包括知识、信仰、艺术、道德、法律、风俗,以及人类在社会里所获得的一切能力与习惯。”这一定义至今仍被广泛使用。企业文化是一种亚文化,是在一定的社会历史环境下,受民族文化、社区文化等文化系统及政治、经济、法律、哲学、教育、自然地理等诸多因素影响,由企业及其员工在企业生产经营和管理活动中逐渐形成的观念形态、价值体系、文化形式和行为习惯的总和。

文化是维系一个群体的所有人共同拥有的处世哲学、理念、价值观、信仰、期望、态度以及规范。所有这些相互关联的心理特性或明或暗地反映了一个组织如何做出决策、解决问题(Kilmann、Saxton、Serpa,1986)。

每个组织的文化都是独一无二的,都有其特殊的管理方式形成过程、解决问题和指导行动的方法、个人个性与管理模式的融合点，都拥有自己的传奇、英雄和应对变化的经验。换句话说，就是组织有独特的风气、传奇和组织个性（Thompson、Strickland，1987）。

文化是组织的黏合剂，它反映了组织成员共享的价值观和信念。这些价值观通过诸如组织中的各种故事、传奇、特别的仪式以及语言等载体得以传播（Reimann、Wiener，1988）。

组织文化通常是不成文、无意识的信息，它存在于组织的正式规定和实际执行之间的差别中。组织文化包括了组织内部共有的处世哲学、思想观念、价值观、信仰、愿景以及规范（Deshpande 和 Parasuraman，1986）。

对文化的通俗理解是：文化就像空气一样，看不见摸不着，却无处不在。一个人的思想形成一个人的行为，多个人的行为形成文化。文化就是我们做事的方式。

一流的企业是一些价值观彼此认同的人聚集并实现其价值的平台。股东投资建立企业是为了寻求资本的最大回报，而职业经理人和员工在企业工作在满足生存需要的同时，更是为了实现个人的价值。因此，支持企业存在的核心力量应当是企业的核心价值观，企业靠个性鲜明的价值观吸引并聚集人才。我们把核心价值观看做企业文化的核心支柱。企业是文化的载体，是一个动态的而不是静态的系统。构成企业文化的制度、行为、器物都要反映并且维护企业的核心价值观。所以企业文化可以被看做一个动态运转的"文化陀螺"，该陀螺的轴心即企业的核心价值观，即理念层，而陀螺的惯性盘则是制度层、行为层和器物层，企业家精神是推动陀螺旋转的动力。以价值观为本的企业文化陀螺见图 5.4。

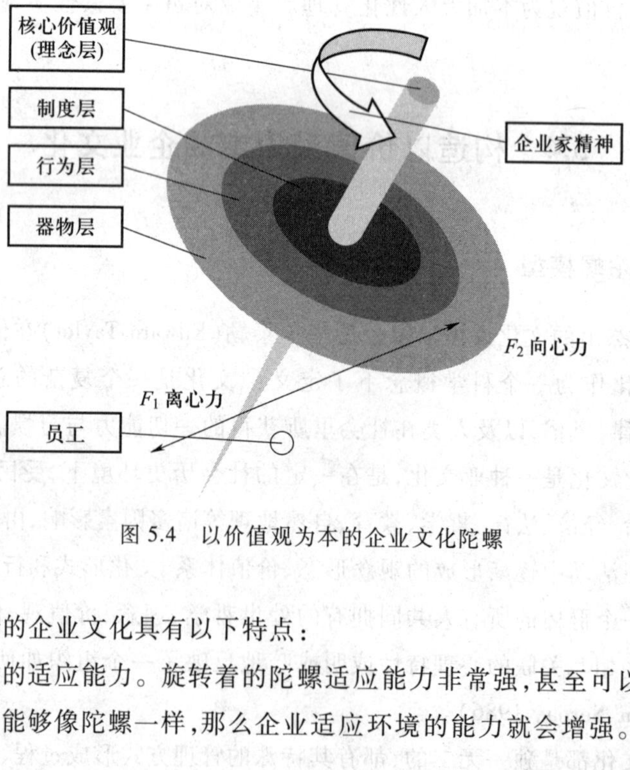

图 5.4　以价值观为本的企业文化陀螺

作为陀螺解释的企业文化具有以下特点：

（1）具有动态的适应能力。旋转着的陀螺适应能力非常强，甚至可以任意摆放。这意味着如果企业文化能够像陀螺一样，那么企业适应环境的能力就会增强。旋转的速度决定了其稳定性。旋转的速度越快，则陀螺越稳定。良好的企业文化能够使得员工如鱼得水，使得企业的各个“细胞”充满活力，这种活力相当于陀螺旋转的速度。

(2) 质量越大越稳定。为了增加陀螺的稳定性，制度、行为、器物层必须完善和配套。制度与规范是行为符合理念的保证，而器物则是载体。

(3) 轴心与惯性盘要匹配。轴心太大惯性盘太小或轴心太小惯性盘太大，都会导致陀螺效应失灵。这种匹配意味着作为轴心的核心价值观需要与文化的其他三个层面匹配，包括双赢与多赢、制度保证理念等。

(4) 陀螺的旋转需要动力。推动陀螺运转需要扭矩，推动企业运转的是企业家精神。

较之其他有关企业文化的各种描述，文化的陀螺比喻具有以下特点：

(1) 克服了三层次或四层次文化的静态性，引导人们从动态的角度去看待和建设企业文化。

(2) 突出了核心价值观的重要地位，它支撑着企业的存在。企业出问题是核心价值观出了问题，因为思想决定行动。

(3) 动态地建设企业文化可以增加企业对环境的适应性，也就是说，企业的文化建设要随着环境的变化而调整。

(4) 把企业家精神加入到了文化模型之中。企业家精神是推动文化陀螺旋转的动力。企业家是企业文化建设的原动力，因此，要特别强调企业家对于企业文化建设的重要性。

(5) 文化的各组成部分要匹配，否则就是两层皮，说的与做的不一样。强调员工要适应企业文化并在此前提下保证各个细胞充满活力。换句话说，不适应企业文化的员工将被淘汰。

组织中需要有尽可能多的人具有企业家精神，奋发进取，努力创新，不忘初心，牢记使命，坚守价值观，推动企业文化与时俱进，才能够推进企业继续前进。

把企业的文化用陀螺模型来描述，则员工相当于陀螺上的一个粒子。当陀螺旋转的时候，此粒子会产生一个向外抛的力叫做离心力 F_1。为了在陀螺上存在不至于被抛出去，此粒子必须产生抵抗离心力的力叫做向心力 F_2。而为了产生向心力 F_2，则此粒子必须黏附在陀螺上。在企业中，这个黏附力叫做认同，是对企业的认同而产生的归属感。认同的程度不同则黏附力不同：认同度大则产生足够的向心力以抵消离心力，使得粒子不会向陀螺的边界滑动；认同度小则黏附力小，则粒子的离心力大于向心力，粒子会向外滑动。滑动到陀螺的边沿地带，比喻这个人被边缘化了。如果离心力更大，则粒子就被抛出陀螺，比喻员工与企业相分离。

如果粒子能够主动向陀螺的轴心移动，则表示员工向企业的核心层靠拢。当粒子与陀螺轴心重合的时候，表示该员工已经进入了企业的核心层，成为支撑企业文化运转的中流砥柱。

由于在陀螺旋转的时候，所有的粒子都产生离心力，都会有被抛出的感觉。这表示在企业中除了一号人物以外，人人都有被边缘化的感觉，都感到自己跟不上企业的变化。这种感觉是正常的,是假象。不能让这种被边缘化的假象使自己真的被边缘化了。要增加主动向心的动力、增加对企业文化的认同度,才能够与企业文化同步地与时俱进。

员工能够适应企业文化的演进,则会如鱼得水。不能与企业文化保持同步运转的人,是对企业文化不适应,进而认同度不够,如陀螺上之粒子的黏性附着力不强,不能产生足够的向心力,将逐渐被边缘化。

文化陀螺理念要求员工和企业都要围绕价值观开展活动。以价值观为本更新的理念包括:员工要认同企业的核心价值观;依据价值观认同构造董事会;依据价值观认同构造连锁体系;依据价值观认同建立激励体系;依据价值观认同构造企业;依据价值观认同招聘员工;认同价值观不必刻意迎合老板个人;存在冲突的时候修正价值观才能继续合作。

5.4.2 企业文化要与时俱进

企业文化是环境的产物:环境如水,企业如舟;水能载舟,也能覆舟。战略的实质是保证企业同环境相适应。

文化的作用是保证战略的执行,新战略的推出要求文化与战略变革相适应。环境的动态性越来越强,要求文化也要同环境的变化相适应,只是文化变化相对缓慢,如图 5.5 所示。文化的构成关系是:个人文化构成团队文化,团队文化构成企业文化,企业文化构成区域文化,区域文化构成社会文化。反过来是影响关系:社会文化影响区域文化,区域文化影响企业文化,企业文化影响团队文化,团队文化影响个人文化。

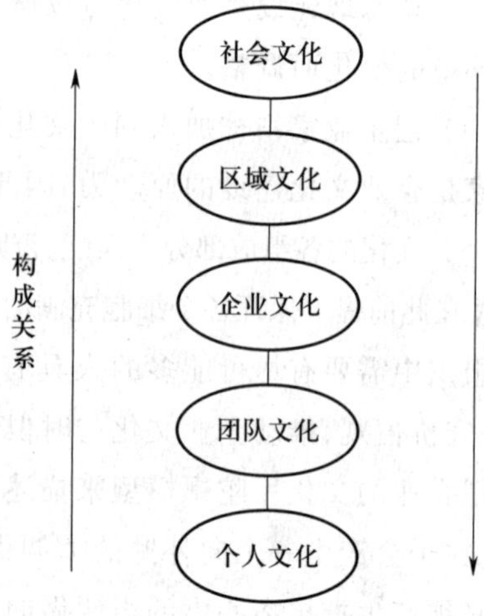

图 5.5　文化的建立

企业文化有助于减少模糊性,它能告诉员工事情应该如何做,什么是重要的、应该做的事情。强势企业文化形成以后,员工对企业核心价值观的崇尚可能高过对企业领导者的崇拜,员工对价值观的尊重超过对领导者个人的盲从,企业可以在价值体系的指导下正常运转。再完善的制度也有覆盖不到的地方,在制度鞭长莫及的地方价值观会起作用。

企业文化如果一成不变,就不能随着环境的变化而调整,可能成为变革、多样化、兼并和收购的障碍。长久不变的企业价值观也有可能演变成为制约企业向前发展的教条和规则,不再能够激发员工的灵感和创造性,而是蜕化为一层坚硬的外壳,将企业严密地封闭起来。

企业的价值观是随着企业的发展而变化的。一个组织的价值观应该体现出时代特征、组织的社会责任感和组织精神,它需要尽可能征求各方面的意见,同时随着时间的推移做一些修订。以 GE 公司为例,以下是 4 个年份的企业价值观要点。虽然 GE 核心价值观的根本精神未改变,但是具体内容却一再改写,以后也许会继续修订,如表 5.2 所示。

表 5.2　美国 GE 公司的价值观演变

年份	企业价值观要点
1983	精简、效率 追求卓越 品质 企业家精神 务实、坦诚 沟通 管家角色 唯有让顾客满意才能保证工作
1985	改革是持久的,没有不能改革的事 没有不能公开的事 建设性的冲突促进发展 矛盾是生活中不可避免的 尊重他人 开放
1987	改革是持久的 建设性的冲突 资源配置是动态的 应对矛盾是一种生活方式 每个人的贡献都很重要 好事能感染他人 共享所有权
1992	创造一个明确、简单、务实、以顾客为中心的愿景,并且直接与利益相关人沟通 了解所担负的责任与任务且具果断性;制定远大的、崇高的、具有挑战性的目标,为达理想不屈不挠,并随时保持正直诚实的心 积极追求卓越,摒弃官僚体制和由此带来的一切不合理行为 建立自信,充分授权给他人,做事不要画地自限;肯定“解决问题”方案,以此作为授权的一种方式;坦诚接纳各方的意见 致力于建立全球性品牌,对全球市场保持高度敏感,善于发展多样化的国际合作关系 鼓励变革且热衷改革,不要因此害怕和麻痹;视变革为机遇而非威胁 拥有充沛的精力,且有能力激励与提高他人的士气;了解速度是竞争的优势,且明白整个组织可因此而获益

资料来源:Noel Tichy. Stratford Sherman. 掌握命运——通用电气的改革历程.上海:上海译文出版社,1996.

价值观不是一成不变的，要随着企业业务情况不断演变完善，目的是聚拢价值观一致的人，以符合企业价值观的方式，推动达成企业业务目标。恰当的文化价值观，能有效地助力企业业务发展，成为业务的助推器。价值观不仅要制定，还要有大量配套工作宣贯，确保员工正确解读并学习内化。相关人事、激励制度配套必不可少。有时企业文化价值观是双刃剑，例如“狼文化”价值观，在解决一些问题的同时会带来另一些问题。价值观建设要做好顶层设计，关注落地执行效果，及时调优。

价值观变革的根据是企业内外部环境的变化，价值观为企业中的成员提供了看待问题的视角、判断对错是非的标准。如果环境变了，过去对的做法现在看来也许是错的。标准变化了，事物的分界就变了。能否提出与时俱进的价值观，是对领导者高瞻远瞩能力的考验。一个领导者可以一次成功，但是要想做持续成功的领导者，就要有站在未来的能力，这样才能够引导企业走向美好的明天。

5.5 以价值观为本领导理论的实施

5.5.1 以价值观的本领导的实现过程

以价值观为本的领导是指领导者及其追随者在共有的价值观基础上形成的新型领导关系。关于如何实施以价值观为本的领导，根据优秀企业的实践，归纳出如下要点：

（1）领导者要建立追随者所认同的价值观和愿景。这需要提炼并且全员参与讨论，参与讨论会使得员工产生认同。

（2）领导者对所倡导的价值观和愿景表现出热情，并为集体和这一愿景而做出实质性的自我牺牲。

（3）领导者表现对实现愿景的自信，对愿景有决心和毅力。领导者的自信是员工自信的源泉。

（4）领导者要灌输这一愿景，尽一切手段宣传所信奉的价值观，如提出企业的口号、印制员工手册、在内部刊物上宣传、在各种会议上宣传、亲自为中下层管理人员及员工讲课、培育公司成员的自豪感、制定与愿景相一致的政策。

（5）领导者要表现出正直，以正面的形象表现自己，通过树立个人榜样而起表率作用，多通过口头沟通来说服下属。

（6）领导者要为集体和使命勇于承担风险。领导者的大胆尝试和负责任是员工动力的来源，会鼓励员工为了成功敢于尝试。

（7）为员工提供具有挑战性的工作和发展机会，努力为追随者的职业发展、事业上的成长提供机会。

（8）创造一种知识共享、员工之间和谐相处的氛围。这样的组织属于“教/学”型组织，员工通过学习能够提高自我价值。这需要有制度作保证,才能缔造一个和谐进取的团队。

(9) 向追随者提出较高的业绩期望,并对他们的能力表现出信心。领导者的信任是一种激励,会使得追随者能力得到更大的发挥。

(10) 内部提拔和培育人才。以各种方式奖励和提拔那些拥护并认真贯彻核心价值观、在实际工作中取得优秀业绩的人。公司要允许员工在不违反核心价值观的原则下大胆尝试,允许犯错误,但是不允许犯罪。对于那些违反公司核心价值观的人,说明他无法适应公司的价值观,因此只有请他离开公司。公司最后留下的是那些认同公司核心价值观的人。这样,企业建立的是与公司的核心价值观相一致的奖惩制度。

(11) 利用核心价值观对员工进行激励。以价值观为本的领导理论强调尊重人的自我意识,通过把企业的利益和个人的利益挂钩来保护员工个人的利益,实现他们的自身价值。通过建立与核心价值观一致的制度来保证核心价值观的实施。

5.5.2 用优秀的传统文化塑造价值观

1988 年,多位诺贝尔奖的获得者在美国集会,会议结束后发表联合宣言,呼吁"人类如果要在 21 世纪生存下去,就必须回到 2 500 年前,去孔子那里汲取智慧"。英国历史学家、哲学家汤恩比博士说:"拯救 21 世纪人类社会的只有中国的儒家思想。"

《中国共产党章程》中有:大力发展教育、科学、文化事业,推动中华优秀传统文化创造性转化、创新性发展。

习近平主席在十九大报告中指出:文化是一个国家、一个民族的灵魂。文化兴国运兴,文化强民族强。

文化是从远古传承下来的久远记忆。企业文化是全体员工经过长期的实践培育起来的、共同遵守的价值观念和行为规范的集合。文化是我们做事的方式,文化是温度和湿度。一个人的思想产生一个人的行为,多个人的行为形成文化,多个文化形成历史。文化造人,人造文化,这是一个螺旋上升的循环。

5.5.3 提升价值观认同有助于实现工作繁荣

是什么造就了世界 500 强企业中的西门子、惠普、雀巢、IBM、汇丰等品牌?既不是资本、规模和技术,也不是特定的优秀员工。这些因素每天都在变化,看不见的企业文化是遗传基因。这些文化融入企业长期发展的战略经营方针之中,渗透在企业经营和管理的每一个环节,并随企业的成长不断延续和更新,最终通过产品和服务在市场上形成自己独特的核心竞争力。

张瑞敏先生曾说:"虽然企业管理者们会对各种论述企管方法和工具的书籍发生兴趣,但是真正能够让管理工具发挥作用的却是企业的价值观。企业的价值观就如同一个人的灵魂,人若没有了灵魂就如同行尸走肉。"

一旦人们用价值观来指导自己的思想和行为，就可以实现无为而治，打造基于文化的核心竞争力，打造基于价值观的企业文化，打造强价值观型组织，依据价值观认同提升执行力。员工可以实现工作繁荣。

工作繁荣是指员工在工作中一种积极的心理状态，是个体在工作中体验到的饱满的活力和学习力。当员工达到工作繁荣的状态时，他们不仅仅会提高工作满意度和工作绩效，也会持续长期地投入到工作中，不断为企业或者他们自己创造价值。工作繁荣的员工在工作中会充满能量，能够有效避免工作倦怠、疲劳和压力。

本章关键词

价值观型领导　以人为本　价值观　个人价值观　组织价值观　以价值观为本　平台　打工者与追随者　企业文化　个人同组织的和谐　人受三种约束　文化陀螺　工作繁荣　韦尔奇用人图　传统文化与价值观。

作业 1　课程思考题

1. 你所在的组织支持什么样的价值观？在工作中有哪些价值观在驱动你？

2. 根据韦尔奇用人原则图为自己在组织中定位，分析组织中主要岗位的人，分析受组织负激励的人。

3. 以价值观为本同以人为本的关系是怎样的？

4. 如何凝聚价值观彼此认同的人？如何寻找价值观彼此认同的人？

5. 如何依据价值观认同程度构造董事会？

6. 员工认同价值观的意义是什么？

7. 如何在招聘的时候发现价值观彼此认同的人？

8. 如何理解三类约束（法律、制度、价值观）？组织中不同高度的人，与三类约束的关系如何？

9. 何谓工作繁荣？如何实现工作繁荣？

10. 何谓优秀的传统文化？其与价值观塑造是什么关系？

作业 2　课后练习题

1. 分别以打工者和追随者的心态参加一个组织，描述一下自己的感觉。

2. 分析一个已经存在很久的组织，识别这个组织的价值观，同自己的价值观对比，判断这个组织是不是实现自己价值的平台。

3. 用价值观领导理论，分析最近出现的有影响力的新闻。

4. 分析自己所在组织的价值观，按照能力和价值观符合组织要求的程度，把自己在韦尔奇用人原则图中定位,并提出改进的措施。

作业 3　即测即评

第 4 单元

组织领导力

第6章 人格特质理论与领导行为理论

1. 明确影响领导效果的一般人格特质及与任务相关的特质
2. 总结人格特质理论的优点与不足
3. 学习培养与提升领导力相关的人格特质
4. 描述不同类型的领导行为方式
5. 理解如何选择合适的领导行为与领导风格
6. 理解和掌握成功人士的七个习惯

6.1 人格特质理论

6.1.1 人格特质理论综述

人格特质理论(theory of personality trait)起源于1930年以后的美国。人格特质理论认为:特质(trait)是决定个体行为的基本特性,是人格的有效组成元素,也是测评人格所常用的基本单位。

特质,是指人拥有的、影响行为的品质,是稳定而持久的行为倾向,使个体以相对一贯的方式对刺激作出反应。

人之所以有差异,就在于不同的人有着不同的特质表现程度,以此来解释人的行为差异。

优秀的领导者超出常人的地方体现在他们的行为方式上。许多研究者对领导的行为特征进行了研究,希望能够辨明优秀领导者的行为方式和风格如何影响领导绩效,并且提炼出恰当的领导方式来指导领导实践,最终实现只要正确行事,任何人都可以成为优秀的领导者。

领导人格特质理论集中研究有效的领导者应该具有的个人特征,比如智慧、价值观、自信、外表等。特质理论普遍认为有一组可以用来识别有效领导者的个人素质和特征。20世纪早期,许多学者坚持把领导个人品质特征当作描述和预测领导绩效的主导因素,对领导者的研究多着重于探索有效领导者与无效领导者之间、高层领导者与基层领导者之间是否存在个人品质的差异。更多的注意力被集中在那些无可争议、非常卓越的“伟人”身上,所以这个时期的研究被称为伟人理论(great man approach)。这种理论的基础在于,认为某些人具有与生俱来的能够使其成为领导的特质。有人甚至认为,领导者是天生的“伟人”,缔造优秀领导者的问题可以归结为选对人。但是经过数十年的研究探索,多数研究者未能在有效的领导者应该具有的才智、个性、身体特征方面达成共识。

1948 年,斯托格蒂尔(Stogdill)在一篇文章中考察了建立在人格特质理论基础上的 100 多项研究成果,概括出了几个成功领导者普遍具有的特征,但同时指出,一个特征的重要与否常常与另一个因素——环境联系在一起。在一种环境下如鱼得水、得心应手的领导者可能在另一种环境下一筹莫展,因此人格特质理论并不具有普遍意义。

20 世纪 70 年代以来,研究者在总结过去的研究成果时,基本否认了“伟人论”的观点,但都认为有效领导者必须具备一定的素质。这些素质可以分为两大类:一般人格特质和与任务有关的特质。一般人格特质包括自信和诚实可靠,与任务有关的特质包括激情、勇气。豪斯在归因理论以及对领导和人类动机的研究基础上提出了魅力型理论(charismatic leadership theory,1977)。魅力型理论虽然属于特质领导理论的范畴,但已突破了早期特质领导理论的局限。

管理大师德鲁克(Peter Drucker)认为,一个有效的领导者必须具备以下五项主要学习习惯:善于利用时间;注重贡献,确定自己的努力方向;善于发现和用人之所长;分清主次,集中精力;作有效的决策。

普林斯顿大学教授鲍莫尔(W.J.Bandmal)提出,企业领导人应具备的十个条件包括:合作精神、决策能力、组织能力、精于授权、善于应变、敢于创新、勇于负责、敢担风险、尊重他人、品德高尚。

邓哈托(Den Hartog,1999)指出,对至善至美的追求是领导者的必备品质。追求完美一般表现为:领导首先对自己的形象和品格严格要求,即值得信赖、公正、诚实。

豪斯认为魅力型领导者的关键特征是:自信,有远见,具有清楚阐述目标的能力,对目标有坚定信念,对环境敏感,不循规蹈矩,是激进变革的代言人。有效领导者应具有九项核心特征及能力:应变力、责任感、影响力、概念化、多视角、预见性、尊重和敏感、沟通、自知之明。

克可巴等(Kirkpatrick,Locke,1991)的研究表明:某些特定的领导特征虽然不能单独地预示领导的成功,但是有证据表明有效领导在某些关键方面的确与一般人有所不同。这些关键特征包括:① 驾驭力,是指领导具有明星般的特征和鼓动能力,包括有成就动机、有野心、有能量、有韧性、有主动性;② 领导动机,也就是权力欲和领导渴望;③ 诚实坦荡;④ 自信;⑤ 认知能力;⑥ 工商管理知识。只有比较少的证据表明个人魅力、创造性、灵活性是领导成功的必备要素。

领导者的个人特质

生理特征

- 精力充沛
- 有耐力

社会特性

- 善于交际
- 易于合作
- 获取支持的能力
- 机智、灵活的交际手段

智慧和能力

- 聪慧、良好的认知能力
- 知识渊博
- 具有判断和决策能力

与任务相关的能力

- 高成就动机
- 有责任心
- 不惧困难,坚持不懈

个人特征

- 自信
- 诚实、可靠
- 热情、正直
- 上进心
- 独立

社会背景

- 教育
- 灵活性

资料来源:理查德·L.达夫特.领导学原理与实践.杨斌,译.北京:机械工业出版社,2005:24.

人格特质理论揭开了领导学研究的序幕,至今仍然是领导学研究的重要内容。虽然成功的领导者的确存在某些特质上的共性,但特质仅仅是领导者应当具备的前提(必要)条件,至今尚未有证据证实哪些特质是成为成功领导者的充分条件。

6.1.2 人格特质的大五模型

人格特质的大五模型因为有很强的研究基础,所以被广泛接受,用来对人格特质进行分类。

大五模型将一个人的特质划分为五类,这种划分明确、可靠,每类包括多个特质。这五类特质分别为外向性、和谐性、调整性、敬业性、开放性,如图 6.1 所示。

1. 外向性(extraversion)

外向性特质维度包括领导倾向和外倾性。具有强烈外向性的人比较张扬,喜欢控制,喜欢负责,喜欢领头、竞争、影响。弱外向的人喜欢做追随者,不喜欢竞争,不喜欢影响。

外向性是一个连续体,从外倾到内倾。外倾的人开朗,喜欢结交新朋友,喜欢面对别人;内倾的人比较腼腆。

2. 和谐性(agreeableness)

和谐性包括的人格特质是容易与人相处,热情、随和、有同情心、友好、合群。弱和谐性

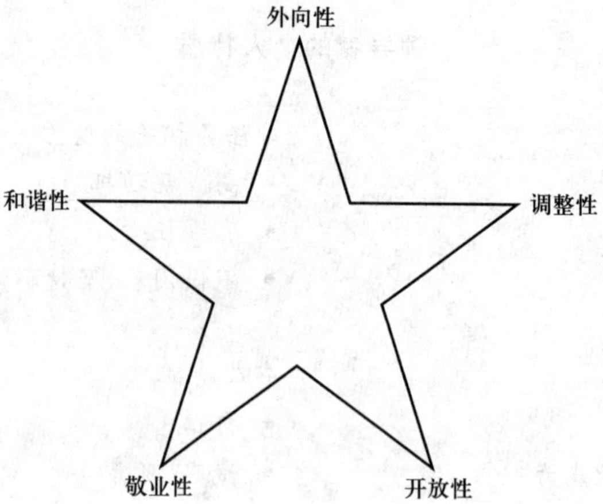

图 6.1　人格特质的大五模型

的人冷漠、没有同情心、不友好、不合群。强和谐性的人合群，乐于把时间花在同人打交道上，乐于同人打交道，朋友多。

3. 调整性（adjustment）

调整性是指情绪稳定性。调整性在稳定与不稳定之间是一个连续体。稳定性指自我控制，平静，压力下保持良好状态，放松，积极，鼓励别人，有足够的自我安全感。不稳定性指失控，压力下不能保持良好状态，神经质，没有安全感，爱批判人。

4. 敬业性（conscientiousness）

敬业性是指成就感。敬业性在负责任/可靠与不负责任/不可靠之间是一个连续体。高敬业精神包括可信、服从、有组织。有这种特质的人乐于努力工作，为了实现目标乐于付出额外的努力和时间。

5. 开放性（open to experience）

开放性包括喜欢变革，探索新事物。强开放性的人喜欢变化，寻求新事物。弱开放性的人回避变化和新事物。

稻盛和夫，日本两家世界 500 强企业的创始人，被称为日本“经营之神”。他 2010 年 2 月 1 日出任破产重建的日航董事长，到 2011 年 3 月底拯救日航。日航的规模缩小到原来的 2/3，销售额缩小到前一年的 3/4，然而却取得了日航历史上空前的高额利润。稻盛和夫提出真正的领导者应该是“以爱为基础的反映民意的独裁者”。他认为企业领导者的特质如下：

（1）具有使命感。企业存在的目的不是为了实现经营者个人愿望或欲望，而是为了保证员工们现在和将来的生活。

（2）明确地描述愿景和企业的目标。领导者要明确企业的愿景，要把企业做成这个样子。

(3) 必须不断地挑战新事物。能力要用将来时。

(4) 领导者必须公正。只要夹杂哪怕是稍许的私心,决策就会走向错误的方向。

(5) 领导者必须具备勇气。决策时找乐观的人讨论,执行时找悲观的人讨论。

(6) 领导者要谦虚。人一旦成功,就变得自信,过分自信就变得自傲。

(7) 领导者要始终保持开朗乐观的态度。乐观是人生成功的铁律,是人们生存的智慧。

(8) 有关爱之心。抱着这种深沉的爱去工作,去做事情,就能够得到周围人的帮助,得到天的帮助,事业一定能够进展顺利。

(9) 领导者必须会平衡,具有中庸之道的智慧。

特质理论假设:领导者是天生的而不是后天培养的,具备某些心理和生理特质能够保证领导者成功。而研究发现:不能找到成功领导者的共性,而且后天的努力可以培养这些特质。事实是:具备某些特质确实能够提高领导者成功的可能性,但是,没有一种特质是成功的保证。

领导心理学家斯多蒂尔宣布:没有所谓领导者的特殊个性,更没有什么天生的领导者!此后,学者们将注意力转到研究领导行为的强化或发展上。

6.2 领导行为理论

在 20 世纪初期,领导人格特质理论占据了领导学的主流,随着研究的发展,它既忽略被领导者(下属或者跟随者的影响),也忽略领导情境的特点,逐渐被研究者所认同。从 20 世纪 40 年代开始,领导行为理论——任何人只要采用了适当的行为方式,都可以成为一个好的领导者,关键是做什么和怎么做——开始成为领导学研究的主流。

领导行为理论和领导特质理论的意义可以说截然不同:按照人格特质理论,先天的禀赋决定了一个人要么是领导者,要么不是领导者,达到良好领导效果的关键在于选对人,选对天生为这个岗位准备的人,人格特质理论就是要为选拔那个“合适”的领导者提供方法。相反,按照领导行为理论的设想,领导绩效是领导者采用不同行为方式的结果,如果能够识别出决定领导效果的关键行为方式,就可以通过培训将一些具体的领导行为移植到个体身上以改善领导绩效,我们更可以不断培养出新的领导者。从两个理论的前景来看,显然领导行为理论更加令人期待。如果领导行为理论正确,普通人就都有了成为卓越领导者的可能。

6.2.1 专制与民主型领导

心理学家勒温(Lewin)及其同事最早进行了领导行为的研究。通过试验研究不同领导方式对下属群体行为的影响,他们认为存在三种极端的领导方式:专制方式、民主方式和放任自流方式。

1. 专制方式

专制作风的领导者以力服人，即靠权力和强制命令让人服从。其特点是：发号施令，要求他人依从，为人教条且独断，主要依靠行政命令、纪律约束、训斥和惩罚，偶尔也有奖励。有人统计，具有专制作风的领导者和别人谈话时，有60%左右采取命令和指示的口吻。

2. 民主方式

民主作风的领导者以理服人、以身作则，将拟议中的行动或决策同下属磋商，鼓励下属参与。其特点是：所有决策都是领导者和下属共同讨论决定的，是领导者同下属共同智慧的结晶；分配工作尽量考虑个人能力、兴趣和爱好；谈话时用商量、建议和请求的口气，命令仅占5%左右。

3. 放任自流方式

放任自流作风的领导者，工作事先无布置、事后无检查，权力完全给予下级，一切悉听尊便，毫无规章制度；极少运用权力，给下属高度的自主性，依靠下属确定他们的目标以及实现目标的方法；为下属提供信息，充当群体和外部环境的联系人，以此帮助下属开展工作。

勒温根据试验测试认为：放任自流的领导方式工作效率最低，只达到了社交目标（也有研究者认为，放任自流是一种领导的缺位，不算严格意义的领导方式）。专制作风的领导虽然通过严格管理达到了工作目标，但群体成员没有责任感，情绪消极，士气低落，争吵较多；群体成员对领导者不满程度高，自身行为体现为反应性行为，缺乏主动性，领导缺席时就表现更差了。民主型领导者的工作效率最高，群体关系融洽，下属工作有积极性和创造性。它为今天管理实践中盛行的分权管理提供了部分理论基础。

勒温与其同事的研究同时指出领导行为对领导结果有明确的影响，如直接影响追随者的工作绩效与工作满意度，并进一步指出有效的领导是在领导行为中表现出来的，而不是当时广为宣扬的领导特质决定领导结果。这为以后的领导行为理论研究奠定了基础。

6.2.2 领导连续体理论

勒温等的研究，认为领导者有固定的、极端的行为模式和风格，即具有要么独裁要么民主的二选一模式。1973年，美国学者坦南鲍姆（R.Tannenbaum）与施密特（W.H.Schmidt）提出了领导行为连续统一体理论，认为领导方式多种多样，按领导者授予下属自主权的程度划分，从专制型到民主型之间，存在多种过渡形式，见图6.2。

图6.2中，从专制方式到民主方式，分为七个层面：

（1）领导者作出决策并宣布；

（2）领导者向下属“推销”其决策；

（3）领导者提出想法并征求意见；

（4）领导者提出初步方案，征求意见后修改；

（5）领导者提出问题，接受建议再作决策；

（6）领导者提出限制条件由集体决策；

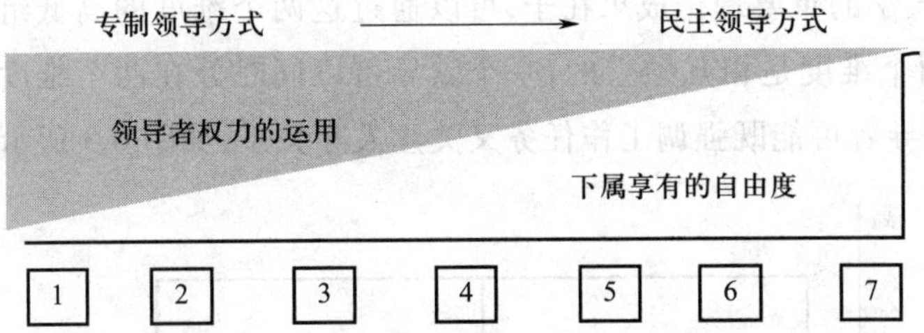

图 6.2　领导行为连续体

(7) 领导者允许下属在上级授权的范围内作决策。

领导行为连续统一体从左到右,领导者权力的运用逐渐减少,下属的自由度逐渐增大,从以工作为重逐渐变为以关系为重。从图 6.2 中可以看出,依据领导者授予下属权力的程度和决策的方式,形成了一系列领导方式。

坦南鲍姆与施密特的研究同时指出,领导者的专制或民主程度与他们所处的环境有很大关系,因此领导者应当依据环境条件的变化来调整领导方式。例如:如果工作非常简单而机械,不需要发挥下属的才智,或者时间紧迫,来不及与下属讨论,领导者应倾向于专制方式。如果工作需要下属发挥才智、随机应变,同时下属也已经具备了学习和应对的能力了,那么领导应当倾向于民主风格。这种思想实际上已经有了权变领导理论的雏形。

6.2.3　领导行为四分理论

俄亥俄州立大学对领导行为理论的发展贡献了大量真知灼见,以斯托格蒂尔教授为首的研究团队,从 20 世纪 40 年代晚期就开始了领导行为四分图理论的研究。他们通过大量的问卷调查,让下属来描述领导者的行为,收集了大量的数据。从开始时的 1 800 个因素减少到具有代表性的 150 个因素通过对问卷结果的分析,将这 150 个因素归纳为两个维度:结构维度和关怀维度。

结构维度,指领导者更愿意明确界定和建构自己和下属的角色差异,以达成组织目标。其包括设定具体的工作目标,明确需要遵循的程序,明确工作中对团队成员的要求。类似的概念还包括强调生产、任务导向和工作驱动。

在这一维度上取得高分的领导者,会清晰界定他们与员工之间的关系,同时也明确他们对每一个员工的角色期待。

关怀维度,指领导者尊重和关心下属的看法和情感,更愿意同下属建立相互信任的工作关系。高关怀维度的领导者帮助下属解决个人问题,友善而平易近人,公平对待每一个下属,并十分关注下属的生活、健康、地位和满意度问题。

在关怀维度上取得高分的领导者通常是友好的、值得信任的、可敬的,并且和下属成员关系密切。相反,得分较低的领导者通常表现为强权主义,缺少人情味。

俄亥俄州立大学的重要理论成果在于,可以通过这两个维度的高低组合对领导行为进行归类,同时这两个维度是相互独立的,一个领导可以同时处在两个维度的高分端和低分端。例如,一个领导者可能既强调工作任务又关注人际关系,如图 6.3 所示。

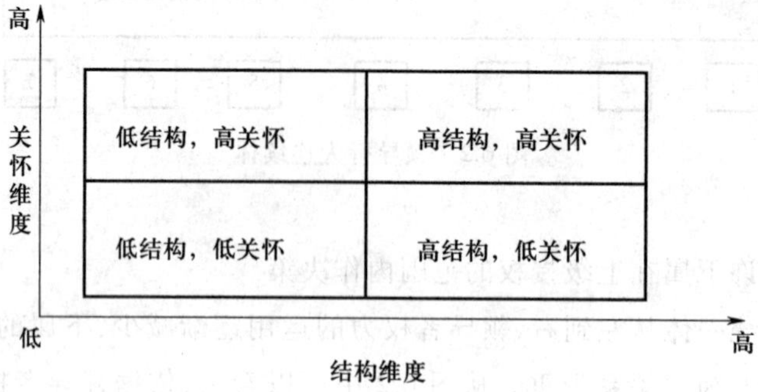

图 6.3　领导行为四分图

密歇根大学同样在领导行为上进行了卓有成效的研究。几乎在俄亥俄州立大学的研究进行的同时,在密歇根大学调查研究中心也进行着相似性质的研究,即确定领导者行为的特点以及它们与工作绩效的关系。他们也把领导行为划分为两个维度,称之为员工导向(employee-oriented)和生产导向(task-oriented)。

员工导向的领导者重视人际关系,他们总会考虑下属的需要,并承认人与人之间的差别。相反,生产导向的领导者倾向于强调工作的技术或任务事项,主要关心的是群体任务的完成情况,并把群体成员视为达到目标的工具。

研究得出的结论对员工导向的领导非常有利:员工导向的领导与高群体生产率和高工作满意度正相关。生产导向的领导与低群体生产率和低工作满意度联系在一起。(Yukl, 1998)

6.2.4　领导行为方格理论

上述两项研究成果发表后,研究者们普遍认同一个理想的领导者应既为员工导向又为生产导向。美国得克萨斯州立大学的布莱克(Robert R.Blake)和莫顿(Jame S.Mouton)在领导行为四分理论的基础上,提出了管理方格理论。

他们基于"对人的关心程度"和"对生产的关心程度"把领导者分为 5 类,将领导者这两个方面的得分画在坐标轴的相应位置上。如图 6.4 所示,他们用横坐标表示领导者对生产的关心程度,用纵坐标表示对人的关心程度,将代表两类行为的坐标各划分为 9 等份,形成了 81 个方格,每个方格代表一种对"生产"和"人"关心的不同程度的组合形成的领导行为,并归纳出了 5 种富有代表性的领导方式。

1. 9-9 团队型管理

9-9 团队型管理(team management)是最受推崇的,因为领导和员工在相互合作、相互

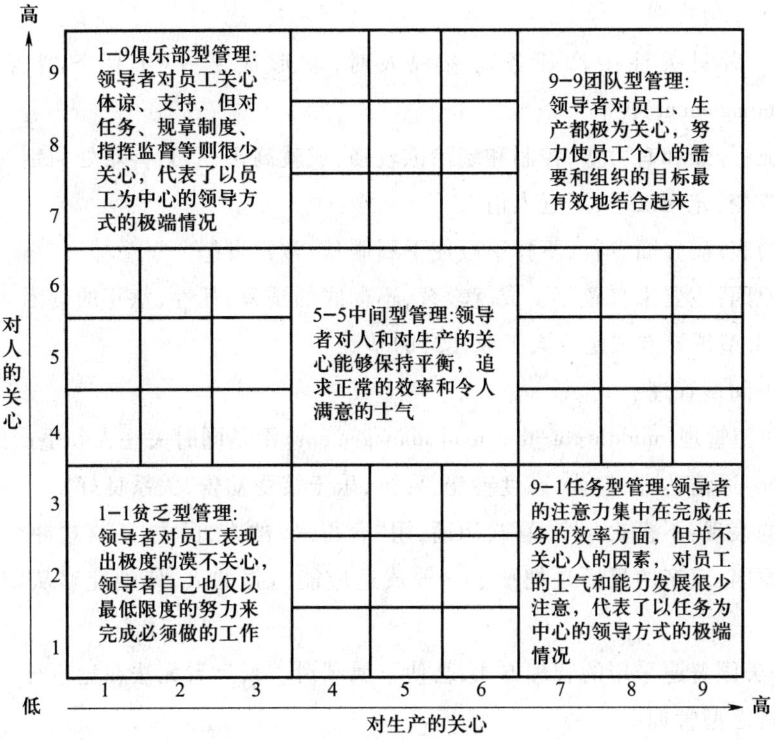

图 6.4　管理方格图

支持下推进组织目标的实现。

个人特征:对组织的目标认识深刻,切合实际,乐于学习,自我实现需要较强。

管理中的表现:追求那些同时满足个人和组织需求的目标。向下属解释目标,并且分析实现目标的做法。喜欢冲突,并做有益的处理。

产生的原因:父母告诉孩子行为标准但是不告诉如何做,教育孩子独立并合作。

作用:最完善的管理方式,可以激发创造热情、发挥个人能力。

2. 1-9 俱乐部型管理

当领导者只关注人而忽视生产时,就形成了 1-9 俱乐部型管理(country club management)。

个人特征:重视下级的感情与态度,对下级无私关怀,渴望被认可和拥戴,避免把自己的意志强加于人。乐于缔造愉快的气氛,与所有的员工打成一片。

管理中的表现:投下级所好,对上级唯唯诺诺,对他人敏感,容忍下级的各种行为。组织中滋长了懒散的、乡村俱乐部式的氛围。

产生的原因:父母的乖孩子,或者是极端排斥孩子的父母造成的。

作用:组织在无任何威胁时会形成这种氛围,可以提高工作的满意度。但是效率低,懒散,管理失控。有信心的人会离去。

3. 9-1 任务型管理

如果领导者只关注生产任务而忽视人时，就形成了 9-1 任务型管理(authority compliance management)。

个人特征:好强和有力量,控制和统治欲较强,成就高于一切,喜欢处罚别人,意志力强,做出决策不改变,充硬汉子,不近人情。

管理中的表现:独断专行,不择手段使下属服从,常常发怒。

产生的原因:主要来自童年。成就教育,不彻底的溺爱,任性,童年的贫困。

作用:9-1 型领导方式是今天工业社会的基础。

4. 5-5 中间型管理

5-5 中间型管理(middle-of-the-road management)则是同时关注人和生产的领导方式。

个人特征:通情达理,健谈,态度善变,妥协,乐于接受劝告,关系良好。

管理中的表现:不喜欢命令,喜欢沟通,用"合得来"的人,民主,不喜欢冲突。

产生的原因:双亲的目标是把孩子培养成适应能力强的人,使他能够从归属感中得到满足。

作用:是美国普遍采用的管理方法,会使下属圆滑。长远看无法在竞争社会中立足。

5. 1-1 贫乏型管理

1-1 贫乏型管理(impoverished management)则是放任自流的领导方式,领导者付出最小的努力完成工作。

个人特征:身在其位,不谋其事,放任自流,无所事事,喜欢讲中性话。

管理中的表现:对员工表现出极度的漠不关心,自己也仅以最低限度的努力来完成必须做的工作。

产生的原因:童年时期双亲管教太严,家庭关系冷漠,相互不关心,双亲存在尖锐矛盾。或者是成年时属于被失败压垮的人。

作用:胜任日常单调又没有挑战性的工作。

布莱克和莫顿认为,9-9 型管理工作效果最好,是领导者努力的方向,因为这会使组织中的人精诚团结,共同完成目标。但是,这种领导行为模式是很难达到的。为此,他们提出要对领导者进行培训,并提出了相应的培训计划,以推动他们向 9-9 型管理发展。

实现 9-9 型领导的步骤是:

(1) 集中研讨。熟悉领导行为理论及方格内容,对自己的状态进行分析和评价。

(2) 建立小组。根据部门,将受训者分组,分别确定各部门 9-9 型领导应该是怎样的。同时,要努力提高自评能力。

(3) 相互作用。各组间互相沟通,对 9-9 型领导的规范进行讨论。

(4) 确定改进的目标。讨论和分析领导者的改进目标。

(5) 实现目标。讨论如何完成第四阶段中设定的目标。

(6) 巩固。努力使训练中所取得的进步得到巩固。

6.2.5　六种领导风格

丹尼尔·戈尔曼把领导者分成六类:专制型领导者、权威型领导者、关系型领导者、民主型领导者、带头型领导者、教练型领导者。

1. 专制型领导者

要求立即服从。结果是员工不认同公司的价值观,对组织不忠诚,对自己的工作抱无所谓的态度。这种领导风格在万不得已时采用。典型语言:给我上。

2. 权威型领导者

强调远景目标,号召员工为之奋斗。最合适的运用时机:当变革需要新的远景目标或一个明确的方向时。对工作氛围的总体影响:最积极。他们强调最终的目标,但是他们不会问如何达到这一目标,而是给员工充分施展自己才华的机会。这种风格的局限:由于过于追求权威而破坏团队,专家型下属认为是装腔作势。典型语言:听我的。

3. 关系型领导者

建立情感纽带,创建和谐的关系。最合适的运用时机:恢复团队的凝聚力时,或者在充满压力的环境中激励员工时。对工作氛围的总体影响:积极。领导者给以积极的反馈、赞美,下属有归属感。这种风格不宜单独使用,需要同权威型紧密结合,恩威并重、宽严相济才有效。典型语言:你开心。

4. 民主型领导者

通过激励下属参与来达成共识。最合适的运用时机:争取员工或力求达成共识时,或征求骨干员工的想法时。对工作氛围的总体影响:积极。适用情况:领导者自己难以确定方向时。不适用的情况:员工比自己弱、危机来临时。新上任的CEO最初主要采用权威型领导,偶尔采用民主型和关系型。典型语言:你怎么看?

5. 带头型领导者

强调卓越,自我指导。最合适的运用时机:要求积极性高、能力强的团队立即拿出成果时。对工作氛围的总体影响:消极。这种领导事必躬亲,不善用团队,严格要求令员工望而生畏,士气低落。不仔细解释规则,而是让下属去感悟。适用情况:能力强、充满工作激情的、不需要协调和指导的组织。典型语言:跟我来。

6. 教练型领导者

为未来发展培养员工。最合适的运用时机:帮助员工提高绩效或发展长期能力时。对工作氛围的总体影响:积极。此种领导者是咨询顾问,帮助员工认识自己的长处与短处,关心员工个人职业生涯,容易获得员工心甘情愿的追随。典型语言:试试看。

一个领导者掌握的领导风格越多、驾驭越自如效果越好。掌握权威型、民主型、关系型、教练型四种领导方式的领导者,可以创造良好的工作氛围和工作业绩。

6.3 高效能人士的七个习惯

俗语说:思想决定行动,行动决定习惯,习惯决定品德,品德决定命运。习惯是知识、技巧和意愿的综合结果。习惯分两类:一是行为习惯,二是思维习惯。思维习惯也叫思维定式,行为习惯也叫习惯动作。习惯是养成的,一旦形成就会产生惯性,会推动一个人走向既定的方向。养成良好的习惯,可以帮助一个人走向高效。史蒂芬·柯维在《高效能人士的七个习惯》中提出了走向卓越的七个习惯。这七个习惯是:积极主动、以终为始、要事第一、双赢思维、知彼知己、统合综效、不断更新。

6.3.1 积极主动

有这样一个故事,三个泥瓦工在砌墙。一位哲人问:"你们在干什么?"第一个人答:"砌墙。"第二个人回答:"盖一幢楼。"第三个人回答:"我们正在建设自己的家园。"哲人听后拍拍第三个人的肩头说:"今后你将是幸运的。"果然,许多年后,第一个人依然是泥瓦工,第二个人成了工程师,第三个人成了前两个人的老板。

三个人的命运之所以出现如此大的差别,是因为态度决定命运。可见一个人的精神状态对他的工作、生活和人生会产生多么大的影响。生活给予每个人成功的机会是同等的,收获不同是因为人的心态不同。有什么样的态度就是有什么样的人生世界地图,用积极心态和消极心态看同一事物结果也会完全不同。

养成积极主动(proactive)的习惯,就是自己能够给自己最大的自由,而不是受制于人。积极主动的人其行为是根据自己的价值观自由选择的结果。受制于人(reactive)是被动,经常受环境等外部因素的影响。

两者的区别如表 6.1 所示。

表 6.1 积极主动与受制于人的区别

受制于人	积极主动
我已无能为力	试试看有没有其他可能性
我就是这样一个人	我可以选择不同的作风
他使我怒不可遏	我可以控制自己的情绪
他们不会接受的	我可以想出有效的表达方式
我被迫……	我能选择恰当的回应
我不能……	我选择……
我不得不……	我情愿……
如果……	我打算……

积极主动的人是自动自发型人，凡事从积极的角度出发，适应能力很强，做力所能及的改变。

6.3.2 以终为始

以终为始的要点是：先将焦点放在期望的目标上再开始做，先订立目标然后寻找与目标相关的信息，先订立目标然后准备达成该目标所必备的能力，以逆向思维确定目标。对照目标做充分准备，就等于为机会的来临做好了准备。

6.3.3 要事第一

一个人不在于忙，而在于忙得有意义。要事第一原则可以帮助你有效管理时间、提高工作效率、指引正确方向。把事情按照重要性和迫切性分类，掌握要事第一的秘诀就是计划，即预先安排。每天用百分之一的时间来计划一天的工作。事情可以按照图6.5所示的方式分类。

重要性 \ 紧迫性	大	小
大	危机、急迫的问题、有期限的任务、会议、准备事项	大客户、资料、预防性工作、建立关系、准备工作
小	干扰、一些电话、电子邮件、一些紧急的事件、凑热闹的活动	废话、无聊电话

图6.5　事情的分类

资料来源：史蒂芬·柯维.高效能人士的七个习惯.北京：中国青年出版社，2009.

6.3.4 双赢思维

在世上现存的植物当中，最雄伟的当属美国加州的红杉。红杉的高度大约是90米，相当于30层楼的高度。但科学家经过深入研究红杉后，发现了一个奇特的事实。一般来说，越高大的植物，它的根基应扎得越深。但红杉的根只是浅浅地浮在地面而已。我们都知道，根扎得不够深的高大植物，是非常脆弱的，只要一阵大风，就能将它连根拔起。红杉又如何能长得如此高大且屹立不倒呢？研究发现，红杉生长的地方，必定是一大片的红杉林。这一大片红杉的根彼此紧密相连，一株连着一株，结成一大片。自然界中再大的飓风，也无法撼动几千株根部紧密连接的红杉林，除非飓风强到足以将整块地皮掀起。

什么是双赢？就是在选择自己赢时也确保对方赢。因为一个人不再是一座孤岛，要有相互的合作才能够做成事情。双赢建立的基础包括双方信任、有共同的目标、维护相互的利益，这样才能建立有效长久的人际关系。

在人际交流中有六种思维方式：利人利己（赢赢），两败俱伤（输输），损人利己（赢输），独善其身（独赢），损己利人（输赢），好聚好散（无交易）。双赢的思维属于第一种思维方式，即利人利己型。

运用双赢思维的方法如下：

（1）站在对方的立场、观点看问题，了解他人的需要与顾虑，甚至比对方了解得更透彻。

（2）认清问题的关键所在以及彼此的顾虑。

（3）寻求彼此都能接受的结果。

（4）商讨达成上述结果的各种可能途径。

6.3.5 知彼知己

知彼知己就是真诚地了解别人，坦诚地表露自己。知彼知己是创造双赢局面的基础。要想做到知彼知己，需要善于听，要做个"双向传播"的聆听者。

6.3.6 统合综效

通过集思广益，可以博采众长，融合所有人的智慧，顾及所有人的利益，还可以从差异和比较中学习。管理是不精确的科学，两个人的合作到底等于几，还要看具体的情况而定，取决于人的合作意愿：

（1）1 加 1 等于 0，属于白干。

（2）1 加 1 等于 1，属于各自唱独角戏。

（3）1 加 1 小于 1，两人对立。

（4）1 加 1 大于 1、小于 2，相互有所妥协。

（5）1 加 1 大于 2，相互配合与支持。

6.3.7 不断更新

工欲善其事，必先利其器。不断更新的主要宗旨是磨炼自己，从身体、精神、心智与社会情感四个方面修炼：一是身体健康，二是精神成长，三是心智完善，四是社会情感修为。身体健康靠锻炼、营养、适度压力来实现；精神成长靠树立正确的价值观，不断研习，增强自我修炼来实现；心智完善通过阅读、观察、计划、写作来实现；社会情感修为表现在社会与情感方面，乐于服务他人，理解他人，人际关系协调，有足够的内在安全感。不断更新是最佳的自我投资策略。

一个人的成长分三个层次：依赖期、独立期、互赖期。

（1）依赖期。依赖心重的人，靠别人来完成愿望，围绕着"你"这个观念思维。例如，经常性的思考模式是：你要照顾我；你要为我的成败得失负责；事情若有差错，我便怪罪于你。

(2) 独立期。独立自主的人,靠自己打天下,着眼于“我”的观念。例如,经常性的思维方式有:我可以自立,我为自己负责,我可以自由选择。

(3) 互赖期。互相依赖的人,靠群策群力达到成功。从“我们”的观念出发:我们可以自主、合作、统合综效,共创伟大前程。

七个良好习惯相辅相成:越是积极主动,就越能掌握人生方向(以终为始),有效管理人生(要事第一)。能够不断激励自己(不断更新)的人,方懂得如何了解别人(知彼知己),寻求圆满的解决之道(双赢思维,统合综效)。在自我发展的同时,可以帮助他人成长。

行为理论持续了30多年,但是也没有找到一种在所有情境下都有效的领导行为(领导风格)。行为可以通过学习而改变,比特质更容易习得和转变。特质又影响行为,特质也可以通过学习而改变。这世界上唯一不变的就是变。行为理论只是从领导者本身考虑,缺乏对影响成功与失败的情境因素的考虑。没有哪种领导行为适合所有的情境,也没有哪组特质一定保证领导者成功,因为特质理论和行为理论都缺少对领导情境的考虑。

果子理论显示:一棵荔枝树树干长得再粗壮,但树梢不挂果,这棵荔枝树的价值就没有了。如果团队员工表现不佳,领导者的个人表现再漂亮也没有用。只有团队成员做好了,才算领导者做好了。领导力是全体团队成员发力之和。所以单纯地研究领导者,就等于果树虽然开花但是不结果是一样的。

领导权变理论弥补了这一缺陷。

本章关键词

领导特质　大五模型　领导行为　领导行为连续体　领导风格　七个习惯

作业1　课程思考题

1. 请列举出你最认可的五位领导者,他们分别具有哪些特质和行为?他们具有哪些共同的特质和行为?

2. 你认为领导者最应当具备的人格特质有哪些(3~5个)?为什么?

3. 你的工作性质是什么?你最熟悉的领导行为是什么?

4. 请概括出你最推崇的领导者的领导行为特征,并说明这种行为风格成功的背后原因。

5. 讨论领导者是否是“天生的”。如果是天生的,阐述如何才能发掘这些未来领导者。如果不是天生的,应当怎么培养领导者?

6. 讨论是否存在最优秀的领导行为模式。

7. 回顾七个习惯的内容。

作业 2　课后练习题

1. 观察你身边的领导者，他的特质是什么？

2. 观察你身边领导者的领导行为，他属于哪类领导行为？

3. 用大五模型分析你欣赏和不欣赏的领导者。

4. 用领导方格理论指导自己练习。

5. 找出一个自己不好的习惯，制定改变的计划，在规定的时间内完成。

6. 在餐桌上或者聊天中把七个习惯讲给别人。

7. 自我测试练习：九型人格测试网站，www.cnenn.cn。

8. 找出自己不满意的特质和行为，制定改进计划并实施。

9. 三人一组，找出对方的优秀和不优秀的特质和行为，制定改进措施并执行，然后三个人定期坐在一起互相评论，要实话实说并且方式要让对方能够接受。

作业 3　即测即评

第 7 章　权变与情境领导

1. 掌握保罗·赫塞的情境领导理论
2. 掌握领导的路径—目标理论
3. 合理使用弗鲁姆模型

7.1　保罗·赫塞的情境领导理论

情境领导理论(situational theory)是由保罗·赫塞研究、提出的,它是领导方格理论的一种有趣的延伸。这种方法研究了下属的特性,并将其作为一个重要因素包含在环境因素中,因而,它也成为考察领导行为的有效性的重要因素之一。保罗·赫塞的情境领导模型揭示了如何把领导风格与团队成员的准备程度相匹配。这一理论模型常被作为主要的培训工具而应用,如《财富》500 强企业中的北美银行、IBM 公司、美孚石油公司、施乐公司等都采用此理论模型。在领导效果方面对下属的重视反映了这样一个事实:是下属们接纳或拒绝领导者,无论领导者做什么,其效果都取决于下属的活动。然而这一重要维度却被众多的领导理论所忽视。

保罗·赫塞发展出的情境领导模型认为影响领导者风格选择的重要因素是下属的成熟程度。在他们看来,成熟度是指个体对自己的行为负责任的能力与意愿,包括两个方面:工作成熟度和心理成熟度。工作成熟度,指的是一个人的知识和技能。工作成熟度高的个体拥有足够的知识、能力和经验完成他们的工作任务而不需要他人的指导。心理成熟度,指的是一个人做事的意愿和动机。心理成熟度高的个体不需要太多的外部鼓励,他们靠内部动机激励。

根据下属的成熟度又可以将领导行为分为任务行为和关系行为,这两种行为的相对量决定领导风格。任务行为是领导清楚地说明一个个体或一个团队的义务和责任的程度,包括指定方向和设定目标。关系行为是领导加入到双方或多方沟通中的程度,包括倾听、指导、给予鼓励等活动。

情境领导模型使用的两个维度,即任务行为和关系行为,认为每一维度有低有高,从而组合成以下四种具体的领导风格:

(1) 命令(高任务—低关系)。领导者定义角色,告诉下属应该做什么、怎么做以及何时何地去做。

(2) 说服(高任务—高关系)。领导者同时提供指导性的行为与支持性的行为。

(3) 参与(低任务—高关系)。领导者与下属共同决策,领导者的主要任务是提供便利条件与沟通。

(4) 授权(低任务—低关系)。领导者提供极少的指导或支持。

保罗·赫塞理论的最后部分定义了成熟度的四个阶段:根据情境领导模型理论,随着员工的成长,领导者与员工之间的关系要经历四个阶段,领导者要因此而不断改变自己的领导风格,领导行为也随之呈现出周期性的变化,所以情境模型也被称为领导生命周期模型。

第一阶段,下属对于执行某任务既无能力又不情愿,他们既不胜任工作又不能被信任。

第二阶段,下属缺乏能力,但却愿意从事必要的工作任务。他们有积极性,但目前尚缺乏足够的技能。

第三阶段,下属有能力却不愿意做领导者希望他们做的工作。

第四阶段,下属既有能力又愿意做领导者让他们做的工作。

当下属的成熟度水平不断提高时,领导者不但可以不断减少对活动的控制,还可以不断减少关系行为。

在第一阶段中,应采用命令式领导。此时下属需要得到明确而具体的指导。

在第二阶段中,应采用说服式领导。此时领导者需要采取高任务—高关系行为。高任务行为能够弥补下属能力的欠缺,高关系行为则能够使下属在心理上“领会”领导者的意图。

在第三阶段中 ,应采用参与式领导。此时对出现的问题运用支持性、非指导性的参与领导方式可使问题获得解决。

在第四阶段中,应采用授权式领导。此时领导者不需要做太多事,因为下属既愿意又有能力担负责任。

如此,形成了经典的情境领导模型,如图 7.1 所示。

保罗·赫塞的情境领导理论认为,领导者的行为要与被领导者的准备度相适应,才能取得有效的领导效果。也就是说,领导风格不是一成不变的,要根据环境及员工的变化而改变。它体现了尊重个体和因人而异的管理思维。这一模型的运用分三步:第一步是识别对员工的任务和要求;第二步是判断和评估员工的准备度;第三步是选择适宜的领导风格。

识别对员工的任务和要求,这是评估被领导者准备度的前提。实际操作中按照能力和意愿两个维度的综合分类,把被领导者分为四种准备度。低准备度 R1:没能力,没意愿或不安;中准备度 R2:没能力,有意愿或自信;中准备度 R3:有能力,没意愿或不安;高准备度 R4:有能力,有意愿并自信。对于这四种不同的员工,领导行为显然是不能一样的。判断员工的准备度,依据是“表现”而不是“潜质”。针对这四类员工,应采用不同的领导风格。领导者通过任务行为和关系行为影响员工,表现出不同的领导风格。任务行为是指导性的,就

下属的状态	高准备度 R4	中准备度 R3	中准备度 R2	低准备度 R1
	有能力有意愿	有能力没意愿	没能力有意愿	没能力没意愿

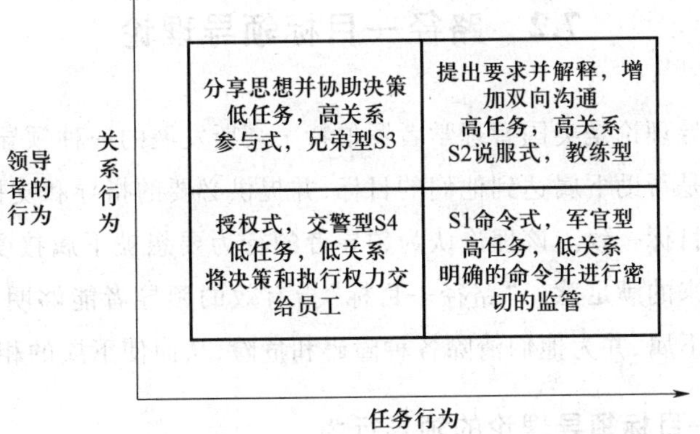

图 7.1　保罗·赫塞模型:领导风格与员工准备度匹配模型

资料来源:保罗·赫塞.情境领导者.麦科特企业顾问有限公司,译.北京:中国财政经济出版社,2005.

是告诉被领导者应该做什么、在哪里做、如何做,以及在什么时间内完成,这是一种上对下的单向行为。而关系行为是一种双向或多向的行为,强调倾听、让被领导者参与决策,并允许试错。

由于 R1 水平的员工对工作完全没有准备,所以,领导者需要明确地告诉他们做什么,在哪里做,什么时候做及怎么做。这一阶段不应给予过多的支持行为与双向沟通。这一阶段最佳的领导风格就是高任务低关系行为,采用 S1 领导风格。针对 R1 采用命令式领导,多布置任务,少进行双向沟通。

对于处于 R2 水平的员工,他们虽然缺乏必要的知识与技能,但具有工作的意愿和学习的动机。由于能力的不足,领导者要进行较多的工作指导,采用领导风格 S2。这一阶段要采用高任务高关系行为的领导风格,领导者要通过向被领导者解释决策的原因,试图让被领导者感觉受到重视,从心理上完全接受。针对 R2 水平的员工,要采用说服式领导,多布置任务,也要多进行沟通,了解情况,多做出鼓励和推进。

处于 R3 水平的员工具备足够的能力,但缺乏信心,或承诺度低。他们不需要大量的有关提升能力的指导和具体指示,但需要领导者在心理和氛围上予以支持和鼓励。这一阶段的领导风格是低任务高关系行为,采用 S3 领导风格。领导者对具体任务可以放手,但要强化沟通和激励,通过鼓励员工参与决策激发其工作意愿,建立信心。针对 R3 水平的员工采用参与式领导,多倾听,少直接布置任务。

达到 R4 水平的员工有足够的能力、意愿和信心。对于这样的被领导者,领导者基本上可以放手、充分授权，采用 S4 领导风格。在工作实践中，这样的员工具有知识和技能，他们不需要指导或指令，不需要频繁地监督，他们有信心并主动地完成工作，也不需要过多的鼓励与沟通。领导者要做的，主要是对其工作结果进行合适的评价。这种领导风格是低任务低关系行为。针对 R4 采用授权式领导，多放权，少布置任务，发挥其主观能动性。

7.2 路径—目标领导理论

路径—目标领导理论是美国管理学者罗伯特·豪斯发展的一种领导权变理论。该理论认为领导者的工作是帮助下属达到他们的目标，并提供必要的指导和支持，以确保个体目标与群体或组织的总目标一致。该理论认为领导者的行为要想被下属接受，就必须能够为员工提供现时的和未来的满足感。“路径—目标”指有效的领导者能够明确地指明实现工作目标的方式来帮助下属，并为他们清除各种障碍和危险，从而使下属的相关工作容易进行。

7.2.1 路径—目标领导理论的领导行为

路径—目标领导理论由豪斯(R.J.House)提出。豪斯认为领导的作用在于：第一，使绩效的实现与员工需要的满足相结合；第二，提供有效工作所必需的辅导、指导、支持和奖励。为此，豪斯确定了四种领导行为。

1. 指导型领导

让员工明了别人对他的期望、衡量绩效的标准和工作程序。强调诸如计划、组织、控制等正式活动。当员工对任务不清晰时，指导型领导行为能够提升士气。

2. 支持型领导

努力建立舒适的工作环境，亲切友善，关心下属的需求。领导行为是开放性的，领导者易于接近，和下属是朋友的关系。领导者创造一种团队氛围，平等对待每一个下属。支持型领导类似于我们之前所提出的关系导向型领导。

3. 参与型领导

主动征求下属的意见，然后在决策时认真考虑这些意见。参与型领导鼓励集体讨论，提交建议，类似于保罗·赫塞模型中的参与型领导。在受充分激励的员工完成非重复性任务时，参与型领导最适合用来提高下属的士气。

4. 成就导向型领导

设定挑战性目标，推动工作进步并对团队成员提出高期望，鼓励下属发挥自己的最佳水平。成就导向型领导强调的是高质量的绩效和在现有基础上的较大提高。成就导向型领导往往对自己的下属颇具信心，并且会帮助下属学习如何实现目标。成就导向型领导既能对成就导向的团队成员起作用，也能对那些从事不明确的、非重复性工作任务的员工起作用。

四种领导行为的适用情境如表 7.1 所示：

表 7.1　路径—目标理论的领导行为与合适情境

领导行为	行为特征	适用场合
指导型	明确期望及工作程序	员工对任务不清晰
支持型	创造和谐团队氛围,平等对待下属	重复性的任务
参与型	征求下属意见,鼓励集体讨论	非重复性任务
成就导向型	设定高目标,鼓励实现最佳水平	领导与员工对任务都不清晰、非重复性任务

7.2.2　路径—目标领导理论的环境因素

路径—目标领导理论包括两个环境因素:① 组织中成员的个性特点;② 工作环境。关于下属个性特点的分析类似于保罗·赫塞理论中的主动性评估,其内容包括能力、需求、技能和动机等因素。如果一个员工能力和技能都较差,那么,领导者为提高员工绩效就需要对他进行培训。如果员工很重视个人利益,那么,要想更好地促使他完成组织目标,领导者就需要设置物质奖励。如果员工希望得到明确的指导,领导者就要对该员工给予明确指示。但是专家和技术能力较高的员工需要更多的自由和自主权,采用参与型的领导模式将使这部分人取得更大的成就。

工作环境因素包括任务结构、正式权力系统的本质以及工作团队自身。任务结构类似于菲德勒的权变理论中的相同概念,包括任务所涵盖的内容、明确的工作描述和工作过程的介绍。正式权力系统包括领导者的权力大小以及公司规章制度限制员工活动的范围。工作团队的特征因素包括员工的教育程度以及员工之间的融洽程度。

7.3　弗鲁姆权变决策模型

7.3.1　领导决策风格

弗鲁姆(Vroom)模型用来决策,根据具体的情境选择不同的决策方式。它与上面的几个权变理论有一定的相似之处,但也存在着很多显著的不同。它的观点是领导者必须选择一种能在决策时引发恰当的团队参与程度的风格。这个模型特别注重分析不同级别的参与型领导,以及不同级别的参与程度对决策的质量和可信度造成的影响。因为许多领导者与团队成员的互动与决策有关,所以这一观点是有意义的。

该模型包含了高度独裁(领导者独自决策)到高度民主(领导者依靠团队作决策)的五种决策风格,每种风格反映了团队成员的不同参与程度。

(1) 独裁型。领导者独自作决策,然后传达给下属。

(2) 分别咨询型。领导者把问题分别呈现给每一个团队成员,汇总他们的建议后作出决策。

(3) 参与型。领导者与工作团队共同面对问题,并作为团队的一员帮助整个团队作出决策。

(4) 授权型。领导者允许团队成员在规定的限制下作决策,领导者仅提供资源和鼓励。

(5) 推动型。领导者解释所要解决的问题,让团队成员提出自己的观点,避免由于职权因素而造成自己的观点更受重视,有选择地采纳团队成员的观点。

7.3.2 权变因素

一个领导者如何决定采取哪一种决策模式呢? 哪种决策模式最适合? 这里,领导者应从七个变量或者权变因素的角度来分析情境,这七个因素对于选择最适合的决策风格有益。

(1) 决策的重要性。该决策对于项目或者组织成功的意义。如果这个决策非常重要,而且组织和项目要想成功需要高质量的决策,领导者就要积极地参与决策过程。

(2) 承诺的重要性。团队成员对决策的支持十分重要。如果决策需要团队成员的高度支持,领导者就必须让团队成员参与到决策过程中。

(3) 领导者的专业性。领导者拥有处理问题的专业技术。如果领导者不具备项目的专业技术能力,那么应该让团队成员参与进来。

(4) 承诺的可能性。如果领导者独自进行决策,团队成员是完全支持还是不太支持? 如果领导者的决策团队成员都能很好地执行,那么团队成员就没必要参与决策。

(5) 团队的支持,即团队或者组织要达成目标时,团队成员的支持程度。如果团队成员不是太支持团队目标,那么领导者不应该让团队成员参与决策。

(6) 与团队目标相关的专业技能,即团队成员对团队目标相关的专业技能的掌握。如果团队成员拥有解决项目相关的专业技能,领导者可以让团队成员在决策中发挥重要作用。

(7) 团队合作能力,即团队成员作为整体解决问题时的相互配合能力。当团队成员拥有熟练的技能和很好的团队协作能力时,他们可以更深入地参与团队决策。

准确分析这七个因素是有挑战性的。不同的人对情境因素给出不同的回答,这会在针对情境来决定领导风格时得到不同的结论。但是,它们能够迅速缩小解决问题方式的选择范围,并最终得到比较合适的领导风格。

弗鲁姆模型的目的是要领导者在决策的时候引发下属的适度参与,把时间限制和团队成员作为衡量参与程度的外部标准,领导者在选择决策模式的时候会对比时间限制和团队成员成长的重要程度。这样就产生了两种决策模式:一种是以实践为基础的模式,应用于时间紧急的情况。如果对时间要求比较苛刻,比如企业面临重大危机,必须立刻作出决策时,选择使用此模式。另一种更加强调考虑发展团队成员的决策能力的情况——以成长为基础的模式。当时间要求不紧迫、增强员工决策和思考能力相对重要时使用该模式。

本章关键词

权变　路径　目标　领导风格　权变领导理论　路径—目标领导理论　情境领导决策模型

作业 1　课程思考题

1. 一个人的领导风格是固定不变的还是可以改变的？为什么？

2. 影响领导风格选择的情境因素主要是什么？

3. 高层管理者和初级管理者在领导风格上有所不同？具体表现在哪些方面？

4. 本章讲了几种权变领导模型？都是什么？由谁提出的？

5. 保罗·赫塞的情境领导模型中是如何定义下属的成熟度的？领导者如何才能确定下属的成熟度情况？

6. 回想你过去的老师，并应用路径—目标领导理论进行分析，哪些老师对你采用了支持型、指导型、参与型和成就导向型领导？你认为哪种类型对你是最有效的？为什么？

7. 你认为路径—目标领导理论中的 4 种领导方式，哪一种最适合管理一个排球队或足球队？为什么？

8. 根据保罗·赫塞的情境领导理论，哪种领导风格适合于专家型人才？

作业 2　课后练习题

1. 用路径—目标模型指导自己的一次领导活动。

2. 根据保罗·赫塞的情境领导理论观察身边领导者的领导行为，说明其行为的依据。

3. 根据保罗·赫塞模型分析自己当前的能力和意愿，在保罗·赫塞模型中定位自己，向你的上司建议你愿意接受的领导风格。

4. 把你的下属按照能力和意愿分成高低二档，把他们放在保罗·赫塞模型之中，对应模型采取相应的领导风格，写出自己的心得体会。

作业 3　即测即评

第8章　魅力型领导、交易型领导和变革型领导

1. 掌握魅力型领导理论与先前领导学理论的区别
2. 掌握交易型领导和变革型领导理论异同点
3. 理解为什么魅力的归因是由领导者、追随者和情境共同决定的
4. 掌握交易型领导和变革型领导的性格、行为和影响
5. 理解魅力型领导的局限
6. 掌握如何成为变革型领导

8.1　魅力型领导

8.1.1　领导魅力

魅力型领导的简单定义是:领导者因为具有伟大的人格、远大的目标、极强的亲和力而吸引下属主动追随。美国的罗伯特·豪斯、瓦伦·本尼斯以及加拿大的康格·凯南格通过各自的研究发现了具有领袖气质的领导者的一些关键特点:点燃追随者能量,获得追随者能量,承诺,努力工作。

魅力源于希腊文 charisma,意思是神授的天赋,例如预知未来。

领导者的魅力,特别是变革型领导者的魅力,是领导活动中不可忽视的重要方面。在政治学和社会学中,个人魅力被描述为与生俱来的先天能力,领导者的个人魅力对于其追随者来说有着重要的作用。个人魅力似乎也像天气一样,对人们来说只能谈论而不能改变它。

魅力是指一种具有神秘性、人与人之间相互吸引并且令人由衷顺从的心理表现。领导者魅力是指领导者实施领导时,对其追随者产生的吸引力。由于这种吸引力,领导者在领导过程中具有了凝聚力和号召力,使其追随者产生了信任并自觉地拥护、配合和服从领导者的领导。吸取了心理学和社会学研究成果的“人际关系理论”认为,组织成员不只是为了其经济利益,而更是为了自我价值的实现而工作,因而需要被尊重、理解、关心。领导者必须满足被领导者的心理和社交等方面的需求才可能保持威信,提高领导效率。领导者的命令能否被接受,一是取决于领导者的职位,二是取决于被领导者对领导者的信任。

8.1.2 魅力型领导者的特征

魅力型领导者有远见,拥有超级沟通技巧、自信、有鼓舞他人和激发他人信任的能力,遵守道德,敢于冒险,有动力,并且付诸行动;通过缔结关系产生影响力;内在冲突小;能够自我激励,传达组织的愿景,强感染力地表达愿景,为了愿景而冒险和自我牺牲;传递高的期望,表达对追随者的信任;率先垂范,注意个人形象管理,建立组织形象;授权追随者。

1987年,麦吉尔大学(McGill Unversity)的康格(J. A. Conger)与卡纳果(R. N. Kanungo)对魅力型领导者进行了系统的研究,概括出了魅力型领导者区别于无魅力型领导者的下述特征:

(1) 他们反对现状并努力改变现状;

(2) 设置与现状距离很远的目标前景;

(3) 对自己的判断力和能力充满自信;

(4) 能深入浅出、言简意赅地向下级说明自己的理想和远大目标,并使之认同;

(5)采取一些新奇、违背常规的行为,当他们成功时会引起下级的惊讶和赞叹;

(6) 对环境的变化非常敏感,并采取果断措施改变现状;

(7) 经常依靠专长权力和参照权力,而不仅只用合法权力;

(8) 经常突破现有秩序的框架,采用异乎寻常的手段达到远大的目标;

(9) 被认为是改革创新的代表人物。

8.1.3 魅力型领导者的影响过程

(1) 魅力型领导者是追随者的偶像。领导者的认可是下属自我成长的标准。即领导者给予赞扬、认可,可以使下属建立自信,按领导者的期望成长。很多下属说:领导者的认可是激励的原动力。

(2) 领导者价值观和信念被下属内化。

(3) 有鼓舞力的领导者,可以影响下属对态度和信念的内化,进而使追随者形成完成组织使命的内在自我激励。

(4) 下属接受领导者的观念远胜过行为的简单模仿。

8.2 交易型领导

8.2.1 交易型领导模型

巴斯(Bass,1985)把领导行为分成两类:交易型领导和变革型领导。这是最具影响力的分类,也是学者开展实证研究的基础。

交易型领导(transactional leadership)定义为:领导者明确下属的岗位职责并通过指导和激励获得下属目标导向的行为。

交易型领导者同下属的关系可被描述为:

(1) 认清下属从工作中要得到什么,并努力明确下属在有保证的条件下能得到什么。

(2) 为保证下属努力,用奖励和奖励许诺作为交换。

(3) 如果下属工作完成得好,就给予其奖励。

交易型领导有四种领导方式:权变奖励、积极的例外管理、消极的例外管理、自由放任式管理。

8.2.2 权变奖励

根据下属完成目标的情况,领导者为其提供一定的报酬,如给予肯定、涨工资和发奖金。领导者有六种权变奖励行为:① 明确给予指示(明确);② 经常沟通与工作相关的事(沟通);③ 决定绩效标准时,允许下属参与(参与);④ 支持有效的努力(支持);⑤ 经常核查绩效(核查);⑥ 对下属言行一致(言行一致)。

权变奖励应注意的问题:① 下属建议采用一种新的、更好的方式开展工作时,领导者应表现出极大的兴趣;② 下属的工作成绩特别好时,应给予具体认可和表扬,而且要尽可能在下属达到目标之时;③ 下属工作杰出时,应给予称赞;④ 如果下属的工作业绩一直高于平均水平,就应在本组织内一直得到提升;⑤ 如果下属的工作比其他同等资历的人要好,就应建议提升他的职位;⑥ 如下属提出调职,就应帮助其实现;⑦ 应尽可能让下属自我监控。

要解决奖励与工作业绩脱钩问题,最常用的办法就是工效挂钩,如计件工资代替计时工资、浮动工资代替固定工资、年终目标责任制等方法,但这时权变奖励很难发挥作用。这是因为:① 采用工效挂钩办法,强调数量时会降低质量;群体压力会决定产出多少;容易引起员工之间的冲突和不满;不利于自定方向、自定计划和自我控制。② 管理人员很难有实施的能力,而且容易引起管理人员与员工之间的对立情绪。③ 非权变因素有时会起更大作用,如工作的责任感、同伴之间的鼓励等。

8.2.3 积极的例外管理

领导者能事先预见下属可能产生的失误,提前或及时给予提醒,尽量在事前控制失误的产生或减少失误损失。这属于事前预防为主、主动监督的工作方法。

强调例外管理的理由有:领导者的时间和精力有限,下属的偏差容易评估和操作,发现并处理犯错误的下属对其本人及其他人有警示作用。

在实施例外管理时,领导者要"发现病因,对症下药"。有经验的领导非常重视对失误的诊断,而不是只盯住下属、不关注环境。领导者要运用以下方法诊断和治疗不良绩效问题:① 领导者和下属未能对期望达成一致意见时,要进一步明确角色要求而不是惩罚。

② 下属缺乏必要的知识和技能时,要对其进行培训或调职。③ 工作缺乏挑战性时,要扩大任务、调职、增加外部激励,或者让下属找到工作本身令人满意的方面,使下属能够接受现实。④ 下属不愿意承诺完成任务时,要增强其计划和控制的参与程度。⑤ 下属的目标过多或相互冲突时,要明确目标和按重要性分出先后次序。⑥ 下属需要工作情况的适当反馈时,要提供及时和具体的反馈。⑦ 下属的工作因已有流程、方法或系统受阻时,要进行流程重组、方法改换或规劝下属有更大的容忍度。⑧ 因其他人失误而受到影响时,要应用上述七种方法对该下属周围影响他的人进行“治疗”。

领导者务必注意在与下属沟通时不能伤害下属的自尊,否定的反馈一定是该下属责任范围内的事并且与他行为有关,不能是组织或装备等下属不能控制的原因导致的问题。批评要及时,即在失误发生之时。惩戒要对事不对人。批评应致力于将下属的失误行为纠正,使其回到预定的目标上,而不是领导者释放怒气。

8.2.4 消极的例外管理

领导者在下属出现失误或未能达到工作标准时加以纠正或处罚,这属于事后监督、“下不为例”式的工作方法。消极的权变强化行为是指领导者批评或惩罚下属。这些下属一直绩效不佳,违反制度或不服从命令。惩罚行为有:警告、严厉斥责、停止工作或开除。这种手段一般情况下会立即发挥作用,使犯错误的下属立即改正,并对其周围的人起到威慑作用。但一定要注意到它可能引起的不良后果,如惩罚会带来更高的反生产倾向、引起领导者与下属的心理疏远等。

交易型领导者依靠手中的强化权力,常常引起一些因使用例外管理不当所造成的不良后果:

(1) 消极的权变强化是高度反生产的。习惯于使用例外管理的领导者即使是因为外部环境造成的绩效低下,也常会归咎于下属的失误,这就导致了消极的权变强化。这会使下属认为是领导使用高压统治或操纵手段来压迫他们,进而产生不合作或敌意。

(2) 例外管理容易培养出反生产的员工。领导者很难把握其所使用的手段,比如下属未按领导者要求的方式方法办好了一件事,依然会受到责罚;再如使用严厉斥责、刁难、羞辱或威胁等手段进行人身攻击。

(3) 许诺奖励容易导致下属为顺从而采取走捷径的办法,产生短期行为。

(4) 惩罚威胁容易导致下属采用防卫措施,如封闭信息、退却、推诿扯皮,也会产生焦虑,引起行为失调。

美国1984年调查了1 946名政府雇员和医院药剂师,结果是:领导的权变奖励确实能提高下属的绩效和满意度,而权变惩罚却做不到这一点,权变惩罚的效果是相反的。

根据经验,任务导向型和有经验的下属可能更偏好自我强化,而相互作用型和自以为是型下属可能对外部正、负强化更敏感。

8.2.5 自由放任式管理

自由放任式管理是指放弃责任，避免决策。严格地说，这种领导既不同于交易型领导，也不同于变革型领导。从这种角度来说，自由放任不属于交易型领导的一种方式，它可以和交易型领导、变革型领导并列，是第三种领导。这种领导是只占位子而不做事的人。他们避免做出任何决策，放弃责任。从一定意义上来讲，这种极端被动的领导其实是放弃领导。而交易型领导者和变革型领导者是主动的领导者，他们主动进行干预并试图避免发生问题。自由放任式领导通常是一种不适当的领导方式，自由放任式领导者意味着他们没有被激励起来或缺乏足够的技能完成领导职责，但也有可能是环境要求他们放弃领导，如下属或任务要求不必进行主动领导。

8.3 变革型领导

8.3.1 变革型领导模型

变革型领导(transformational leadership)，亦译成转换型领导。变革型领导的定义：领导者鼓励下属为了更高层次的需要而超越自身利益。其一般是指影响组织成员，赋予成员自主权以完成目标，使成员工作态度产生重大转变、建立起对组织使命或目标的承诺；也可以指领导者改变组织文化与结构，与管理策略相配合，进而完成组织目标的过程。变革型领导通过唤起追随者的更高层次需要，即从自利型过渡到自我实现型，从而激励其追随者实现组织目标。变革型领导包括四类领导行为：理想化影响、激发鼓舞、个别关怀、智力启发。

8.3.2 理想化影响

理想化影响是指变革型领导者能提供愿景和使命感，灌输荣誉感，赢得尊重和信任，并强化乐观主义。

理想化影响包括：

(1) 能产生广泛的变革影响力。它超越了目前的窘境，超越了使用合理报酬以换取服从，超越了立即进行惩罚威胁的状况。

(2) 通过领导者自身的能量、自信、果断、雄心和把握机遇，积极扩大被影响的人群。

(3) 维持一个领导者作为成功者的形象，获得支持者崇拜。

(4) 领导者和被领导者之间的关系以印象、情感和非理性为基础，是不稳定的，它必须通过建立组织制度加以固化，以此来取得稳定性。

8.3.3 激发鼓舞

激发鼓舞也称为感召力，是指变革型领导者传达高期望，使用各种方式强调努力，以简单明了的方式表达重要意图。这涉及领导者为下属做出表率、沟通愿景和强调努力的能力。

我们可以通过洞察下属的压抑情绪而去鼓舞、帮助他们。一般来说,智力启发靠逻辑和分析,而感召力靠感觉和直觉。过去的经验研究对感召领导行为的探讨是非常少的。持怀疑想法的智者,常把煽动行为、操纵、利用乌合之众的心理与感召力联系在一起。感召力通过说服而不是道明原因,用感情而不是理智,用逻辑演讲而不是各种社会强化机制,使那些不成熟和受教育低的人忠诚于领导者。人们常常看到,变革型领导者因亲身参与下属的活动而使下属信心倍增、兴高采烈,从而增强了凝聚力。这使下属有可能愿意冒更大的风险去完成自己的使命。这有助于组织在构建自己的愿景时加强沟通、传递情感,以及使下属承诺付出更大努力。

感召行为是指领导者为完成组织使命在下属之间激起热情,用演说激发下属对自己能成功地完成所分配的任务和达到群体目标的信心。

感召方法有:

(1) 向个体逐步灌输荣誉感。

(2) 用富有活力的演讲鼓舞士气。

(3) 用自己的所作所为树立榜样,以传达期望。

(4) 对下属给予个别鼓励以提高其自信。

(5) 使下属为所在团体取得的良好成绩而感到自豪和骄傲。

变革型领导者在感召下属时要做好以下工作:

(1) 领导者用行动而不是约束、特权和官僚做法唤起下属的额外努力。

(2) 领导者必须用事实和真理而不是谎言来建立和维持信心,提高士气。

(3) 领导者在灌输信念时必须有明确而充足的理由,必须让下属明白他们的目标和使命,使他们感到值得做这件事。

(4) 领导者要善于运用皮格马利翁效应,即绩效本身的刺激作用。在皮格马利翁效应神话里,雕刻师爱上了他所创造的美丽的塑像。同样道理,那些被期望做得好的下属,将会真的比那些被认为不会做好的下属做得更好。人们更倾向于确认而不是否认别人对他的信任。领导者应通过行动在一定程度上对这种信任表示出一贯支持并使其合法化。

(5) 领导者要不断为组织引入新项目和新挑战;鼓励下属自愿面对新挑战,使他们在恰当的时间、地点成为恰当的人选;鼓励下属去试验、去学习而不是分析和争论,行动比计划更有价值;创建和维持一种信任和开诚布公的组织文化氛围,鼓励广泛、公开和非正式沟通,但要避免无政府主义。

(6) 领导者要避免不道德行为:一是不能激起下属之间钩心斗角的利益之争;二是避免使用高压、欺凌弱小者、赶鸭子上架、严词叱责、争强好斗等方式。

(7) 领导者在感召下属时,一定要注重下属的感受接纳能力,即先判断其是否具备一些基础性的信念和价值观;一定要中肯切题,即下属有能力去完成组织所分配的任务;一定不要过分刺激下属,以免物极必反和事与愿违。

感召力在于领导者为下属提供的榜样和他在竞争、权力、社交和利他主义等方面的感染力。领导者运用生动而富于感情色彩的、具有说服力的言辞，以及有意义的象征物和联想物，提高下属的信心，使其追求更高目标。

8.3.4 个别关怀

个别关怀是指变革型领导者关注每一个下属，针对每个下属的不同情况给予培训、指导和建议。个别关怀为下属提供连续反馈，并把个人的当前需求与组织使命挂起钩来。

变革型领导者通常对待下属更像慈祥的父亲，倾向于友好、非正式和亲密、平等地对待他们，给予忠告，帮助、支持和鼓励他们自我发展。通常，变革型领导者要做好以下三方面工作。

1. 发展定位

领导者为下属树立榜样，并依据下属的自身状况分配工作任务，以帮助其提高能力和动机，以求满足组织未来发展需要。领导者给予下属职业忠告，仔细观察和记录下属的进步历程和鼓励下属参加技术课学习。领导者为下属提供有挑战性的工作，并增加其责任，鼓励其自主、自律。

2. 个别定位

（1）增强下属归属感并增加接触。领导者要建立和维持与下属之间的广泛接触，最好是面对面接触，或经常保持电话联系，采用“走下去管理法”较好。

（2）注重非正式沟通。走下去看一看并与下属一起讨论一些问题，常能发现和及时处理很多报告或备忘录等纸上记录未能说明的问题。

（3）满足每个下属对信息的渴望。领导者采用面对面接触或电话等双向沟通方式告诉下属会发生什么事和为什么，会让下属感到自己是组织的一员而不是旁观者。

（4）注意下属的个性差异。领导者应注意到每个下属用什么激励方式以及如何去激励才是最有效的。

（5）个别忠告。领导者要善于倾听下属的意见或建议，能为下属克服困难和解决问题提供支持或对其不幸遭遇表示同情。

3. 传授

个别关怀常见于高级管理者为下属花时间充当个别顾问，即良师。领导者用自己的知识、经验和地位帮助追随者发展，而不是简单地把追随者在其羽翼保护下拉上组织的高位。

（1）领导者要有意识地为下属订立传授计划。

（2）领导者在传授过程中要允许内心的感情交流，允许对事不对人的争论和冲突。领导者应身处更高地位、有权力和有知识，且不会被其下属的潜在发展所威胁。

（3）自尊心强的下属更愿意选领导者作为导师，而自尊心弱的下属更倾向于由领导者确立领导与被领导关系。

（4）在个别关怀时，领导者要避免建立内部小团体，要在各种各样的下属之中保持平衡关系。

个别化意味着面对面的接触和双向沟通。接触可以提高下属的自身形象，满足他们对信息的渴求、体验决策时的“主人翁”感觉。

8.3.5 智力启发

智力启发就是领导者鼓励下属以新眼光看待老问题，培养下属的创新能力。它促使下属发现问题、产生想法，并确信自己的信念和价值观。它体现于下属构思概念、理解和分析自己面对的问题、产生的结论之中。

通过对下属进行智力启发，变革型领导者可以唤起和改变下属洞察和解决问题的能力、思维、信念和价值观，但不是唤起和改变下属的当前行为。这可被看做是下属抽象思维能力、理解能力和识别能力的一次飞跃。

变革型领导者像老师一样循循善诱，不断提高下属的业务和人际交往能力，并注重培养下属在实践中运用这些能力和技巧解决实际问题。

变革型领导者创建、诠释和评估象征物，以使其能直接地服务于固化下属的认识能力和信念。在必要的时候，这种领导者会运用新的象征物和新形象来反映新的价值观念，以此表明和传达自己的意图和远见。

根据领导者对理性主义、存在主义、经验主义和理想主义的偏爱程度不同，他们以四种不同方式对下属进行智力启发：

(1) 理性主义者。他们有强烈的成就动机，强调能力、独立性和专业；偏重依靠正式结构和逻辑思维，追求速度和效率；传授时偏爱直接指示、目标导向和关心生产。

(2) 存在主义者。他们更关注于增强安全感、信任感和建立团队；依靠非正式过程，信仰人与环境相互作用时下属的智力；偏爱鼓励下属超越纯粹的逻辑思维、综合运用大量信息并找出许多实用性强的方案，运用自己的智力支持下属的主意。

(3) 经验主义者。他们注重改进保障性、防御性和安全性；依靠外部提供的数据和大量信息小心翼翼地通过“等级制”决策方式找到一个“最好的”解决方案；使用可根据变化进行调节的既严密又精确的长期计划来实施方案；启发下属时，保守而又小心谨慎；在维持现有组织结构、提供信息、传授和协调方面很优秀。

(4) 理想主义者。他们关注下属的成长、选择、学习、目标认知、变化和创造性；依靠内部产生的直觉信息进行灵活决策，能用少量信息找到解决方案，但会在必要时收集额外信息并找到新方案；崇尚速度、灵活性、直觉和妥协；会在构建新愿景和寻求新源泉方面干得更出色；有高度创造性和冒险精神。

关注创造性的存在主义者和关注成长的理想主义者是变革型领导者，而理性主义者和经验主义者更像交易型领导者。

智力启发能使下属提高意识水平、改变思想和洗刷头脑。

领导者的智力水平和思维定式决定了他的领导方法和成功的可能性。领导者的绩效取决于他有多少时间进行思考和避免与上司发生冲突的能力。领导者运用生动形象和易于理解的言辞与下属进行双向沟通，以便找出问题、诊断其性质并提出解决方案。这一过程提高了下属对自己角色的明晰程度。

本章关键词

魅力　领导魅力　个人认同　社会认同　交易型领导　变革型领导

作业1　课程思考题

1. 什么是魅力型领导？魅力型领导包括哪些维度？其有利与不利方面是什么？

2. 如何才能获得魅力型领导者的风格？

3. 什么是交易型领导？交易型领导包括哪些维度？

4. 如何使用交易型领导方式？

5. 什么是变革型领导？变革型领导包括哪些维度？

6. 变革型领导与交易型领导的异同点是什么？

7. 如何实施变革型领导方式？

8. 描述魅力型领导者最常使用的权力类型。

9. 魅力型领导者对下属的态度和情感方面的影响比对下属的业绩影响哪个更强？为什么？

10. 判断自己喜欢交易型领导还是喜欢变革型领导？为什么？

作业2　课后练习题

1. 找出自己身上魅力型领导、交易型领导、变革型领导的特征。

2. 找到一个知名的领导者，分析其魅力型领导、交易型领导、变革型领导的特征？

3. 从你接触到的领导者当中找出一个你认为具有魅力的领导者，找出其交易型和变革型领导的特征。

4. 分别用交易型和变革型领导去说服一个人参加你组织的活动，先做好行动计划，然后再实施，写出自己的感受。

作业3　即测即评

第9章　领导力理论丛林

1. 了解二元论提出的基础以及它的发展过程
2. 了解第五级领导的特征
3. 了解服务型领导和仆人型领导的定义、具体描述和区别
4. 了解参与型领导的优点
5. 了解创业领导力的主要特点并学会提升创业型领导的素质
6 了解正念领导力的主要特点并能够运用于分析领导行为
7. 了解分布式领导力的主要特点并能够运用于分析领导行为
8. 了解平行领导力的特点并能够运用于分析领导行为。

9.1 二元领导

9.1.1 二元论

大多数领导理论都基于这样一个假设,即领导者以同样方式对待所有下属。但如果仔细想一下,在群体中是否有领导者对待不同下属的方式有明显的不同。如果答案是肯定的,那么这就是领导二元论(dyadic approaches),如图9.1所示。

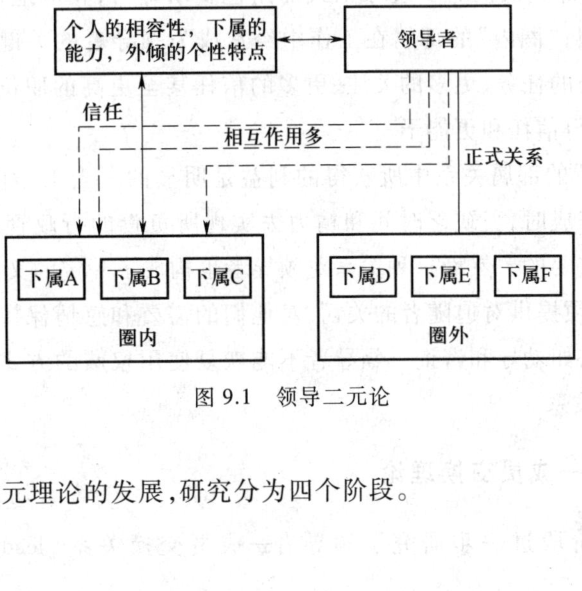

图9.1　领导二元论

图9.2描述了二元理论的发展,研究分为四个阶段。

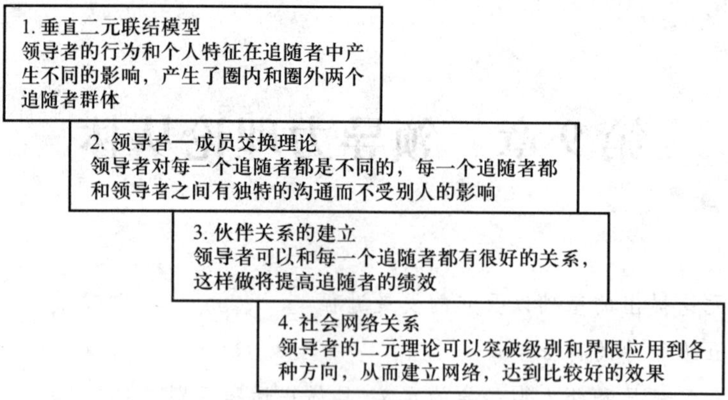

图 9.2　二元论的发展阶段

9.1.2　垂直二元联结模型

垂直二元联结模型(vertical dyadic linkage model，VDL)强调了领导者和每一个追随者之间形成的二元关系的重要性。它的焦点是一个具有直接权威的人与另一个人所组成的垂直二元关系中相互影响的过程。按照这种理论,大多数领导者同一小部分忠诚的部属建立特殊的关系,领导者同其余部属的关系则有很大不同。相应地,不同的追随者对同一个领导者的描述也是很不同的。例如一个追随者可能会说他和领导者之间的关系是相互信任、相互尊重的。这种良好的关系使他认为,他的领导者不论在以人还是以任务为导向方面都做得很好。而另一些追随者则可能会说他和领导者的关系很差,如相互不信任、不尊重,这些追随者认为他们的领导者在重要的领导行为上表现很差。

在这两种极端表现的基础上,研究者发现追随者和领导者之间的关系有"圈内"和"圈外"两种。"圈外"的部属仅仅需要遵守正式的角色要求即可,相应地也不可能获得领导者的信任和额外的关照;"圈内"的部属在工作中经常成为领导者的关键助手,有机会获得领导者的奖励以及额外的任务、更多的关注、更多的信任甚至更高的职位,相应地领导者也期望他们更忠诚,更值得信任和更能干。

领导者从"圈内"的部属关系中所获得的利益是明显的。当工作任务需要一些成员的首创性和努力才能完成时,当缺乏时间和精力去实现所负责的行政管理职责时,"圈内"追随者的支持是非常重要的。然而这种关系对领导者也构成了一定的义务和约束。为了维持这种关系,领导者必须提供对追随者的关切,对他们的需要和感情保持回应,这些会更多地依靠耗时的影响方法如劝导和咨询。领导者不能恢复使用权威的方式,否则就危及与追随者的这种"圈内"的关系。

9.1.3　领导者—成员交换理论

二元论的第二阶段进一步研究了领导者—成员交换关系(leader-member exchange,

LMX)。LMX 理论认为,高交换关系使得圈内人员有更好的表现和更高的工作满意度,高质量的交换关系对于领导者、追随者、工作单元和整个组织都有着积极的正面作用。对于追随者来说,高交换关系意味着肩负更大的责任和享有更多的授权,同时也会获得相应的回报,如加薪和晋升。领导和企业也会从高交换关系中受益。

领导者—成员二元关系的发展可以用三阶段的“生命周期模型”来描述。这种关系开始时是一个初始尝试阶段,领导者和追随者作为陌生人,相互评价动机、态度和可以交换的潜在资源,建立相互的角色期许。有可能一些关系从来就没有超过这个阶段。如果这个关系进化到第二阶段,双方的信任、忠诚和尊重得到发展,双方的关系逐渐成熟。这样就进到第三个阶段,在这个阶段里,基于自我利益的交换转变为双方对工作单位使命和目标的支持,领导者和追随者之间的关系开始稳定,此时已经难以改变,同样这种关系也决定了追随者是“圈内”还是“圈外”的地位。第三阶段代表着变革型领导,而第一阶段代表着交易型领导。

当交换关系有利时,领导者有更多的支持性行为、更多的咨询和委派、更多的指导、更少的监督和更少的支配性交流。对部属来说,则有更有利于组织的行为、对领导者更多的支持、更开放地与领导者交流和更少使用压力策略行为。

9.1.4 伙伴关系的建立

一种有利的向下交换关系通常带来更清晰的角色描述、更高的满意度、更强的组织支持和更好的部属绩效。如果可能的话,领导者应当努力同所有的部属建立一种特殊的交换关系,而不仅仅是拥有几个支持者。

早期 LMX 理论的批评家就指出,领导者对圈内和圈外人员采取迥然不同的态度是非常危险的,它会导致圈外人员的怨恨甚至是充满敌意。如果圈外人员察觉到领导者给予圈内人员额外的好处和优惠的话,他们就会因为强烈的不满而具有敌对情绪,这样会损害到企业的整体利益。

研究者不再关注追随者之间的差别,而是关注如何与每一个人发展良好的、有益的关系。成功的领导者能够和每一个追随者建立独特而且有益的关系,向所有雇员提供高质量的领导者—成员联系,为他们的发展提供一个较为平等的关系,从而最大限度地使自己、追随者和组织受益。也就是说,良好的绩效可以通过和领导者保持一对一的良好关系来达到。随着这种关系的成熟,整个工作群体变得更具效率。领导者能够依靠追随者的帮助来更好地完成工作,而追随者也可以参与和影响决策。领导者提供支持、鼓励和必要的训练,而追随者则以良好的绩效来回应。在某种意义上,领导者在个人和工作上都在满足追随者的需要。领导者如果和每一个追随者都建立良好的关系,将会实现追随者良好的绩效和生产力的增长。

9.1.5 社会网络关系

LMX 理论曾经几乎局限于垂直的二元关系，这个理论后来扩展到其他类型的二元关系，例如与平行的同级的关系和其他的非正式网络成员的关系。社会网络的观点可以帮助解释如何在更广泛的社会网络中发展二元关系。

研究者认为二元理论可以扩展到更大的系统中，他们不再仅仅关注领导者和追随者，而是站在系统的高度来研究二元理论如何突破传统的界限从而融入更大的系统，这个对领导者来说更大的系统可能会超越工作小组、部门甚至是组织的界限。根据这种观点，领导者的联系伙伴不只是局限于追随者，还包含了同事、队友和其他与工作有关的人。这种理论认为，领导者需要建立一对一的网络联系，并且利用他们的人格特征和领导行为来有选择地和尽可能多的人建立良好关系，从而使领导者能够影响更多人，并且这些人能够对组织的成功做出贡献。

9.2 第五级领导

9.2.1 从优秀到卓越

美国学者吉姆·柯林斯(Jim Collins,2001)率领 20 多人的研究小组，研究了从 1965 年到 1995 年出现在《财富》杂志上的 1 435 家企业，根据一系列的标准经过严格筛选，挑出了 11 家由“优秀”转变成“卓越”的企业典型案例。他们发现，这些企业虽然经营领域有所不同，但都存在着共同特点，即都有训练有素的文化加上第五级领导。

在由优秀到卓越的转变过程中，训练有素的文化起到了保证作用。缔造训练有素的文化有三个步骤。

1. 训练有素的人

在转变初期不是将较差员工引入正规，而是重用训练有素的优秀员工，让合适的人上船。如果你同你喜欢的人在同一条船上，这条船开到哪里都没有关系。同自己热爱的人在一起，互相尊重、互相钦佩，是获得美好生活的关键。第五级领导队伍的成员，与一名好士兵有何不同？他们不盲目迷信权威，而且本身也是一个强有力的领导者，凭借自身才华在自己的小天地有所作为，把自己融入大天地。

如何找到合适的员工？可以进行以下测试：

(1) 你对从事这个工作是否具有天赋并且能够成为最好的？

(2) 你从事的工作是否具有丰厚的回报？

(3) 你对所从事的工作是否充满激情、乐意去干、享受过程带来的快乐？

如果一个员工对上述 3 个问题的回答都是肯定的，那么他就是合适的员工。

2. 训练有素的思想

狐狸有千条妙计准备吃掉刺猬,但是刺猬只有一个绝招,它蜷缩起来狐狸毫无办法。拥有核心能力的企业就是刺猬,变化莫测的环境就是狐狸。有核心能力的企业适应能力强,同时又坚信能够造就辉煌。这就是刺猬理念。

3. 训练有素的行为

建立在框架下实现自由和责任的文化,员工在履行责任方面近乎狂热。其常用词有:严格、固执、勤奋、精确、吹毛求疵、系统的、有条不紊、工作熟练、苛刻、一致、负责的、责任重大、有重点的。在这种文化环境中的人们自律性高,有能力担负责任。

有了训练有素的人,就不需要什么等级管理制度。有了训练有素的思想,就不需要行政系统。有了训练有素的行为,就不需要过多的控制。当把纪律、文化与企业家的敬业结合起来时,就会找到优秀业绩的神奇源泉。

训练有素的思想产生了训练有素的行为,形成了文化技术加速器。一方面,他们尽量避免跟着别人去追赶新技术的脚步;另一方面,他们在一些精心选出的技术上会成为尝试的先锋。对于与他们的刺猬理念直接相关的技术,他们会勇敢而有远见地进行投资。

实现跨越的组织不对技术盲目狂热和追赶潮流,而是精心挑选技术,成为应用这些技术的先驱。技术要服务于刺猬理念,否则忽略它。卓越公司采用新技术来源于内在的动力和创造力,平庸公司应用新技术来自于对落后的恐惧。

要实现跨越式发展,公司需遵守三环理论:

(1) 你能够在什么方面成为世界上最优秀的? 你不能在什么方面成为最优秀的?

这个标准超过了核心竞争力。

(2) 是什么驱动你的经济引擎?

什么产生持久、强劲的现金流和利润? 特别注意一个标准:每“X”所获利润①。

(3) 你对什么充满热情?

发现自己充满热情的活动并全力以赴,不是刺激热情,而是发现热情。当铁腕人物违反三环理论时,公司便大幅度衰退。

9.2.2 第五级领导的特征

在企业从优秀到卓越的转变过程中,第五级领导是最关键的因素。这些企业是在第五级领导者的指挥下运行的,五级领导体系如图 9.3 所示。第五级领导者的定义是“谦虚+强意志力”,第五级领导者具有“谦虚而固执,羞涩而无畏”这种表面上互不相容但实际上互不可缺的双重性格。他们既胆怯又勇猛、既羞涩又无畏,他们是罕见而杰出的,他们的意志是

① 每“X”所获利润,如药店的单位顾客光顾收益、银行的单位员工所获利润,而每笔借款所获利润和每笔存款所获利润已经不再是主要的推动力。钢铁公司用每吨成品钢所获利润作为标准,而不是单位员工或单位固定成本所获利润。

坚定而不可动摇的。

第五级　第五级行政官
有着谦虚品德与职业意志力
在这种双重的矛盾个性下，建立起持久的优秀业绩

第四级　有效的领导者
有着清晰而有号召力的目标并朝着目标积极迈进
激励团队发挥出较高的水平

第三级　称职的经理人
朝着既定的目标组织人员、利用资源
通过高效率的工作去达到目标

第二级　起积极作用的团队成员
致力于实现团队的目标
在团队成员的配合下有效地工作

第一级　有能力的个体
通过个人的才能、知识、技能和良好的工作习惯作出较大的贡献

图 9.3　五级领导体系

吉姆·柯林斯从中国的阴阳角度进行了分析，如表 9.1 所示。他认为这些特点是领导者个人价值观的外在表现。比如亚伯拉罕·林肯的特点是“安静、平和、羞涩的人”，这样的领导者具有突出的谦虚性、对自身信念不可动摇的决心和强大的职业意志力。

表 9.1　第五级领导的阴与阳

个人谦虚度	职业意志力
· 突出的谦虚，避开公众的谄媚奉承，从不自夸	· 创造出极好的效果，把公司从优秀推向卓越
· 平静、沉着地作出决定，并采取行动	· 表现出永不动摇的坚定决心，采取一切行动来获取最佳的长期结果，不管有多少困难
· 主要依照超高的标准而非过人的个人魅力来激励他人	· 建立起标准，打造一个持久卓越的公司
· 其抱负立足于公司的未来，而不是为了自身的利益	· 标准绝对严格、毫不通融
· 挑选出能够使公司更为卓越的接班人	· 当公司获得成功后，在论功行赏时，常常把功劳推给他人、外部因素和好运气
· 当结果不尽如人意时，会从自身查找失败原因，而不把责任推卸给他人、外部因素或坏运气	

第五级领导者处于等级表的顶峰。他们是把公司从优秀转变为卓越的一个必要条件。其他四个等级的领导者，每一个都有自己适度的能力，但没有一个有着第五级领导者的能力。个体不需要依次一级一级迈到顶峰，但是一个典型的第五级领导者必须拥有其他四级领导者的能力，再加上第五级领导者的特性。

他们谦虚,回避公众的目光,从不自吹自擂,从容、冷静。他们设立崇高的标准,而不是寻求个人魅力,雄心勃勃,但把公司的利益而非个人利益放在第一位。他们先人后事,让合适的人上车,组建卓越的管理团队,懂得合适的员工才是公司最重要的财富,追求员工的自我激励。确定合适人选后,他们马上选择通向卓越的最佳途径。

由于第五级领导者的雄心壮志是立足于公司的未来的,而不是针对自己的,所以他们一般都会选出极佳的接班人。第五级领导者希望公司在下一代领导者手中变得更为成功,即使别人不知道成功的根源来自于他们的贡献,他们也毫不感到沮丧。正如一位第五级领导者所说的那样:“我想站在阳台上,看着我的公司有一天成为世界上最伟大的公司之一,然后就可以说‘我曾经在那里工作过’。”

对于运气的强调后来成为更大模式的一个部分,这个模式称为“窗口和镜子”。第五级领导带着固有的谦恭,总是朝窗外看,寻找外界的因素来解释功劳(即便是不那么恰当的);同时在追究责任时,他们则会朝镜子里看,不把较差的表现归咎于厄运或外部因素。相反,一般公司的管理人员则往往在追究责任时向窗外看去寻找外界因素,而在论功劳的时候则会向镜子内看。

根据柯林斯第五级领导者的分析,一些可能其貌不扬的领导者,虽然并不具备我们通常所说的个人魅力,但是,由于他们有明确的价值观、高远的追求并坚持不懈地努力,也可能使得他们拥有忠诚的追随者。第五级领导者的魅力来自于坚定的信念、不懈的追求。

柯林斯假设世界上有两种人:一种不带有成为第五级领导的种子,另一种则有。

第一种人永远也不会去抑制自己的需要,来投身于比自身伟大得多、也持久得多的事业中去。对于这些人,工作的重要之处在于他们的名望、财富、权力、奉承等。工作永远也不会成为他们去创造和奉献的对象。具有讽刺意味的是,意图和个人野心常常会把人们推向第四级领导者,这与第五级领导者所需要的谦虚是格格不入的。

第二种人能够发展成为第五级领导者,种子存在于他们体内,或是被深埋,或是被忽视,或只是刚刚形成。在适当的环境下(自我反省、良师的指导、父母的疼爱、重大的生活考验或其他因素),他们的种子才可能生长。

9.3 服务型领导和仆人型领导

9.3.1 服务型领导

领导包含了很强的道德成分。服务型领导者真正把别人当成人来重视和尊重,而不是把他们看成会劳动的物品。对人完全信任是建立在我们所有人都对彼此负道德责任的基础上的。作为一个领导者,能够选择服务,需要的是对高于追求更多个人利益的目标的坚信。公司领导者可以本着道德价值的原则做事,而不是从贪婪、自私和恐惧的角度出发。

服务型领导学说的创立者是罗伯特·K.格林利夫(Robert K.Greenleaf)。他提出:领导者应当为与企业相关并受到企业影响的人服务。

伟大的领导者首先是他人的服务者,即服务型领导者。领导者只有具有了明显的服务者特质时,才具有了真正的领导力,才能从追随者那里获得心甘情愿的认同感,这样的权威是唯一能够获得忠诚的权威。职位权力可以被授予,也可以被收回;而服务天性是实实在在由本人所有,不是外力赋予,当然就不会被收回。

服务型领导开始于一个人自然而然地想为他人服务的天性,然后再有意识地努力领导他人,即首先是服务,然后才是领导。

一个有志于成为服务型领导的人,要有愿意为他人服务的天性,服务在先,领导在后。而领导在先的人具有强烈的对权力的热望和对物质的占有欲。

服务在先的人关爱他人,为他人着想。检验办法是:在你领导下的人们是否在成长?他们是否变得更健康、自主、自由、聪明、能干、自动自发?他们自己是否也更可能变成服务型领导者?下属中权力最小的人是否也获得了利益?

服务型领导者在服务者和领导者两个角色之间实现平衡,不是"非此即彼",而是"两者都是"。

1. 服务型领导框架

服务型领导(stewardship leadership)是领导者以服务员的角色存在于领导者和追随者之间,而不是命令和控制追随者。领导者和追随者在一个成熟的相互支持的工作环境中一起工作,从而达到组织的目标。服务型领导的关键是如图9.4所示的四个支持价值观。

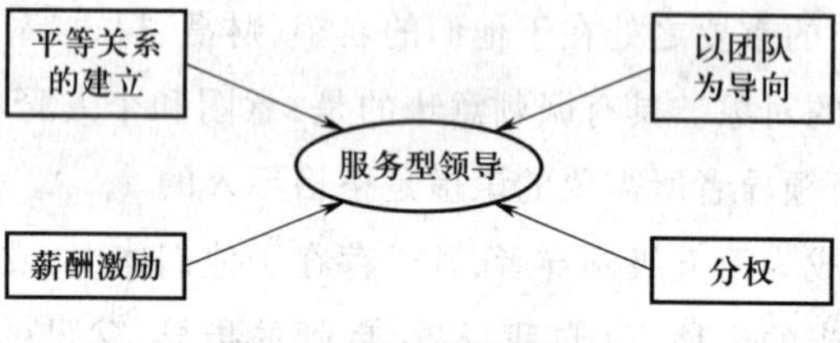

图9.4　服务型领导模型

服务型领导者的领导哲学是"服务于人",领导者应当服务于他的追随者。服务型领导方式是一种颠倒的领导方式。服务型领导者超越了个人利益,为他人服务,帮助别人成长和发展,为他人在物质和情感上的收获提供了机会。他人的成就是服务型领导者的原则性目标。

(1) 以团队为导向。领导者的职能不是控制而是支持。哪里团队精神缺失,就意味着领导者扮演了一个控制的角色,这当然不是服务型领导的目的。作为公司或部门的核心力量,他们制定奋斗目标、支持管理、创建一个学习环境,并且对自身进行调整,以适应不断变化的环境和市场。

(2) 分权。服务型领导分散决策制定权力。服务型领导把决策制定权下放到那些直接与顾客接触的雇员手里,也就是使组织的所有人都参与公司核心工作的过程。把权力下放到雇员手里,为紧密联系领导者和雇员提供了机会。

(3) 平等关系的建立。服务型领导只有承认领导者和追随者之间平等才能达到最佳的效果。它应是一种合伙的平等关系而不是领导者—追随者的控制结构形式。服务型领导促使领导者去发现服务的机会而不是管理。当平等关系建立的时候,诚实、尊敬、协同工作、彼此信赖和恪守职责等就流行起来,同时这些价值观会提高服务型领导的成功概率。

(4) 薪酬激励。服务型领导赋予雇员很大的责任,相应地,组织必须重新设计薪酬体系来适应职责体系。在服务型领导下谁拥有高责任和权力谁就应该根据业绩得到相应的回报,因为是他们推动和达成了组织的使命。忽视薪酬激励体系意味着难以维持服务型领导力。

服务型领导者被广泛传颂不是因为他们做了伟大的工作,而是因为他们把权力赋予雇员后雇员做了伟大的工作。服务型领导者在今天这个动态的环境下为组织成功和成长提供了最好的机会,不是因为领导,而是因为训练追随者去做领导和管理。他们关注的是什么可以促使追随者变得更富有创造性、精力更充沛并且能承担他们的职责。他们通过表达而不是管制来领导他们的组织,挖掘追随者身上最优秀的部分,使每个人处于朦胧状态的活力最终显露。这种领导者并没有做出什么伟大的事迹,但他们能使追随者感觉到可以创造出伟大的事迹来。

2. 服务型领导的十大特征

斯皮尔斯总结了服务型领导者的十大特征:善于倾听、具有同理心、善于抚慰心灵、自我认知、善于说服他人、有全局观念、有远见卓识、有管家精神、愿意培养他人以及建设社区。

(1) 善于倾听:服务型领导的基础。沟通是双向的,既要说还要听。领导者最好是先听后说。在倾听的时候,不仅要倾听他人外在的声音,更重要的是倾听他人内心的声音。

当我们倾听他人的时候,就营造了良好的沟通氛围。倾听是尊重他人,显示了他人的价值,让他人觉得不孤独,使他人感觉到自己的重要和受到尊重。

思考型倾听(reflecting listening)是锻炼倾听技巧的一种方法。思考型倾听包括以下三个要素:① 非语言沟通,即重视他人和自己的非语言沟通,包括目光、表情、动作、音调;② 理解内容,即理解讲话者的谈话要点并辨别真伪;③ 体会情感,即注意讲话者的情感。

积极的倾听以简单的启发式话语开始并做积极的回应,这些启发式话语向正在讲话的人传达了这样的信息:你对他的话很感兴趣,你想知道更多的内容等。

回应是人们在回答来自其他人的建议、想法或评论时的措辞。积极的回应是积极肯定的,能引发更多好感和好的想法。在倾听的时候,需要适当地使用身体语言,例如集中注意力、全神贯注、做些笔记。

(2) 具有同理心:换位思考的艺术。同理心又叫移情换位,指分享其他人感受的能力,理解他人、同情他人。每个人都有独一无二的心灵,都有被人认可和赏识的需要。

(3) 善于抚慰心灵:保持高昂的士气。精神生活,或者说内心世界,对人来说十分重要。学会抚慰心灵有利于组织的变革和整合工作,应对问题和危机的方式显示了组织的真正“精神”。

领导者接触并影响别人的生活。这种影响可能是对他人的打击,也可能是对他人的祝福;既可能使一个人变得更为强大,也可能使一个人崩溃。问题和危机出现时,对于抚慰心灵创伤的反应方式,表现出了自己真正的理解。领导者的主要任务是创造一种积极的工作环境,在这种环境中,员工才有动力去工作。这就需要领导者学会平衡,依赖于管理软件的应用,更强调“人际关系”。

(4) 自我认知:了解自己,感知世界。感知,指一个人感觉周围的一切和自己内心世界的能力。春天来了,他能够感觉到花开的声音;早晨醒来,他能够感觉到鸟的欢唱;迎来送往,他能够感觉到人内心的愉悦和惆怅。

自我认知也是人对自身情绪的评价和表述。这方面能力较强的人能够很好地感觉和承认自己的情感。领导者不但需要对其客户、员工和组织保持清醒的认识,还应该不断对自我认知进行开发。

领导者必须留出时间去思考,去理解组织的宏伟蓝图,并且考虑组织中每个人如何找到适合的位置。自我认知还可以帮助人们理解和价值有关的东西,它能使人们更有条理地应对所面临的大多数情境。

留出时间去自我认知会使我们有机会平衡工作和生活、视野开阔、思路清晰,理解我们正在从事的工作,体味我们自己的价值,使我们有机会重新找到激情。

服务型领导的一个重要特征就是不断地自我认知,形成自己的处事准则,使自己的愿景和价值观得到可靠表述,用来指导自己的生活和工作。

(5) 善于说服他人:以始为终。服务型领导者的一个关键特征就是:他们依赖于说服而不是职位的权威去作出决策。领导者鼓励员工围绕组织的目标,以及实现这个目标的手段,达成一致意见。领导者使用说服手段,而不是强制手段,让员工接受自己的意见。领导者和员工保持良好关系,有效地说服,并且以身作则。

在重视服务的组织里,关注成员的长期收益。收益模型是:① 实现了渴望得到的、令人满意的现场心理体验;② 个人(心理和生理上的)、群体和社会的环境(收益)的改善;③ 防止更坏情况的发生。

(6) 有全局观念:站得高,望得远。把复杂的大问题分解成简单的小问题来处理,这叫做分析。但是为了看清大问题或者事情的全部,还必须再把各个部分拼成原来的样子,这叫做综合。

为了获得从整体看问题的能力,领导者必须超脱于消耗他们大量时间的日常事务。人们往往忘记组织的愿景,而代之以短期的盈利和目标作为驱动力。

在培养全局观念的时候,领导者要把个人的价值观融入组织中去。首先评估个人的愿景和价值观，再把个人愿景转化为管理团队的愿景，然后转化为整个组织的愿景。服务型领导应清楚地认识到：我们要变成什么，当我们达到目标时我们应当是什么样子。

学习能力和确定事务轻重缓急的能力是把握全局观的两个关键能力。

在快速发展的时代，服务型领导者需要建立愿景并组织活动，以满足陷于时间和资源压力中的人们的需求。

（7）有远见卓识：指明前进的道路。远见卓识让领导者能够通过预测行动的结果而选择最优战略，描绘出前进的路线。

远见和洞察力需要服务型领导者的头脑发生三种根本的转变：

第一种转变是看待世界的方式。要把世界看成开放的、动态的、充满活力的。

第二种转变是要把世界万物看成是相互联系的整体。领导者通常不会贸然行动，他会全面思考这些行动对利益相关者、客户以及组织里的其他人产生的影响。有行动必有反应。

第三种转变是对责任的理解。责任并不是为了使事情发生而做事，而是自动自发地去倾听、思考那些可以指导企业实现目标的内心的声音，并对其作出反应。

在工作和生活中培养远见卓识的三个常用步骤包括：① 理解过去；② 着眼未来；③ 培养创造力。

（8）有管家精神：责任心和共同管理。管家精神的起源可以追溯到古希腊时代，意思是受他人之托管理某物。管理学中把管家精神描述为：愿意通过为周围的人服务，而不是通过对周围人加以控制，来为组织负责的一种意愿。简单地说，管家精神没有控制和服从的责任。

管家精神是一个强有力的理念，这个理念有望成为使我们的机构治理发生根本变化的一种手段，因为它使权力分配更加合理。管家精神可以确保我们选择为托管人服务而不是追求自己的利益。

（9）愿意培养他人：致力于员工培养。传统的领导模式区分领导者和追随者，认为领导者具有独特的天赋。领导者指挥，追随者反应。所有追随者具有相似的特征，无法区分；他们受到重视只是因为顺从了领导者，而不是因为个人能力。

服务型领导者致力于个人的成长，努力把追随者的需求放在第一位。服务型领导者尊重员工，尽量满足员工的个人和职业发展的需求，并满足组织的需求。在传统的金字塔结构的组织中，一般的领导者为组织负责，员工为老板负责。当把金字塔上下颠倒后，角色就发生了互换。员工变成了负责任的人，而领导者要对员工负责。如果领导者为员工而工作，那他的使命就是帮助员工实现他们的目标。

在这个过程中，考察员工目标是否实现的标志是：员工是否变得更健康、更自主、更自由、更聪明和更能干；他们自己是否越来越像服务型领导者（渴望的、满意的现场心理体验的实现）。社会中弱势群体受到怎样的影响；他们是否从中获益了（或者至少没有因此受到更多的伤害）。

通过致力于人的成长，组织就可以展现出一定的姿态，让所有人知道它是在追求长期利益，是为了培养长期关系，而不仅仅是追求短期收益。

（10）建设社区。服务型领导者使得自己的组织提供对社会负责任的产品、活动和服务，建设更好的社区，做一个合格的以及优秀的社会公民，有较强的社会责任意识和商业伦理。

9.3.2 仆人型领导

仆人型领导（servant leadership）把领导提升到了一个精神层面。仆人型领导引入了一个观念，即我们每个人都对别人负有道德上的职责。仆人型领导被看作是一个到基层服务的过程，而不是自上至下的领导。仆人型领导者用谦逊和平易近人的性格、强大的道德力量吸引追随者。该模型包括以下一些基本内容，如图9.5所示。

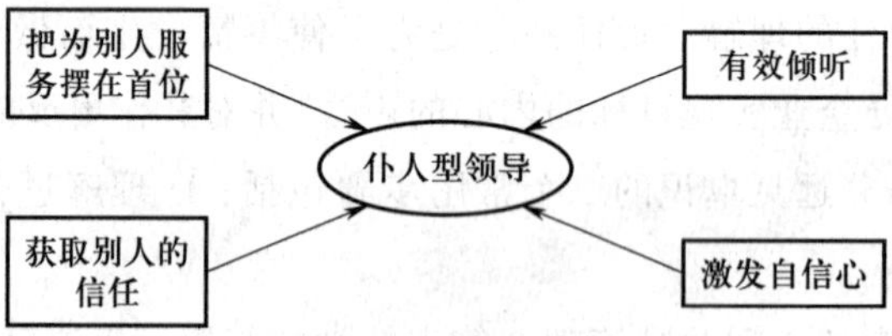

图9.5 仆人型领导模型

1. 激发自信心

激发自信心是指帮助他人发现存在于他们内心的力量。这需要仆人型领导者有很强的移情能力，可以站在别人的角度考虑问题。

曾经担任捷克斯洛伐克总统的瓦可夫·哈佛说过："人类世界的拯救不在别处，而是在人们的心中，在人们表现出的力量中，在人们的服从中，在人们的责任中。"仆人型领导者帮助他人找到人类的精神力量，促使他们承担自己的责任。这需要开阔的心胸和心甘情愿地与人同甘共苦。与大众关系密切也意味着领导者对别人敞开心扉，愿意展现自己的痛苦和人性。

2. 获取别人的信任

仆人型领导者通过诚实和真实的语言赢得追随者的信任。他们通过分享所有的信息，通过放弃对别人的控制权、放弃报酬、放弃权力来赢得别人的信任。

3. 把为别人服务摆在首位

仆人型领导者的特点是渴望帮助别人，而不是渴望得到权力和控制其他人。他们认为做对别人有益的事高于保护自己的利益，他们作决策是基于是否对组织有利而不是为了增加他们自己的利益。

4. 有效倾听

仆人型领导者不在团队中强加自己的意志，他们对其他人的意见听得很仔细，他们试图在团队中发现最好的行动计划。仆人型领导者肯定其他人出色的表现。

仆人型领导可以简单地理解为鼓励别人的个人发展,帮他们设立他们工作中更大的目标。

9.3.3 服务型领导与仆人型领导的区别

服务型领导和仆人型领导是领导方式针对追随者的转换。这个转换的结果是领导者很少指导其他人而是更多地做为其他人服务的事情。服务型和仆人型领导者把别人看得比自己重,被视为在任何领域都适用的领导模型。

服务型领导方式以员工为核心,鼓励员工在工作中主动作决策并自我控制。仆人型领导强调更高程度的无私以至于人们会怀疑在现实生活中是否存在这种无私。服务型领导的出发点是功利性的目标,仆人型领导的出发点是崇高的信仰。

由于他们都是通过激励追随者来完成组织目标,所以服务型领导和仆人型领导都是同自我管理团队概念相关的。传统的领导理论强调领导者—追随者的组织结构,也就是追随者接受领导者赋予的责任,而且对领导者负责。然而非传统的领导观点是:对于组织和顾客来说领导者是服务型或仆人型的,很少控制,更多的是关注帮助追随者工作,而不是让追随者为领导者打工。

9.4 参与型领导

在制定决策时鼓励并采纳团队成员的意见,叫做参与型领导。制定决策是领导者最重要的工作之一,包括制定工作计划、解决技术难题、挑选下属、决定薪酬的增长及工作的分工等。参与型领导在制定决策时鼓励并采纳别人的意见。在一个组织中如果想让决策得到通过或实施,在决策过程中让相关人员参与是必要的。委派是一种权力分享过程,是一个经理给予下属责任及权力制定决策。授权使得组织成员有机会决定他们的工作角色、完成任务的途径。

在谈到参与型领导时,经常有这样一些相关词语:协商、共同制定决策、权力分享、民主管理。

参与型领导可采用许多形式。在允许别人参与的决策中可使用多种决策程序。一些领导学研究者提出了决策制定程序的不同分类,虽然在决策程序的步骤及什么是最好的决策方法上还未达成一致,但是大多数研究者认为以下决策制定的分类是显而易见且非常有意义的。

1. 独自制定决策

领导者独自制定决策而不征求他人的意见,他人对决策的制定无任何影响,即无任何参与。

2. 协商

领导者征求他人的意见及想法,在仔细考虑他们的意见及想法后独自制定决策。

3. 共同制定决策

领导者会同他人讨论问题，然后一起制定决策。领导者在最后的决策制定上不比其他参与者有更大的影响力。

4. 委派

领导者给一个人或者一个团体制定决策的权力及义务，领导者做出最后的决定，而且在最后执行决策时不考虑别人过去的意见。

这四种决策制定方法按他人对决策无影响到高度影响而排列。一些研究者在这四种主要的决策制定方法的基础上进行了更细微的分类。

例如，坦南鲍姆等将独自制定决策又分成两类：一类是领导者仅仅宣布决定（通知型），另一类是领导者运用策略诸如理性的说服（推销型）影响下属。

他们还对协商进行了三种细分：

(1) 领导者提出一个未经协商的决定，但在遭遇强烈反对时愿意进行修正。

(2) 领导者提出一个试验性的方案，然后积极鼓励他人进行改进。

(3) 领导者提出一个问题，然后让其他人参与进来进行分析并提出解决方案，在此基础上领导者独自决策。

协商还可以分为与个人协商和与团体协商。

决策程序的区分是有用的，但是在表面程序及实际影响上的区分才是重要的，有些时候参与只是一个幌子。例如，一个领导者可能会从他人那里征求想法和意见，但是在决策时却忽视它们。同样，领导者可能会让下属自主决策，但是却给下属一种压力，这样下属不敢偏离他的喜好作出决策。

上述分类是理论上的分类，实际上领导者的行为很少与这些描述相吻合。协商经常非正式地重复发生在与别人的交往中，而不是仅仅发生在特定时间、正式场合中。协商可能在礼堂中简短的会面中发生，也可能在会后或社交场合、吃饭时或打高尔夫时发生。实际的行为可能不仅仅是决策程序的不同，还包括许多情境的混合，例如：仅仅是问题讨论，却不是在选择解决方案，或者在一系列设定好的方案中协商最终的选择。参与行为会随时间而改变。例如，最初的协商由于下属都同意领导者的选择而变成了共同制定决策；最初的一个集体决策由于时间的限制，导致领导者必须作最后的决策而变成了协商。

9.5 创业领导力

9.5.1 创业领导力提出的背景和概念

1. 创业领导力提出的背景

李克强总理在 2014 年达沃斯论坛上提出了“大众创业、万众创新”的号召，“双创”成为中国的国家政策。鼓励地方设立创业基金，对众创空间等办公用房、网络等给予优惠，对小微企业、孵化机构给予税收支持，大力发展营销、财务等第三方服务，强化知识产权保护，为创业与创新创造条件。

创业是在现有激烈竞争中保持快速成长的重要因素，创业的实现和成功需要领导者具备持续发现和运用竞争机会的能力，领导力在创业活动中发挥着重要作用。在快速变化的时代，公司面临的商业环境不确定性增加、竞争程度日益激烈。领导者不能再根据静态环境特征寻求稳定的角色，而是要不断调整和变更角色来匹配充满不确定性的环境，同时还要让追随者树立摒弃传统守旧、寻求创造性和富有创业精神的意愿。因此，创业和领导理论呈现出融合趋势，领导者需要运用创业型领导对其创新和竞争能力进行审视和更新。

在这种动荡不安的环境下，如何提升企业对不确定性环境的适应性，如何对战略价值创造进行发现与探索，如何创造新的商业模式变得越来越重要。为了适应这些变化，无论实业界还是理论界都越来越关注一种新型的领导方式——创业型领导（entrepreneurial leadership）。

2. 创业领导力的概念

创业型领导者以愿景引领下属，为创造战略价值而进行发现与探索。创业领导力是一种影响他人对资源进行战略性管理的能力。它既关注寻求机会的行为，也关注寻求优势的行为。

目前比较一致的认识是古普塔（Gupta）等提出的关于创业型领导的定义。古普塔等对以往研究进行了总结，并在整合创业、创业导向、创业管理与领导理论的基础上对创业型领导进行了界定，即：创造一个愿景，以此号召、动员下属，并使下属承诺对战略价值创造进行发现与探索的一种领导方式。

创业型领导面临的两个挑战：一是有关价值创造的资源获取问题，二是获得下属承诺的问题。它包括创造愿景以及拥有一个有能力实现愿景的支持者群体。对创业采取战略性思维，以便创业主动性能够提高公司持续创造价值的能力，因此创业型领导能够为企业构建一个竞争优势和技术增长的基础。

创业型领导就是通过信任和团队工作形成高绩效的领导方式。

9.5.2 创业领导力的构成

创业领导力主要由两个挑战维度和五个角色构成。

1. 两个挑战维度

两个挑战维度一个是情境扮演，另一个是任务扮演（cast enactment）。

情境扮演是指：在当前的资源约束条件下，预想和创造那些一旦被抓住就可以对当前的处理方法进行彻底变革的机会。

任务扮演是指：使潜在的追随者和企业的股东确信在这个情境下，通过整合资源、当前处理方法的转变是可以成功实现预期目标的。

2. 五个创业型角色

五个创业型角色是：构建挑战、不确定性吸收、路径清晰、建立承诺、阐明约束，如表 9.2 所示。

表 9.2 创业型领导理论框架

维度	角色	特征	解释
情境扮演	构建挑战（描述一个具有挑战性且可以实现的结果）	绩效导向 雄心勃勃 消息灵通 具有特殊的洞察力	设置一个高标准，提供努力的方向 设置高目标，工作努力 有知识，对信息敏感 直觉
	不确定性吸收（承担未来失败的责任）	愿景 远见 自信 建立技能	拥有愿景 预测未来可能发生的事件 逐步向别人灌输自信
	路径清晰（与反对者进行谈判，并澄清情境实现的路径）	富有策略 有效的谈判技巧 令人信服 鼓励	熟练的人际技巧 能有效地与人谈判 具有说服别人的非凡能力 通过消除疑虑，给予别人自信和希望
任务扮演	建立承诺（建立一个令人鼓舞的目标）	有鼓舞力 热忱 团队建立能力 持续改进导向	鼓舞他人的情绪、信仰、价值观、行为，鼓舞他人努力工作 呈现强烈、积极的工作情绪 使组织成员一起高效工作 寻求绩效的持续改进
	阐明约束（明确什么事能做、什么事不能做）	整合能力 促进思考 积极 果断	使人和事有机地结合起来 鼓励他人思考 乐观并且自信 迅速、坚定地作出决策

资料来源：Gupta V. MacaMillan, C. Surie G. Entrepreneurial Leadership: developing and measuring a cross - culture construct. Journal of Business Venturing, 2004.

（1）构建挑战。这一角色是指，创业型领导者通过构建挑战，使得团队能够将他们的能力发挥到最大限度。

（2）不确定性吸收。这个角色是指，创业型领导者需要构建一个愿景并由下属具体实施，但是创业型领导者必须承担失败的责任；考虑到不确定性对下属的影响，创业型领导者必须使下属建立自信,并使他们确信愿景是可以实现的。

(3) 路径清晰。这一角色是指,创业型领导者需要与反对者进行谈判,并能解决潜在的阻力,获得内部关键股东和外部利益相关者的支持,以及能够消除实现愿景的障碍。

(4) 建立承诺。这一角色是指,创业型领导者需要使团队建立技能来鼓舞、塑造一个高承诺的团队,并使这个团队承诺付出更大的努力来实现领导者所描述的愿景。

(5) 阐明约束。这一角色是指,通过果断地阐明约束,领导者能够再造下属对他们自己能力的感知。而且,当约束被定义时,创造力更容易被发挥。

9.6 正念领导力

9.6.1 正念

正念的英文 mindfulness,本意是“留心”,即全心全意、不加评判地留心、关注、沉浸于当下自身的内在状态(包括思想、情绪、身体感受)和行为,以及所能感知到的周围正在发生的一切,并接纳它们,哪怕是让你感觉不快的事情。也就是说,正念是“活在当下”,不受过去的经历和对将来想象的困扰。

正念就是聚焦当下、从心出发、向内看、感知全新的世界。

正念一般需要通过冥想、反思、内观、情商训练等方法获得。

正念带给我们的好处至少包括:① 内心平静;② 自我认知更为清晰;③ 专注力倍增;④ 创造力加强;⑤ 洞察力更为敏锐;⑥ 身心更为健康;⑦ 正能量和幸福感大大提升;⑧ 对外界事物更为敏感;⑨ 对他人更为理解和仁慈;⑩ 人际关系有效改善;⑪ 工作绩效越来越好。

9.6.2 提升正念的情商路径

正念使人聚焦于当下的状态,感知自己及周围人,以及在面对紧张环境时感知自己反应的敏感度。个体持有某种想法或情绪,与个体意识到持有某种想法或情绪,在感知自己的敏感度上是不同的。例如,你对他人有成见与你意识到你对他人有成见在感知自己的敏感度上是不同的。你抑郁与你意识到你抑郁在感知自己的敏感度上也是不同的。缺乏自我认知是领导者领导力发展的重要障碍,而正念可有效改善这种状况。这可以通过提升情商来实现。

1. 认知自我:旁观自己的内心

“不识庐山真面目,只缘身在此山中”,站在自己的角度未免太有局限性。想要更加全面地了解自己,就需要我们跳出自己,走出自己的世界,以第三者角度看待自己,以旁观者思维走入自己的内心,感知自己的身体、情感和想法。

2. 控制自己:做自己内心的主人

仅仅停留在认知自我的阶段还不够,还需要有意识地控制自己的内心,做自己内心的主人,这是一个从内部开始解构再重构的过程。然而人们却常常被控制欲困扰,总是试图控制我们的员工、朋友、亲人,试图控制周边的环境、控制事件进展,却偏偏忽略了自己的思维、情感和身体是如何操控我们的行为的。

当一个领导者拥有控制自己内心的力量时,在面对挑战、面对危机时,便不会茫然地照搬之前的惯例,不会不假思索地采取措施;而是打破原有的思维僵局,拓展思路,更加客观、理性地纵观全局,从而做出最佳选择。当一个领导者善于用正念的方式改变自己的思维模式、创新自己的行为时,便成为一个创新的榜样,这就是正念领导力的魅力。

3. 感知他人:走进他人的内心

高情商的人往往更受大家的欢迎,不仅因为他们能觉察并调节好自己的情绪,更因为他们能及时觉察到他人的情绪、他人的需求。为了实现这一点,我们需要发展对事物的关注能力,以一种不偏不倚、待一切事物如初见的态度去关注外部环境,感知他人,感知不同环境中不寻常的信号和线索。作为一个高效的领导者,绝不能追求简单快捷,而是要敏锐地留意他人、留意环境,却不立即做出评价和判断,有意识地保持一颗全新的、不带任何立场和偏见的心,感知他人的情感和想法。

4. 影响他人:做他人内心的领导者

行为上的领导者只能使成员听从自己的指挥,并不能达到心悦诚服的效果。而内心的领导者会使成员甘愿与之同甘共苦,主动出谋划策,会有较强的归属感和责任感,使团队效率提高。因此一个高效的领导者首先要旁观自己的内心,做自己内心的主人,在此基础上走进他人的内心,做他人内心的领导者。

9.6.3 正念领导力

当领导者用敏锐的内心去感知和影响他人,而不是用权力去领导他人时,就成为他人内心的领导者,这种领导力就是正念领导力。

当东方“禅修”的“正念”思想与西方的领导力理论相结合时,“正念领导力”(mindful leadership)便诞生了。正念领导力与传统领导力不同,传统领导力强调领导者行为,而正念领导力则更加关注领导者内心,关注领导者思维模式及其对自身和他人的影响。为了实现真正的高效领导,领导者需保持一颗好奇心,聚焦于当下,更加关注自己,关注环境并由此引发反思。

正念领导力有四个基础目标:强化自我觉察能力;激发高层潜意识思考;找到自己的使命;认识自己,接纳自己,学会爱自己,进而极大地改善自我领导。

在企业实践中,领导力培养通常都会涉及领导团队、领导业务和领导自己三个方面。正念是一种自我提升的工具,是一种可被开发的能力。不管面对任何事物、任何处境,将自己分离出来，置身事外，仿佛在看一部电影，在经历别人的人生，然后聚焦于当下，摒弃那些根深蒂固的思维模式，以一种初见的态度，以一颗不偏不倚、不带任何偏见的心不断地去观察、探寻内心的秘密，感知身体，感知情感，感知想法，感知他人，感知周围的一切。用一种更加细致和不同的方式去思考和感受，自己的行为就会变得更加自然和宽容，从而更加灵活。这时你便拥有了自己，有了主宰行为的自由。当你以同样的态度敏锐地感知他人的情感和想法时，你便拥有了走进他人内心的钥匙，一切矛盾都迎刃而解。

正念领导者是指把正念当作忠实信仰和行事追求的领导者，通常具备自律、内省、精简、专心、沉着、自信、开放、谦逊、仁爱等品质特征。

这种源自内在宁静和专注力的品质即正念。乔·布斯说："当你内心宁静时，你就能听到更加细微的声音。这时你的灵感开始绽放，你能够更加清晰地看待事物并活在当下。"

正念关注的是如何通过持续自我认知，改变员工们对于工作意义和自我价值的基本认识。这使得正念领导力注定是一个长期积累、逐步影响的过程，无法一蹴而就。正念领导力应当落实到各种企业日常管理环节中加以展现。例如，管理者可以在日常管理层会议进入正式议题前，设置"正念时刻"(mindful minute)，这将非常有助于决策参与者们不断明确企业伦理价值，并在集体决策过程中加以体现。正念领导力的关键价值在于能够帮助员工优化情绪智力管理，明确组织价值，专注当下，从而建立起更加紧密互信的领导成员互动关系。

9.7 分布式领导力

9.7.1 分布式领导力的定义

分布式领导力就是组织的不同成员根据自己的能力和环境的变化动态地担任领导者。

领导力的构成有三要素：领导者、下属和情境。三者动态交互作用、相互适应而产生分布式领导力。开始时有组织构架确定的领导者和下属；随着时间和环境的推移，领导和下属的角色会发生交换；在某一具体时刻，领导者可以多于一人；极端情况下，所有人都可能担任领导者。

分布式领导，是20世纪90年代提出的一种新的领导理论。彼得·圣吉提出：领导力是分布的。领导力并不是CEO专有的，领导力是分布在组织的全体成员之中的。传统领导力理论研究的是领导者个人特质，而分布式领导主要研究多人担任领导角色的领导模式。明茨伯格提出：组织应该将以个人为中心的领导模式转变为分布式领导模式。

9.7.2 分布式领导力产生的原因

学术界普遍认为分布式领导极具研究价值和学术前景，而且这一领导模式将会在未来的管理实践中扮演越来越重要的角色，并被称为领导力的明天。其主要原因是：

(1) 管理者所面临的环境越来越动荡和复杂。有限理性的管理者无法通过个人的命令对下属进行全面的控制,也无法通过个人的努力来梳理纷乱庞杂的环境信息,更无法仅通过个人的智慧就能正确决策。分布式领导最主要的特征就是:领导力是人与人互动而产生的结果,激发非正式领导的作用,领导的功能被分布在各个层次。

(2) 知识经济时代员工的素质和专业技能越来越强,也有了领导的能力和意愿,可能比领导者更有智慧,是组织的核心竞争力的来源。这样的环境自然会产生分布式领导,高素质和高技能的员工都会感到这个组织是自我价值得以实现的平台。

(3) 分布式领导是不可阻挡的趋势。在教育机构、高管团队、咨询公司或项目管理团队中,尤其是在高科技企业的研发团队中,分布式领导有着越来越多的表现。

共享式领导、集体式领导、合作式领导等新的领导力概念都可以归纳到分布式领导的大框架下。

9.8 互联网时代的领导力:平行领导力

在互联网环境下,领导者以愿景和价值观凝聚团队,并基于个人魅力与平等沟通来激发团队成员的内生动力,从而实现组织与员工共赢的过程,叫做平行领导力。

互联网思维的特点是平等、公开透明、互利互惠、分享、共赢。以互联网思维建立的企业是共赢的平台。平行领导力是在平等、不使用岗位权力的状态下,用企业的愿景、价值观、个人的情商、人格魅力、良好的沟通协调等方式,推动团队发展并且有效完成目标的能力。领导者把自己定位成团队成员的伙伴、朋友、平等互利的人,而不是救世主、老板、上司、监督者、施舍者。

领导者的平行领导力包括六个要素:

(1) 开启未来的能力。用愿景和价值观凝聚志同道合的人。

(2) 创造积极的能力。让整个团队始终保持正向思维。

(3) 以身作则,一以贯之。领导者必须具备预见性和一惯性,才不会成为员工的路障,员工才会在给定的舞台上随心所欲,不用担心老板突然有新的想法而干预自己的事情。

(4) 有效倾听和总结的能力。团队成员每个人说话都有人倾听,整个团队就会变得和谐。“和谐”的拆文解字就是每个人的嘴里都有饭吃,每个人有话都可以说,也就是共赢。

(5) 启发式询问的能力,用提问代替回答。典型的提问方式包括:你为什么想做这件事情?这件事情对于你为什么重要?这个事情做成了,会与现在有什么不同?如果人们会因为它而获益,那是为什么?你想怎么开始第一步?还有呢?

(6) 激发和鼓舞他人的能力。把团队成员的智慧当作自己智慧的延伸,把成员的创新点当作自己的创新点加以完善和成型。思考问题的出发点是欣赏、鼓励、启发、询问、好奇、发散,而不是打压、压制、控制、拍砖。善于捕捉员工的思维亮点并进行鼓励,让人看到亮点背后的原因,同时广阔地讨论这个亮点会给企业和社会带来什么样的不同,从而激发出最大的自驱力和创造力。当正向激励失效时，平行领导者用挑战来激发人的动力，但是语气是出于信任和支持。例如，你确认你真的可以做吗？

平行领导力的核心着眼点是人性和人心。这也是互联网时代各种行为背后最深刻的本质。技术的高度崛起是为了满足人文的高度追求，只有用心去信任、鼓励、倾听、陪伴、创造积极与喜悦，才能够吸引另外一颗心而有效连接、实现自驱、跳出可视的边界，不断跨越新的目标，笃行致远。

9.9 领导学理论丛林讨论——内圣外王

领导学理论不断推陈出新，层出不穷，以至于如同森林一样，每个理论都坚挺在管理实践之中，都有自己的一方生存空间。除了本书所列出的领导学理论之外，还有更多过去的和新出现的领导学理论，如家长式领导、兄长式领导、集体领导、自我领导、逆向领导、创新领导、共鸣型领导、回避型领导、沉静领导、应变领导、可持续领导、战略型领导、内隐领导、合作式领导、同伴式领导、诚信领导、精神领导、和谐领导、伦理领导、真诚领导、共享领导等。而互联网+时代，又将推出新型的领导模型，同时互联网思维又将更新过去的领导模型，这又将迎来新的领导学理论出现的高潮。

虽然不断有新的领导力模型出现，但是领导力模型发源的基础还是领导力构成的三要素：领导者、追随者、情境。对三者的着眼点不同，因而建立的理论就不同。领导力模型解决的问题：使得人、事、环境协调统一而产生最大的效率。其模型表达的是在特定的环境下关心人和关心事情的程度的组合。依据这样的逻辑推理，可以进一步产生新的领导学理论。

如果用中国国学大智慧梳理领导学理论，则所有的领导学理论解决的只是“内圣外王”的问题。研究领导者素质、追随者素质的内容属于“内圣”，研究领导者行为、追随者行为的内容属于“外王”。也就是素质是内圣，行为是外王。内圣就是达到了“格物、致知、诚意、正心、修身”的境界，自然具有领导者因地制宜所需要的诸多素质。外王就是水到渠成的“齐家、治国、平天下”的境界，自然就会因地制宜而做出保证领导效能的行为。

当领导学理论过多而令人眼花缭乱不知所措的时候，通过研修学者提出的各种领导科学理论，可以从科学上升到哲学的高度，从分析转向综合。这个过程符合《道德经》的智慧：“为学日益，为道日损，损之又损，以至于无为。无为而无不为。”领悟并且做到“内圣外王”，就把握了领导学之“道”，就可以达到“道生一，一生二，二生三，三生万物”的境界，就会因地制宜地展现出所需要的领导特质和行为，就会成为一个卓有成效的领导者。

本章关键词

二元领导　交换理论　第五级领导　服务型领导　仆人型领导　参与型领导　决策模

型　创业型领导　正念领导　分布式领导　平行式领导

作业1　课程思考题

1. 简要解释LMX理论。

2. LMX理论的一些前提和结果是什么?

3. 垂直二元联结模型认为,每一个追随者都会独立地对领导者的行为做出回应。如果这种理论是正确的,你认为领导者应当采用以人为导向还是以任务为导向的领导方式?

4. 你是否认为领导者应当和每一个追随者发展不同的关系?请说明其优点和缺点。

5. 与不同的部属发展不同的关系的利益和代价是什么?

6. 五级领导体系是如何划分的?

7. 如何解释第五级领导者的阴阳两种特征?

8. 如何解释第五级领导者的双重性格?

9. 如何成为第五级领导者?

10. 如何建立第五级领导下的训练有素的文化?

11. 服务型领导的定义和内容是什么?如何成为服务型领导者?

12. 仆人型领导的定义和内容是什么?如何成为仆人型领导者?

13. 服务型领导和仆人型领导的区别是什么?

14. 现实世界中,试举服务型领导的典范并说明它是如何影响组织的。

15. 服务型领导和仆人型领导存在的基础是什么?什么可以影响这两种领导方式在企业中的作用?

16. 创业型领导的主要特点是什么?在组织内部和日常个人活动中如何锻炼创业型领导力?

17. 什么是正念?什么是正念领导力?如何修炼正念领导力?

18. 什么是分布式领导?其对领导者和团队成员的要求是什么?其利弊是什么?

19. 什么是平行式领导?为什么要采用平行式领导?其利弊是什么?

20. 各种领导学理论提出的主要着眼点和考虑因素是什么?如何用"万变不离其宗"解释诸多的领导学理论?

21. 如何用"内圣外王"综合解释领导特质理论、行为理论、权变理论、整合理论?

作业2　课后练习题

1. 观察你熟悉的领导者,是否有第五级领导者?

2. 观察你身边的领导者,是否有仆人型和服务型领导者?

3. 开展一个活动,在这个活动中你作为服务型领导者带领团队完成任务。

4. 像创业型领导一样去思考公司的战略发展、规章制度、人事制度、薪资制度、人员管理、团队管理、成本管理、流程管理，甚至研究公司的财务。

5. 观察一个创业者，了解他是如何发现机会并且把机会变成现实的？他克服了怎样的障碍？

6. 研修正念理论，练习正念。

7. 找出一个分布式领导的案例，分析分布式领导的实践。

作业 3　即测即评

第 5 单元

应用领导力

第 10 章　如何做正职

1. 学习如何做正职
2. 了解正职的角色定位
3. 了解正职的素养和职责
4. 了解正职的特殊思维
5. 了解技术人员如何转变成领导者

10.1　正职及其任务

10.1.1　正职的定义

在所有的组织管理中,管理的核心和灵魂在于组织的正职。一家企业经营成败的关键取决于正职的素质和才能,取决于其经营谋略和管理艺术。卓越的企业需要卓越的正职,企业呼唤具有卓越才干的正职。诺埃尔·蒂奇在其《领导力引擎》(The Leadership Engine)一书中指出:"成功的公司之所以成功,是因为它们拥有优秀的领导者,这些领导者指导组织中所有层次其他领导者的成长。"

何为"正职"? 通常的理解就是企业的最高领导者、企业的最高管理者,是企业发展的领军人物,是那些对企业发展成败负最终责任的人,也就是人们常说的 CEO。而正职更广义的概念应该是指任何一个组织不同单位、不同层级或不同部门的主管,他们在各自的领域和职责范围内发挥着决策、计划、组织、领导、协调、控制等多种职能,是所属单位的权力和利益中心。

10.1.2　正职的任务

成功的正职正是那些做到了目标明确、职责清晰的领导者,而不成功的正职往往是在这一问题上"功亏一篑"。管理学告诉我们,领导者首先必须明确自己的使命、宗旨、目标、职责和任务,只有清楚这些,才能找准自己的定位,从而最大限度地发挥领导者的作用,才能将个人目标和组织目标有效结合,推动企业的健康成长和良性发展。

一般来说,正职的根本职责是保证组织同环境有效互动、相互适应,具体任务是:

第一,与环境接触,注意组织所处的领域,清晰进行市场细分。通过对组织经营的内外环境进行客观准确的分析,为战略规划做好认识上的准备。形象地讲,就是搞清楚"我是谁”(who)的问题:我的组织是谁?我在哪里?我的资源与环境的匹配度如何?我的竞争者是谁?我的员工都是谁?

第二,决定总体战略与运行指导。以组织未来为基点,为寻求和维持持久的竞争优势做出有关全局的重大谋划和谋略,并负责从全局上推动实施。形象地讲,就是搞清楚“去何方”(where)的问题。

第三,根据工作环境的要求判断组织的优劣势和推动组织的变革。做好战略执行层面的工作,通过综合分析组织经营的环境、组织需要实现的财务目标以及在给定环境中实现既定的财务目标所需要的内部活动和能力,明确组织的商业模式(business model)。形象地讲,就是搞清楚“如何去”(how)的问题。

第四,推动组织变革,确保组织的能力满足环境的要求。这分为三个层面:一是关注成功的关键因素,从而将愿景变为现实;二是要殚精竭虑,为实现愿景采取各种行动,不遗余力,使得愿景渗透到组织的各个层面;三是引导组织渐入佳境。

第五,确保组织的健康,以迎接外部的机遇和挑战,提高员工的士气,发挥组织的优势,弥补劣势。

10.1.3 正职的角色定位

正职承担着人际、信息、决策三大类角色,其下还可扩充为十大角色。

1. 人际关系角色

人际关系角色是指正职是单位的代表人物,其首要职责就是要广泛建立各种关系。这一角色可细分为头面人物、领导者及联系者三种。头面人物指正职因职务和地位上的需要,必须执行社交、法律及礼仪等任务。领导者指正职要给部属明确的目标,激励员工士气及培养部属的做事能力,并给予部属应有的奖惩。联系者指正职要与各部门沟通协调,要与上级、平行部门及外界建立关系。

2. 信息角色

正职作为企业的领导,要处理各种情报信息。这一角色又分为三大类:侦察者、传播者及发言人。侦察者是指通过领导者的角色获得外界信息;传播者是指正职负责对内向部属传递信息;发言人是指正职负责对上对外通报本单位的情况。

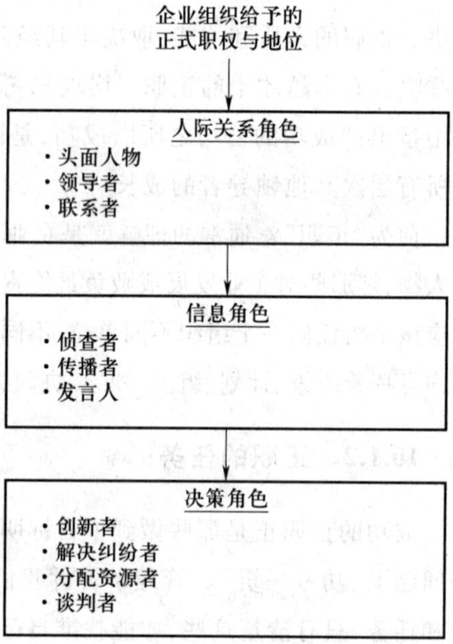

图 10.1 正职的角色

资料来源:Harvard Business Review 精粹译丛.北京:中国人民大学出版社,哈佛商学院出版社,2000.

3. 决策角色

正职的决策角色分为四类:创新者、解决纠纷者、分配资源者及谈判者。

正职的角色定位如图 10.1 所示。各角色具体描述见表 10.1。

通过对正职进行明确的角色定位,我们可以看出,正职作为企业的最高领导者,其基本职能既体现为管理的一般职能如决策、计划、组织、领导、协调、控制等多方面,更重要的体现为将负责确定发展战略,负责重要决策,负责组建和管理团队,负责处理例外事件和进行危机管理,负责推动组织变革。

正职应该是那些追求卓越管理的人,其作用在于其管理过程中的创造性和权威性。卓越的管理绝不是看病的处方,更不是表演给人看的手艺,而是一种创造的智慧、一种创新的艺术。

表 10.1 正职的角色描述

正职角色	主管角色	描述	主要活动
人际关系角色	头面人物	象征性领袖,因法律形式、社会因素而必须从事一些例行事务	庆典、身份要求、别人请求等
	领导者	负责激励及使部下完成工作,负责任用、训练等相关工作	几乎所有和部下有关的管理活动
	联系者	维持一个自己发展的及向外界提供信息的人士构成的网络	信件往来,其他与外界的往来活动
信息角色	侦察者	寻找和接受广泛有用的信息以利于了解组织及面对环境,成为企业的神经中枢	处理一切信件和有关接触事宜,主要为了得到信息
	传播者	将由外界或其他部属得到的信息整理后告诉部下	将信息传递给组织中的人们,并与部属保持联系
	发言人	使外界知晓组织的计划、政策、行动成果	把信息传给外界人士
决策角色	创新者	寻找机会,发动变革,监督计划的制定	设计策略及变革,创新改革计划
	解决纠纷者	当组织面临重大意想不到的困难时,采取协调行动	拟订及执行应对纷扰及危机的策略和行动
	分配资源者	将组织的所有资源做最适当的分配,以利于重要决策的执行	安排日程,运用职权,从事涉及预算及有关工作规划的活动
	谈判者	重要谈判时代表组织	和外界谈判交涉

资料来源:Harvard Business Review 精粹译丛.中国人民大学出版社,哈佛商学院出版社,2000.

10.2 正职的素养

作为正职,意味着是企业的最高领导者,同时是其他各级管理者的领导。基本上所有成功的领导者都是从基层一步一步上升到权力最高位的。因此,作为合格的正职必须熟悉管理的基本原则,同时具备一些基本素养。

10.2.1 正职应掌握的原则

1. 明确管理和领导是两个不同的概念

正职是管理者,但更是一名领导者。管理通过计划、组织、控制等职能的协调发挥,利用组织内各项资源去实现宗旨和目标。而领导与之不同,它包括两重含义:① 领导是创造力。领导是为达成目标而指导他人行动、影响他人行为的创造力。② 领导是动力。领导就是驱使其他人行动,让其他人朝着共同的目标前进的一种动力。《孙子兵法》中提出“将者,智、信、仁、勇、严也”,在这里我们可以理解“将”即为正职,将帅要具备智谋才能、奖罚有信、爱护士卒、勇敢果断、军纪严明。

2. 行事要权变制宜,不能墨守成规

管理和经营一个企业,实际都是组织和管理原则的有效运用过程。由于过去的成功和经验积累,正职一般比较固执,习惯于从固定的角度去思考问题,喜欢用现成的、熟悉的答案去解答形形色色、层出不穷的问题。面对着瞬息万变的市场、纷繁复杂的现实生活,始终运用固定的模式容易形成思维定式禁锢人的思想。作为正职,当他带领组织发展前进时,就像在开汽车:司机在开车时必须小心看着指示器和路面,不断调整方向盘、油门和刹车,始终使汽车朝着既定的方向顺利行驶。正职在管理中必须应对不同的情况,研究新问题,作出管理方法的调整。

3. 掌握领导和指挥的关键

作为一名合格的正职,必须遇事能冷静分析利与弊,明确组织和个人目标,具备全局观念,洞悉人情的微妙,处事兼顾情与理,善于与人达成共识,掌握工作重点,能够有效激发下属的工作士气,并在合理制定工作目标的前提下充分授权,在组织推动过程中给予下属明确指导,要善于营造执行的文化氛围。

4. 塑造鲜明的个人领导风格

正职之所以称为“正职”,在于他必须为组织整体的利益负责,是组织的最终决策人,注定要承受非常大的压力,发挥非常重要的作用。作为正职,在日常的管理过程中,必须有个人较为鲜明的领导风格,富有魄力,有个性,能够成为组织内全部员工认知和服从的对象,成为众望所归的精神依靠。同时,作为正职的角色注定其要从全局高度进行管理和思考,必须充分发挥手下的聪明才智并调动其主观能动性,所以必须学会劳逸结合、抓大放小、合理支配时间、忙而不乱,甚至“闲可钓鱼”、无为而治。

10.2.2 正职的能力

正职需要培养四种能力。

1. 过人的忍耐力

一个好的正职要有许多优秀的特质，过人的忍耐力就是其中之一。因为正职身处高位，其考虑问题时必须顾全大局、立足长远，这就决定了很多时候他处在利益斗争的焦点位置，其权力和地位使得他容易成为“孤家寡人”。身为正职，必须忍受这份孤独。戴高乐说过：“伟大的人物，必然会与人群保持一段距离。权威若是没有威信即无法建立。威信若不与世俗有所隔离，也无法树立。”

2. 超凡的意志力

正职在自己的工作和事业中，都会遇到阻拦自己的困难。有时候这些困难表面看起来仿佛无法克服，尤其是在巨大成功即将来临之际、在危机爆发时刻、在决定成败的关键点上，正职经常会面临着心理绝望的深渊，这会给正职极大的心理压力。这些事件都要求正职必须要有超凡的意志力，能够面对瞬息万变的严酷局面。这种意志力是正职领导力的来源，是组织顺利成功的关键。

作为正职的意志力，还体现为始终要对工作和事业保持积极的态度，保持乐观进取、追求卓越、止于至善的精神。这其中更为关键的是，正职要敢于承担责任，敢于坦率认错，能够鼓励下属和容忍下属在变革和创新中出现的失误，成为部属心理上坚强的后盾。不轻易放弃，永不言败，能够从暂时的失败中总结经验教训，屡败屡战，败中求胜，能用积极的心态去影响感染下属。面对困难，正职也必须有坚强的神经能够承受任何的压力和挫折。巴里·迪勒说：“根据我的经验，成功的秘诀是：拥抱失败，置身于逆境之中，幸运地得到他人的推动，摆脱恐惧心理，挑战极限。”

3. 敏锐的观察力

正职必须做到世事洞明，具有敏锐的观察力，能够理性面对复杂的外部环境和错综的矛盾关系。

（1）要做到通盘了解情况。知己知彼，百战不殆。对正职而言，要对事物和局面作出正确的情况判断，首先就必须清楚地掌握所有的信息。信息收集和判断能力也是正职必备的能力之一。

（2）正职要做到“知己”。世界上最难的事情就是认识自己，一个人要做到时时处处“知己”更是难于上青天了。人贵有自知之明，了解自己是把握全局的核心。如何做到知己？可以从三个方面进行评估：① 通过客观指标与他人横向比较，自我定位；② 以人为镜，不断自省，通过观察和分析上司和下属对自己的反应来评估自己的能力；③ 积极听取身边的人和朋友的意见，让他们帮助你客观地了解自己。

（3）正职要做到“知人善用”。当局者迷，旁观者清。精明的正职要能站在较为超脱的立场上冷静地审视全局，敏锐地发现下属的盲点，以利于作出正确的决策。同时，一个优秀的正职要善于识人善用，能够尊重和欣赏部下的成就，用人所长、避人所短，切不可因小利而失大利。俗话说：强将手下无弱兵。反过来可以说：如果手下的兵太弱，则说明将不强。一个著名的企业家说:“我选人的方式是如果我发现哪个部门没有部门经理就干不了事情,我马上把这个部门经理换掉。”

4. 出众的领导力

领导力来自于权力+魅力。正职不缺少职位上的权力,但只有权力是不能使正职掌握民心士气的,而魅力的素养显然是卓越的正职不可或缺的条件。正职不光要善于把握和运用权力,更要善于把握和运用魅力。只有将权力和魅力两者结合起来,正职才能实现对下属的真正领导。

一个优秀的正职可以从以下几方面展现领导力:

(1) 把握全局,不是具体的做事者。要多成事而不是抢事做,有从整体上处理问题的成事精神,不过分关注细枝末节的、具体的、技术性的东西,而应当以系统的总体观念把握全局,做到“运筹帷幄,决胜千里”,而不能凡事“身先士卒,殚精竭虑”,身陷事务性工作当中去。正职的效率在于宏观效率,推动整个组织高效率运转而不是自己忙乱。

(2) 整个组织政策的制定者,做导演而不是做演员。正职与普通主管的最大的不同是:正职要通过战略规划与制度设立,诱导怀各种心态的部属群策群力,迈向一致的目标。而普通主管只在特定的领域发挥专长,做好具体明确的工作,难以或不要求其把握工作的全局。两者有系统与局部的差别。正职是一个掌握方向与大军的统帅,当好导演,不做演员。

(3) 确立团队目标并且协调团体活动,当好教练,不抢队员的风头。

(4) 使得自己被优秀的人围绕。不能处处成为权威和专家,需要手下有各种各样的人才、各类各样的专家。

(5) 镇定从容,处变不惊,临危不乱。

(6) 宽宏大度,不追求全体一致,对下属以礼相待,了解并体贴下属,有效激励和调动下属,平时认真关注下属的反应,及时解决下属工作和生活上的具体问题,不让下属积累不满。

10.3 正职的具体职责

企业的正职要从决策、用人、团队建设、变革创新、危机管理、企业文化、核心竞争力等方面开展实质性的工作,以下将从方法策略和管理技巧等方面对这些正职的具体职责进行阐述。

10.3.1 决策与用人

1. 决策

诺贝尔奖得主赫伯特·西蒙曾经说过:“管理就是决策。”

正职最严重的错误就是决策错误,执行力越强错误的后果越严重。决策是领导者为实现组织的目标而精心设计和制定的行动方案。对于企业而言,能否作出科学正确的决策并保证得到实施，是企业生存与发展的关键和前提，也是正职管理的核心。

(1) 决策的重要性。

① 决策是正职的基本职能。毛泽东曾经指出，领导者的责任归结起来是两件事："出主意"和"用干部"。"出主意"，就是制定大政方针和计划，需要从若干有价值的方案中作出正确抉择；"用干部"，则是确定用什么样的人，分配给他们何种工作，给予他们何种权力和责任。正职如果不懂得科学决策，或者不善于进行科学决策，就不是一个称职合格的领导。

② 正职的领导决策关系着企业的成败。因为正职的决策具有战略性和全局性的特点，其决策的正确与否，关系着企业的兴衰存亡。

③ 正职决策决定着企业不同范围活动的发展方向。正职的决策必须考虑到各个局部、各个环节、各个时期以及各个方面的影响。领导决策的后果和影响绝不是孤立的，有时这种影响是难以估量的。

(2) 决策的准则。追求最大的合理性是决策的根本原则。合理性是对决策的最高的原则规范。要做到决策的合理，正职必须具备经验、知识、信息和思维方法四大要素，并依循以下四条准则行事：

① 合理性是决策规范的表现。

② 法制是规范决策的保障。

③ 决策要追求最大合理性。

④ 尊重规律是决策合理性的前提。

(3) 决策的框架。管理大师彼得·德鲁克曾为管理者提供了一个决策的框架，这一框架由五个步骤构成：

① 对问题进行分类。一共有四类问题：第一类是真正的普遍性问题，管理者通常工作中遇到的问题多数可以归入此类。第二类是对当事者来说可能是独一无二的，但是在很多企业中已经发生过，也具有普遍性，比如并购，这就要借助别人的经验来解决。第三类是真正独一无二的问题，这类问题必须个别处理。但是这类问题少之又少。第四类问题隐藏着新的普遍情况，这类问题需要建立新的规则来解决，千万不要把它们当成没有普遍性的意外事件。

② 对问题进行定义。这一步要搞清楚究竟发生了什么情况，哪些因素与此问题相关。

③ 明确问题的限定条件，也就是说要明确列出决策所要实现的目标。

④ 判断哪些是"正确"决策，而不是先考虑决策可否被接受。

⑤ 在制定决策时将实施行动考虑在内，并对照实际执行情况检验决策的正确性和有效性。

(4) 把握决策目标的五个要点。正职准确把握决策目标，可以从以下五个方面入手：

① 弄清楚自己到底要做什么，并能将步骤和结果具体化，也就是说正职心中必须有组织发展的"蓝图"和局势发展的"愿景"。

② 弄清楚妨碍自己去做的因素，这有助于领导者正确评估目标的可行性，做到有所为、有所不为。

③ 用排除法摒弃其中的细枝末节。

④ 集中精力和资源考量自己的决策目标。决策时，必须将决策目标作为重点，全方位研究和思考，确保决策科学而周全。

⑤ 及时纠正自己的错误判断，调整航向。正职要有敢于否定自我的勇气，敢于调整和放弃错误的决策，避免组织无谓的损失。

（5）决策的五个忌讳。作为正职，应该谨记决策有五不要。

① 不要要求永远正确。无论什么时候，只要你发现自己的决定错了，就要立刻下令停止，重新修改，以减少不必要的损失。当你拒绝承认自己的错误时，通常都会把事情弄得更糟。顽固到坚持自己的错误，这就是愚蠢的表现了。Intel公司总裁安德鲁·格鲁夫说："我们所有处于管理岗位上的人，无论男女老少，都担心一旦承认错误，就会毁掉自己千辛万苦赢得的尊敬。但是事实上，承认错误是力量、成熟和正直的表现。"

② 不要混淆客观事实和主观意见。正职要切记做决策时应该建立在坚实的事实基础之上，而不是建立在个人的感觉上，要学会将主观意见和客观事实分离开来。

③ 不要不了解足够的情况就匆忙决定。缺乏对情况的足够了解往往会做出错误的决定。诚然，有的时候不可能得到所需要的全部事实，但必须运用你以往的经验、良好的判断力和常识性知识作出一个符合逻辑的决定。这并不意味着可以放弃艰苦而烦琐的信息收集整理工作。

④ 不要害怕别人说三道四。作为正职，因为所担负的责任和压力是无人能及的，所以必须清醒地认识到：过分顾忌人言，害怕下属和外界的批评议论，是会注定走向失败的。希望别人尊敬是我们人类的最基本、最自然的一种愿望，但那也是有限度的。作为正职，要记住，你对别人可能想什么或者说什么是不负任何责任的，你只对你自己说什么或做什么负责任。

⑤ 不要害怕承担责任。如果你害怕承担责任而不采取行动，你将一事无成。如果你发觉自己走上了错误的道路，就迷途知返，重新开始。敢于承认错误，敢于把错误的决定改成正确的决定，是一个人的领导能力和智慧的表现，也是走向成功的一种象征。美国橄榄球教练保罗·贝尔在谈到他的队伍为何不断取得一个个胜利时说："如果有什么事情办糟糕了，那一定是我的错；如果有什么事情差强人意，那是我们一起做的；如果有什么事情做得很好，那一定是球员做的。这就是使球员为你赢得比赛的所有秘诀。"

2. 用人

（1）一般用人技巧。领导者成功的关键在于能够挑好人、用好人。在所有的企业经营要素中，人是最关键的，坚持以人为本是企业成败兴衰的关键所在。高明的正职用人有七个技巧：

① 让B级人做A级事。这里是指让低职者高就，目的是压担子促成长。比起传统的量

才适用、人事相宜，这种用人方法强调给员工适度的压力和能力上升空间，但又不至于使其感到压力过大。工作职位稍有挑战性，有助于激励员工奋发进取。

② 业绩最佳时立即调整。这是一种打破常规的做法。人才的成长通常有特定的规律和周期性，一个人在一个岗位上工作的时间以三至四年为宜，往往前三年是优点相加，后三年就是缺点相加。适时地调整那些优秀人才的岗位和职位，对于他们不断提高、继续成长大有益处，这是造就复合型人才的有效方法之一。

③ 评选优秀的比例必须达到70%以上。一般的社会惯例是在总结评奖时，将优秀的比例一般控制在30%以内，但研究表明，应当以多数人的行为为正常行为，把70%以上的员工都评为优秀，有利于激励多数、鞭策少数。

④ 让员工们自主管理。正职在企业管理中要致力于营造一种宽松的工作环境，在可能的情况下，尽可能去满足员工们的兴趣、爱好和志向，让他们自主择岗，心情舒畅才能各展所长，充分释放自身的能量。

⑤ 走动管理。正职的走动管理也是通常所说的深入一线、深入基层。走动管理有两大好处：一是可以掌握下属的第一手材料；二是可以增强下属的责任感和自豪感。

⑥ 饥饿疗法。所谓饥饿疗法，指的是让下属吃七分饱，使他们始终保持一种饥饿的状态，这有助于增强员工的内在活力。温室里培育出来的花朵是不可能长久的。经常给下属创造一些危机感和饥饿感，可以增强他们艰苦奋斗、努力拼搏、不畏艰险、知难而上的精神。

⑦ 做“头脑简单”、“难得糊涂”的领导。正职具备一些特殊的素质对活用下属很有必要，例如“懒惰”、“简单”等。这里的“懒惰”指的是领导者遇事不必事必躬亲，该谁干的事就让谁去干，各司其职，各负其责，给下属一定的自主权。“领导太勤快，下属有依赖”，这似乎已成规律。这里所说的“简单”指的是领导者要注意调动下属的积极性和创造性，在部署安排工作时只需要告诉他们做什么，不需要过于从细节和方法上去支配和影响下属开展工作，让他们自主地用自己的想法去达成工作目标，给下属发挥创造才能的机会。

(2) 引入竞争机制的技巧。如何引入竞争机制，是正职用人艺术中的一个重要方面。要把握好以下几点技巧。

① 引入鲶鱼效应。正职应当明晓，用人机制中的“近亲繁殖”会给社会、企业带来危害。它不仅会造成编制膨胀，人才流动困难，形成盘根错节的社会关系网，而且会导致正不压邪，赏罚无度，是非无标准，亲疏定界限，群众有怨气，单位有惰性。更为严重的是，还容易滋生徇私舞弊、权钱交易、裙带关系等腐败现象。

案例

挪威人喜欢吃新鲜沙丁鱼，而渔民们每次捕捞归来时，沙丁鱼在途中就死了，只有一艘船总是能带着活鱼返港。其中的奥妙就在于该船在鱼槽里放了几条鲶鱼，沙丁鱼因受到威胁不得不四处游动，避免窒息而死。这就是人们所说的“鲶鱼效应”。

可见，要想避免用人机制的“近亲”而引起的“窒息”，也需要大胆地调入一些“鲶鱼”。正职要始终考虑营造一种“能者上，平者让，劣者下”的局面，从根本上保证企业人才队伍始终保持活力。

② 激活下属“逞能”的欲望。用人之道，首推启动竞争。因为，竞争能够激起人的荣辱感、进取心，给人施加对比的压力，激发奋斗的动力，从而使其下决心竭力夺魁。很多时候正职要学会和善于根据竞争的特点和人、事的具体情况，采取恰当的措施，对下属加以激励和引导。激活下属“逞能”欲望的技巧一般是从物质上和精神上双管齐下，充分施展激励的艺术。

③ 强化荣辱意识。人知荣辱是勇于竞争的基础条件之一。在启用竞争用人方法时，强化人们的荣辱意识非常必要。

一般人会有三种表现自我意识与自尊的形式：

• 自大型。这是自尊心过强的表现，这种人目空一切、盛气凌人、妄自尊大，以致抬高自己、打击别人。这种人荣辱感极强，而且常常只能取荣领先，而不能受辱落后。其荣辱感常常带有强烈的妒忌色彩，对此要从积极的意义上去引导控制。

• 自勉型。这是自尊心的正常表现，这种人不甘人后，积极进取，勇于表达和坚持个人意见，履行诺言，能正确看待自己，也能尊重别人。其荣辱意识也较强，但是这种荣辱意识是建立在自身进取的前提下，并不带有任何嫉妒的色彩，因此，这是一种健康的、积极的自尊心理。

• 自卑型。这是缺少或者丧失自尊心的表现，这种人常常自暴自弃，甘居下游，凡事认命，没有上进心，有时也毫无原则，朝秦暮楚。这种人荣辱意识微弱，有的甚至不知荣辱，近乎麻木。所以，对这一类人一定要通过教育、启发等各种手段激发其自尊心，尤其是要引导其认识自身的能力，激发其自强不息。

一个成功的正职必须学会将自己企业的核心价值观强化在荣辱意识中去，在企业发展和事业推进的过程中体现荣辱意识：进者荣，退者辱；先者荣，后者辱；成者荣，败者辱；正者荣，邪者辱。荣辱意识在企业蔚然成风时，其员工必然会竭力进取，其事业必然会欣欣向荣。

④ 给予人才争强的机会。正职必须有海纳百川的宽阔胸怀，不一定要自己的能力有多强，只要懂信任、懂放权、懂珍惜，就能团结比自己更强的力量，从而提升自己的力量。为此，正职一定要有“人人为我，我为人人”的意识，努力去达到人尽其才，促进事业发展；必须为每一个员工提供各种竞争的条件，也就是工作进取的条件，尤其是为每个员工提供争强的机会，包括尽才机会、失败复起机会、进修机会、进取机会等。

• 尽才机会。即为人才安排适宜的工作、对口的专业、便利的工作条件。

• 失败复起机会。即要能够容错，在下属工作失误或失败后，要尽量提供“东山再起”的条件，以激励其总结经验、吸取教训，使其更加努力。一个不怕失败的能人比一个不失败的庸人要有价值得多。

• 进修机会。在工作中为员工提供学习时间、费用及其他条件,使其在知识更新中不断得到补充,以不断增强其工作能力和竞争能力。

• 进取机会。使其在胜任现职工作的基础上能够有所上进,为其一展宏图创造条件,为其实现伟大抱负提供台阶。

在给予人才争强机会时,必须注意遵循机会均等原则、因事给予原则、连续给予原则,即不仅在竞争面前人人平等,而且在提供竞争的条件上也是人人平等,从而使部属在任何时候都能相应地获得进取的机会和条件。

(3) 如何对待特殊下属。金无足赤,人无完人。一个聪明合格的正职要正确对待人才的缺点,善用有缺点但有特长的人才。

① 对待棘手的下属。棘手的下属是那些既不服从领导者的管理又难以对付的人。这种人在哪个企业都有,他们就像刺猬一样,如果想打击压制他们,准会给你带来麻烦和痛苦。"刺猬的原理"告诉我们要考虑彼此的心理距离,如果靠得太近,就会彼此伤害对方;如果离得太远,就无法取暖。领导和棘手的下属之间的距离非常重要:离得太远,不利于领导;靠得太近,又要当心被其伤害。只有在一个合适的距离下,才能统御这种下属。

② 利用有靠山的下属。一个正职,总会有受制于外部关系的时候,经常会遇到那种有靠山的下属在自己的企业里。这种人确有能力的话,可以借助他们的能力来推动自己的工作,但要掌握分寸,千万不要因此反而受控于人。如果他们没有能力的话,就不要过分迁就他们。作为领导,应掌握一个基本的原则,那就是至少不能让他们成为其他下属的负担,一定要注意控制其不良影响。

③ 使用爱"告密"的下属。爱"告密"的下属能够把握自己在公司里面的生存竞争之道,很多领导者会重用这样的下属,并通过他们来掌握公司员工的情况。殊不知,天长日久,告密者和领导者之间也会出现鸿沟,他们传递的小道消息往往会被人为改编而面目全非,这样领导者得到的情况就难免失真。精明的正职不会重用爱告密的人,但会发挥他的这种"特长",把他安排在一个无关紧要的位置。领导者应该谨记:绝对不能提拔爱告密的下属,否则后患无穷。

(4) 如何用能人。

能人是那些具有特殊能力和才干的人。对于这类人才正职要掌握用人诀窍,点才成金,用好能人。

① 比你聪明的下属。一个英明的正职应该懂得克服自己的虚荣心,大胆启用那些年轻而有才干的下属。如果一家公司层层往下都是比领导逊色的员工,公司的发展只会暮气沉沉。领导尽管精明强干,但总无法顾及方方面面。所以为了公司未来的发展,还是要聘用比你聪明的下属为好。确保自己被优秀的人围绕,手下有英雄才会成为领袖,领袖手下有英雄。

优秀的领导者应该被优秀的人才所包围。领导者的智慧是下属智慧的集合。智慧是资源，领导者是资源的整合者。

② 业务尖子。一个公司一般难得有几个业务尖子，很难保证他们不跳槽，更难用新人取代他们，而他们被快速提升后也容易给公司众多人以震动而产生不平衡感。这需要正职适度平衡，有些时候，提拔这些“超级明星”到管理岗位反而埋没了他们的才能，例如你将最优秀的销售人员提升为销售经理后，因为这个销售员担任了管理职务，反而容易导致销售额的下降。解决这个问题的关键之处在于，不要把受重用狭隘地理解为职务上的晋升。更恰当的做法是，让他们在保持原来业务的同时，担负更多的工作，获得更高的待遇。

③ 有优越感的下属。对于家庭、素质、经历都很好并且很年轻的下属，应当充分尊重和利用他们，即使他们比你年轻，也要尊重他们。对于那些没有能力而又“优越感”很强的人，不能委以重任，但却要引导他们正确对待自己与公司的关系。如果领导自己有优越感的话，首先要学会谦卑，因为优越感会导致员工不信任你。

④ 有成就欲者。一些成就欲很强的人，总是追求理想，渴望成功，而且具备成功的各种素质，聪明能干，自信自强，勇于接受挑战。这是一个特殊群体，往往会坚持自我，不喜欢受人操纵和支配，也注重自己的形象，要求别人尊重他们，最在乎别人的认可，最希望得到领导的信任。对这种人，正职要积极管理、重视他们，最大限度发挥他们的能力，既不能压制，也不能过于迁就和放任。要驾驭他们，最好的方法就是设法让他们知道：你了解他们，而且能满足他们的需要，同时又毫不留情而妥当地指出他们的不足。这样你就能处于一种积极主动的位置。同时，可以试着给他们一些特别的任务，这会让他们感到一种信任和挑战。不要忘了在工作中及时对他们出色的表现给予诚恳的赞扬。

骏马能历险，犁田不如牛。坚车能载重，渡河不如舟。舍长以就短，智者难为谋。

10.3.2 打造核心能力

作为一名企业的正职，要对三种核心能力负责：企业的核心能力、员工的核心能力、自己的核心能力。他必须发现并打造企业的核心竞争能力。“核心竞争能力”的概念，最早由美国密歇根大学商学院的普拉哈拉德(Prahalad)教授和伦敦商学院的哈默尔(Hamel)教授于1990年在《哈佛商业评论》发表的论文《公司的核心竞争能力》中提出。核心竞争能力是一个企业所具有的在本行业独树一帜的、难以复制模仿的能力，可实现用户看重的、高于竞争对手的价值，可提供进入广阔多样市场的潜能，从而成为长期利润的源泉。核心竞争能力必须具备四项特征：有价值、稀缺、模仿的高成本、不可替代。从战略管理的角度讲，作为正职必须能够分析、判断和保持企业的核心竞争能力。[①]

从管理的意义上讲，打造企业核心竞争能力也体现为使你的员工在工作时能够处于最

---

① 公司的核心竞争能力.哈佛商业评论，2004(1)：98-111.

佳状态,这也是领导艺术的核心。现代领导艺术更多的是创造使得人们成功的环境,而不仅仅是独立地决定或者完成某件事情。管理就是发动别人去工作,这需要领导者考虑以下关键问题:

(1) 创造一个激励员工去学习和成长的环境。

(2) 识别各岗位员工必须具备的核心竞争力。

(3) 向员工提供发展核心竞争力的机制。

(4) 根据员工的个人状态制定发展计划。

(5) 将员工的发展与日常工作结合。

领导者要发展员工的核心能力,还要发展自己的核心能力。组织中所有的岗位都要由具有核心能力的人占据,这个组织才能够优秀。大国需要工匠,工匠精神就是不断精进,把本职工作做到极致的精神。电视节目《大国工匠》介绍了诸多这样的工匠,他们虽然没有高的学历,却以自己的精湛手艺实现了自我价值。每个人把自己该干的工作尽心尽力做好,就能用工匠精神成就自己,打造自己的岗位核心能力,就会有竞争力。

具备什么样的竞争力的领导者才能够使得他所领导的单位优秀?下面是美国罗伯特·博世公司的经理人核心能力。

经理人的核心能力

1. 推进自己和员工的发展与授权。帮助自己和员工不断学习,提高绩效,获得新的竞争力,承担额外的责任和进行额外的开拓。

2. 鼓励承担风险、创新和组织发展。为工作过程、技术、产品和服务的创新营造发展、自由发表想法和开拓的氛围。

3. 和外部顾客之间建立合作关系。与顾客建立关系,了解他们目前的需求和将来的需求,恳切征求顾客的反馈意见,研究公司如何能够满足他们的需求以及公司如何更好地满足他们的需求。

4. 承担社会责任并遵守道德。理解重要的法律、道德、社会观念,并将其整合到目标和行为中。

5. 解决问题和做出决定。将各种各样的复杂问题和决策根据优先级排序,在适合的时机以有效的方式解决和实施。

6. 组建和利用内部关系网络和团队。在全世界范围内的博世组织中建立和利用内部网络与团队来改进公司的绩效。

7. 致力于战略性思考。在决策时考虑对组织长期和整体的影响。

8. 与他人沟通。以身作则,实施有效的双向沟通策略和技巧,使工作、目标达成和员工激励更顺利。

9. 了解美国罗伯特·博世的全球机构、业务和行业。了解博世的内部和外部的国际环境、远景、使命、战略和目标。

资料来源:比得·托平.领导艺术.颜世富,章震宇,秦一琼,译.北京:中国财政经济出版社,2003:74.

员工的核心能力的获得有两个途径:一是培训,二是实践。一个高效的经理人需要具备三种角色技能:教练、教师和导师。作为教练,要发展员工提高绩效的能力;作为教师,要启蒙开智解惑,帮助他们学习知识和获得技能;作为导师,要关注他们长期的职业生涯和个人发展。

领导者核心能力、员工核心能力、企业核心能力,此三种核心能力有利于保证企业在新常态下状态常新。

10.3.3 利用从众心理

一个群体之所以出现从众现象,究其原因在于群体的人员构成以及群体人员间在决策时相互影响形成的群体思维、群体转移现象。从众有利有弊,应区分群体类型、发展阶段、任务使命而权衡分析,不能做绝对评价。正职有效利用从众心理涉及组织、协调、领导和控制等手段的综合运用。具体讲,在以下情况时建议积极运用从众心理:

(1) 组织中推行规范化管理措施及任务导向型激励手段时,积极听取员工代表的意见,调动大多数人的积极性。此为"大雁领头式"从众。

(2) 在组织文化建设过程中,将非正式群体的核心人物树立为典型和样板,通过其行为引导改善从众行为,达到文化建设的目标。此为"擒贼擒王式"从众。

(3) 在组织变革过程中,利用从众心理,拉拢多数拥护者,孤立少数反对者,做到令行禁止。此为"人多势众式"从众。

(4) 在员工福利和文体活动项目上,以形式主义的方式让大家皆大欢喜,让大家热热闹闹获得小利。此为"欢天喜地式"从众。

(5) 做个别员工在利益问题上的思想工作时,暗示其所提条件会引起众人不满,已经跟大家平齐甚至超出了平均水平,提示其要注意群众影响。此为"敲山震虎式"从众。

(6) 在新官上任时,有意识设立一些无关大局的"禁忌"和"雷区",形成众人从众避讳,达到树立领导个性权威的目的。此为"四两拨千斤式"从众。

(7) 公开表扬和肯定因从众行为而团结配合取得的成绩,让大家感受群体凝聚力。此为"阳光普照式"从众。

10.4 技术主管成为领导者要做的10个观念转变

不管在哪一个行业都有技术主管成为企业的领导者,他们是一些聪明和有才干的人,但因为缺乏领导力，使得他们的成就大大受限甚至失败。

企业的技术主管可能因为工作出色而走上总经理的位置，然而，却也有许多人因为没有做好思想观念上的转变而不适应。如果一个技术主管能够在以下 10 种理念上做好转变，那么就有可能顺利实现自己从技术主管向总经理的转变。

1. 管事与管人

技术主管转为行政主管，首先要过的第一关就是由管事到管人的转变。技术主管原来管理的都是具体的技术问题，是具体的事，转为行政主管后，主要是管人，由别人去完成工作，主要问题是如何知人善任，用好人。

2. 细与粗

技术主管的工作性质决定了他们办事仔细认真，任何技术数据都必须准确无误，否则就可能产生严重后果，因此，他们管理非常仔细。而行政主管则不同，他们安排别人去工作，每个人的情况、能力都不一样，他们不可能安排太细，否则会束缚办事人员的主观能动性和创造性的发挥。

3. "非黑即白"与"非黑非白"

技术主管对事物的判断，1 就是 1，2 就是 2，黑就是黑，白就是白，不对就是错，非此即彼。而行政主管看待事物，可能非黑非白，而是灰的，可能都对，或不完全对，这就需要有变通的思维。

4. "对事不对人"与"既对事又对人"

技术主管管理技术问题是对事不对人，该怎么处理就怎么处理，容易判断出对与错。而行政主管则不同，人是活的，是变的，不同的人应用不同的方法区别对待，才能起到作用。

5. "关心过程"与"关心结果"

技术主管不但注重结果，更注重得出结果的过程，因为过程不对可能导致错误的结果。而行政主管只关心结果是否同目标一致，至于中间过程如何，那是办事人员的方式方法问题。因此，行政主管只需要给下属以结果要求，而实现目标的中间过程则由下属自己去决定。

6. 算加法与算乘法

技术主管对事物的管理算加法，行政主管对人的管理算乘法，如果把每个人在组织中的作用大小用一个系数来量化，这个系数可能大于 1 也可能小于 1。跟大于 1 的系数因子相乘，会相互促进，结果增大，即合作效果好；相反，跟小于 1 的系数因子相乘，结果会减小，负作用大。但两个正数相加，结果总是增大。另外，同一个人会因合作对象不同而作用系数也不同，某甲同某乙合作时，作用系数可能大于 1，而同某丙合作时，作用系数可能小于 1。所以，在一个主管的眼中，1+1 不总是等于 2。

7. 收敛与分散

技术主管一般是学习理科出身，其思维注重推理逻辑，是收敛性思维，喜欢就事论事。

而行政主管需要发散性思维，需要在理科的逻辑思维模式上增加文科的思维特点，能够使更多有关的信息进入自己的思考范围中。

8. 科学与艺术

管理是科学，但是更大的成分是艺术，所以不能完全把管理中的原理照抄照搬，需要根据实际情境变化自己的管理方式。

9. 量化与概念

技术主管过去是与数据打交道比较多，而行政主管与概念打交道多。管理主要解决的是一些概念上的问题，是与人打交道，所以，必须转变自己的兴趣与兴奋点，使得自己能够对改造人的思维及观念感兴趣。

10. 灵活与古板

因为管理工作主要是做人的工作，“管理就是发动别人去工作”，所以，管理者要有良好的情商，善于应变和与人沟通，需要使头脑变得灵活，能够灵敏地适应所处的环境，并对环境的变化做出恰当的反应。

技术是精确的科学，管理是不精确的科学。从技术岗位转向管理岗位的领导者，要做好的重要转变如表 10.2 所示。

表 10.2　技术人员转岗为管理人员要做的转变

岗位	区别							
技术岗位	专家 管事	对事	量化 1+1=2 收敛	黑白	IQ	亲力亲为（实）	刚硬 细 古板	科学
管理岗位	管家 管人	对人	概念 1+1=? 分散	灰色	EQ	调动别人（虚）	柔和 粗 灵活	艺术

搞技术的时候，自己是专家；搞管理的时候，自己就是管理专家的管家了。过去自己是对事，现在首先要对人，然后再对事。虽然职场上努力做到对事不对人，但是实际上难以分开。如果人际关系不好，就很难获得别人做事的配合。搞技术时用的是加减法，一加一就一定等于二；搞管理用的是模糊数学和社会学，一加一不一定能等于什么。搞技术的时候，必须是黑白分明的；搞管理的时候，更多的是处理灰色与面对不确定性。搞技术的时候自己要亲力亲为，感到很充实；搞管理就要通过别人去做事，感到自己没有做事而心里不踏实。此时容易犯的错误就是领导者干了员工的事情而员工无事可干。领导者的业绩是所有员工业绩之和。搞技术沟通时的语言可以是硬邦邦的，直来直去；搞管理的时候，语言要柔和，要注意人情、关系、面子，既要做事，还要维护和谐的人际关系。搞技术属于科学；管理虽然是科学，但是更多的是艺术。因此，从技术岗位转向管理岗位的时候，重要的是要从依靠智商做事转向依靠情商做人。

本章关键词

正职　角色　职责　变革　核心能力　技术主管　正职素养

作业 1　课程思考题

1. 什么是正职？正职的角色有什么？
2. 正职的素养和能力的要求是什么？
3. 什么是决策？正职决策程序是什么？决策时应注意什么？
4. 什么是冲突？如何避免有害冲突？如何激发有益冲突？
5. 正职在用人上应注意什么？
6. 正职应如何用特殊型人才？
7. 如何理解员工、领导、企业的核心能力？员工如何打造个人岗位核心能力？
8. 技术人员的思维特点是什么？这些特点用在管理上的利弊是什么？
9. 从技术岗位走向管理岗位要做哪些转变？其重要的前三个转变是什么？

作业 2　课后练习题

1. 观察你熟悉的正职，按照本章所描述的正职特征，分析他的领导特点。
2. 用换位思考的原理，设想自己是某组织的正职，你将如何领导？
3. 读一部关于正职的人物传记，描述其管理特点。
4. 看一部关于正职的电影，观察其领导的特点。
5. 经理人必须具有什么样的关键技术、能力和知识才能够取得成功？
6. 观察同学在食堂买菜时的决策方式，他们是敢于决策还是不敢决策？
7. 做一次任何团队（不论大小）的正职，应用正职的领导原理总结自己做正职的思维和心智特点，对比别人提升自己。

作业 3　即测即评

第 11 章　如何做副职

1. 学习如何做副职
2. 了解副职如何有效沟通
3. 了解如何建立信任
4. 学习如何管理上级
5. 学习如何与各种上级相处

11.1　了解上级和自己

11.1.1　了解上级

副职是辅佐正职的领导者。副职责任大而权力小，是正职的准备，是一个需要智慧的岗位。

为什么上级对你不满意？很多情况下不是因为你做得不够多，而是因为你做得不够好。为了能“投其所好”地完成工作，首先要了解上级需要你干些什么，然后才能有的放矢地采取措施。

学会认识上级、了解上级，才能更有效地得到上级的认同和尊重，才能让自己在企业这个平台上得以生存和发展。用上级提倡的方式来工作，让上级接纳并肯定自己，为自己的前途打下一个良好的基础。

为什么自己的上级会做特定的事情？有些人受权力的驱使，而有些人则受威信的激励；有些人是为了金钱，而有些人则是为了帮助他人。一些成功的人士之所以做某事，是因为他们害怕失败，并且需要通过证明自己来维护自尊。不同的人会被不同的事情激励，作为下级要发现上级的需求是什么并满足这种需求。要明白是什么激励着自己的上级不是一件容易的事情，一般有以下一些方法和步骤。

1. 分析动机

动机是产生行动的内在原因。要想推断出激励上级的因素，应注意以下两点：第一，将分析看做是一场猜谜游戏，但必须是利用现有资源，而不是凭空得出结论。第二，这个过程是个永不停息、不断发展的过程，因为随着信息的不断变化与丰富，据此推断出的结论会不同，对上级的认识会不断改变和加深。

2. 直接询问

询问是最简单的了解上级的方法,询问是优化上述猜测的第一步。但注意,询问要委婉,不要使上级难堪,要选择合适的时间和地点。

3. 询问他人

询问与上级接触时间长而且是身边的工作人员。但要注意最好不要问那些不喜欢自己或者喜欢传播小道消息的人。

4. 观察上级

观察可能不如询问效率高,但有时却很准确,特别是观察上级的一些无意识的行为时更能得出真实的信息和推断。

5. 倾听上级的谈话

上级的谈话往往传达了很丰富的信息,特别是那些推心置腹的谈话,往往是上级最想表达的思想,反映了上级的真实意图。

通过以上步骤,在得到丰富的信息以后,就可以进行有根据的推测了。找到了激励上级的因素以后,下级就可以有的放矢地工作,提高效率。

11.1.2 每个领导者都有自己的方式

每个领导者在管理方面都有自己独特的管理风格,下级都希望上级采用自己喜欢的管理风格,但现实往往不能令人满意。作为下级,应该明白上级就是那个客观存在的上级,他一般不会按你希望的来改变自己。也就是说,上级一般是不会主动适应下级的,相反的是下级要适应上级的风格。

1. 了解上级的管理风格

当下级了解了上级的管理风格后,就能增加对上级行为的可预测性,感觉就会好一些,就有可能跟上上级的节奏。

2. 确定上级的管理重点

下级可以通过两个角度来思考:关注工作和关注员工。如果上级强调的是达到目标、实现期望值、增加产量、提高质量、改善服务、增加收入、降低成本、做正确的事、按时完成任务、达到标准、讨好客户、增长利润,就意味着他们对工作是高度重视的。假如上级的侧重点是公平对待员工、和蔼诚实、公正公开、听取员工的意见、让下级参与制定公司的决策、尊重员工、认可能力、帮助下级完成目标、理解困难、期望合乎实际、给予员工应得的东西、倾听员工的心声、灵活机动、使工作变得惬意、热心帮助员工,那么上级的管理风格就是关注员工型。

3. 接受并适应上级的管理风格

假如自己不能适应上级的风格,有三条路可走:一是令上级改变以适应自己,二是辞职离开,三是改变自己以适应上级。令上级改变以适应自己几乎是不可能的。辞职离开并不一定能找到更合适的工作,新的上级的管理风格也未必会让自己觉得合适。假如现任的上级的管理风格糟糕至极又不可能改变，而自己确实无法适应，就只好离开。一般情况下，要试着改变自己以适应上级。经过一段时间的磨合，自己就能找到一套双方都能接受的方式方法。当然接受上级的风格并非一味地强调改变自己，也包括管理上级，使上级接受自己的想法和做法。

11.1.3 了解自己

上级只是上下级关系中的一半，构成上下级关系的另一半是部下，因此与上级建立富有成效的工作关系还需要部下对自身的目标、需求、长处、弱点以及风格做出客观的认识。

自我认识最重要的莫过于部下应该了解自己对于不得不依赖一个权力比自己大的人心里有什么感觉。尽管上下级是一种相互依赖的关系，但是从程度上讲，下级对上级的依赖更大。对于这种带有强制约束式的依赖，有以下三种不良的心理反应：

一是逆反。有些人对这种情况的本能反应是不满上级的管制，与上级对着干，甚至把冲突扩大化。由于他们把上级看成是敌人，他们往往没有意识到自己和上级的争斗并没有真正的原因，纯粹是为了争斗而争斗。他们对自己被人约束的反应通常很强烈，有时甚至十分冲动。他们把上级看成是前进道路上的障碍，他们带着抵触情绪工作。当上级觉察到部下隐藏的敌意时，自然就会对部下失去信任，行为也就不那么坦诚了。

二是过分依赖。这种人对上级的态度则截然相反。当上级做出一个他们认为是很不明智的决定时，他们把不满藏在心里而表现出服从的样子。即使有时上级希望他们有不同意见，或者只要他们给上级稍微多提供点信息就可以令上级改变时，他们仍不发表任何不同意见。他们对正在进行的一切表现出一副与我无关的样子。这种态度实际和有逆反行为的人一样，属于一种过激反应，不同之处在于他们没有把上级视作敌人，他们也不承认自己对上级不满，他们把上级视作英明无比的长辈。他们认为长辈应该无所不知，应该对他们的工作负责，应该教他们学会一切，同时还应该保护他们不致受到野心勃勃同事的排挤。

逆反心理和过分依赖心理都使人们对上级产生不切实际的看法，这两种观点都忽视了一个事实：上级也是人，并不完美，也会犯错误。他们有他们的压力和担心，这些使得上级的表现有时候显得不符合部下心目中的理想形象，其实上级的表现完全事出有因。

三是两面派心理：当面赞扬，背后诽谤。

了解自己的基本途径有两个：一是自我总结反省，二是询问他人。

1. 内省

《荀子·劝学》中有："君子博学而日参省乎己，则知明而行无过矣。"总结反省有主动和被动之分。主动反省就是自己给自己找事，每隔一段时间，每做完一件大事就静下心来想想，把经验和教训写出来，使今后的工作更顺利。被动反省就是当工作出现了困难，进行不下去了，或受到别人的批评，工作没法开展了，自己不得不进行总结反省。

2. 询问

一般人在顺利的时候是不会反省、不会主动征求他人意见的。要成为一个好的管理者，必须有征求他人意见的意识和习惯，特别是征求自己上级的意见，得到上级的指导非常重要，要适度就自己的工作内容和方法向上级汇报并征求上级的看法。

作为一名管理者，下级对自己的成绩和缺点往往比较清楚，要不耻下问，诚心诚意地征求下级对自己的看法，这不但能得到自己想要的信息，而且能起到礼贤下士、以德服人的正面作用。

另外，旁观者清，有些问题可以征求与自己工作关系不大的人的意见，因为自己和旁观者没有利益冲突，很可能得到客观的评价。

11.1.4 运用指导

（1）了解上级的目标、他承受的压力、他的长处和弱点以及他的管理风格。

（2）清楚自己的需要、目的、长处、弱点和自己的风格。

（3）建立基于相互了解基础上的互信、互助、与双方风格相吻合的关系。

（4）设法保持这种关系，如经常向上级汇报工作，行为处事表现出诚实可靠，并且有选择地占用上级的时间和他提供的其他资源。

实际上与任何人建立关系都应该按以上步骤进行，对上级更应该如此，而一旦你与上级建立了良好的工作关系，这种关系就将变成一种力量，确保你能得到必要的信息、资源和支持。

11.2 建立信任

11.2.1 如何让上级接纳自己

《中庸》中有："在下位，不获乎上，民不可得而治矣"。处在下面的人如果不能获得上司的信任，就不能干好自己的工作。因为得不到来自上级的资源支持，下属要把上级当做资源来看待，得到信任也就等于与资源建立了通畅的渠道。

一个好下属不但要主动地适应上级，还要主动地让上级接纳自己，适应是前提，接纳是目的，创建和谐的上下级关系以实现组织和个人目标。

1. 态度积极

对工作有很积极的态度是获得上级好感的重要方法。

（1）勤字当头。勤奋是一项优良的品质，也是取得成绩的前提，大多数上级都会喜欢勤奋的下级。对有些上级还要勤汇报。

（2）忍字为上。忍耐是一个优秀管理者的重要素质：自己错了，上级批评过了一些，要虚心地忍；自己对了，上级批评错了，要适度地忍，找合适的机会向上级解释清楚。对于不合理现象和自己受到的不合理待遇要通过适当方式反映上去,不要沉不住气,更不要随意抱怨。

(3) 敢字当先。对于一些困难,特别是上级布置的工作,要敢于向困难挑战,表现出积极进取的精神,在具体操作上要及时向上级反映实际情况,求得上级的帮助。

2. 忠诚为本

谁都喜欢对自己忠心耿耿、厚道有加的人。上级对下级的希望更是这样。如何才能很好地表现这点呢?

(1) 要有服从的意识。下级服从上级是管理的重要原则,这个意识要通过具体的行动表现出来。

(2) 要主动维护上级的权威。在公共场合,自己的言谈举止要符合下级的身份,对于上级的一些缺点和错误可以留待合适的时机向上级反映,对于必须立即指出的也要讲究方式。

(3) 善于表达。要和上级保持经常的沟通,把自己对上级的忠心用适当的语言表达出来。

(4) 关心体贴。任何坚强的人也有脆弱的时候,当上级遇到特别大的难处时是需要关心的,要学会关心,用语言和行动去安慰他,分担他的痛苦。

3. 能力互补

上下级间要建立长期的关系,特长、性格的互补是非常重要的。作为下级要主动学习、拓展上级不擅长的业务知识、专业技能。在性格方面也要有意识地改变自己,满足工作中的需求。譬如上级是个急脾气,在商务谈判时自己就要沉住气;上级是个慢性子,在处理紧急事务时自己就要雷厉风行。

4. 学习的心态

三人行,必有我师焉。能者为师也是为人之常理,更何况是上级。上级之所以是上级,肯定有其必然的道理,作为下级要抱着学习的心态,积极学习上级的一切长处,甚至可以和上级建立师徒关系。这样下级才能不断取得进步,为和上级建立信任关系打下基础。

5. 必要的欣赏

喜欢欣赏是人的天性,适度的赞美会起到营造快乐氛围、融洽关系的作用。

6. 让上级知道你做了什么

在工作中要让上级知道你的行踪,让他随时能找到你;要及时汇报工作,让上级知道你做了什么。

11.2.2 分管的工作尽职尽责

1. 善于领会正职的意图

当副职要有较强的悟性、灵性,在工作中要全面准确领会正职的意图,使各项工作不偏离中心和方向,这样才能够与正职在思想上、行动上保持一致,保持了一致,工作就会出成绩。就像打仗一样,下级一定要按照上级的作战意图、方案部署兵力、火力,明确作战的主攻方向、作战目标,协同作战,这样才能取得战斗的胜利。所以领会上级的意图十分重要。

正确领会正职的意图有以下策略:

一是要了解正职的常规工作思路和日常工作特点,可以从一般的会议讲话、平时的交谈、工作计划要点中加以分析研究,领会其意图。

二是要多汇报、多沟通,在聆听正职的想法过程中体会其意图。一般情况下,副职向正职请示、汇报情况,正职都会作出反应,作一些表态,有些是明确的、肯定的,有些可能是暗示、提醒的。所以,应该从中领悟一些道理,掌握正职的要求,从而在工作中按正职的要求贯彻落实。

三是要联系工作实际或阶段性工作情况去分析、理解正职的意图,比如,正职为什么要在这一时期提出新的工作思路、采取一些新的举措,对全局工作有什么作用,要达到什么目的等。

2. 努力做好分管工作

副职能否做好分管的工作,是衡量副职是否称职的主要标志,也是副职能力、水平的体现。做不好分管工作,正职不满意、员工不满意,这样领导和员工就会有看法,就会对你工作不放心。

做好分管工作的主要策略有:

一是要明确自己分管工作的任务、范围、权限,也就是自己应该管什么,责任意识、职责任务必须十分明确,不能乱管也不能不管,要按正职的要求去分管。

二是要善于学习和借鉴他人的经验和成功之处,寻求做好分管工作的方法、技巧和途径,特别是要学习正职处理工作的思维方法和领导艺术。一定要虚心、诚心,要有“空杯”的心态,从而提高自身素质。尤其是年轻的副职不能自以为各方面能力、水平都不错而目中无人,这样即使有水平,也很难提高自己。

三是工作要仔细,要积极主动,特别对布置的工作要有检查、有结果、有落实。要克服依赖性,避免什么事情都等着正职拿主意、想办法,把自己当成摆设。工作中不要怕出问题,不要怕困难,困难就是机遇,困难、问题解决了则说明有水平、有能力。同时,作为副职还应主动承担责任,替正职分忧解难,特别是遇到一些棘手的问题时,要敢于承担责任,积极、谨慎、妥善处理问题,主动为正职保驾护航,尽量把矛盾解决在副职分管工作的范围内,让正职去考虑更多的大事。

四是要充分发挥下属的积极性、创造性和协作精神,要了解他们的思想动态,关心他们在工作、生活等方面的具体困难,当他们遇到困难、出现失误、发生矛盾时要主动解决,敢于挑担子。

五是要承上启下,发挥桥梁纽带的作用,要把正职的意见、指示、要求贯彻下去、布置下去,同时要把员工的意见收集、反馈上来,达到沟通的目的,使正职了解一些具体的情况。

3. 当好助手,做好参谋

副职处于辅助地位,他的地位决定他的作用,副职的作用就是助手作用、参谋作用。其具体要把握三点:一是要为正职出谋划策,用自己的智慧提出一些利于企业工作的意见和建议;二是要有超前意识,要善于洞察、观察正职意图,创造性地开展工作,不能平平常常、随波逐流;三是要尽可能站在正职的角度和组织全局利益的角度出主意,提出富有创造性、实效性的见解,要经常分析思考问题,全面了解情况,为正职的决策提供必要的、有价值的参考意见。只有这样才能起到助手参谋作用,才能获得正职和员工的认可。

11.2.3 做优秀的团队成员

1. 真诚配合

一是对工作要竭尽全力,主动配合;二是遇到重大问题,竭诚相助,积极出主意、想办法、找对策,解决问题,而不是袖手旁观;三是出现失误后,要尽力协助挽救,努力为正职补台,主动分担责任,而绝不能冷观落马、推卸责任、火上浇油。

2. 做事不抢功,出场不炫耀

副职除了配合好正职外,与其他副职也要处理好关系。人与人之间难免会产生误会和矛盾,作为一名好的副职应该充分认识到这个事实的存在,既不夸大它也不要回避它,正确对待存在的问题,拿出解决的方案。对待特殊的工作,首先考虑自己能不能干,而不是先考虑应该谁来干。对相互配合中出现的问题,首先检讨自己。副职一定要有一颗平常心,尤其是在权力、荣誉、功劳面前不争不抢,因为对正职的肯定及对组织的赞赏都是对组织内每个成员最好的嘉奖。

3. 各持所长,分担责任

好的领导团队有许多显著的特征,其中最主要的一点是团队各方各有所长、互有所补。这样的合作才会长久,才会卓有成效。因为副职在某些方面有所长,会省去正职在此方面的更多关注,使得正职有更多的时间和精力去解决其他的一些棘手问题。一个好的副职要敢于承担责任。副职的最大成功是得到正职及组织的肯定及赞赏。

11.2.4 维护同上级的关系

利用对彼此的了解与上级建立一种以双向期待为特点,同时符合双方需要、与双方风格相吻合的关系是保持信任关系持续的重要基础。同上级建立信任的关系不是最难的,要保持这种关系长久地发展下去才是最大的考验。

1. 适当的距离

要根据上级的性格和价值观念灵活掌握与上级的亲密程度。每个人都有自己的私生活,内心都有不能让别人窥视的领地。特别是有些上级信奉君子之交淡如水的处世哲学,就不要用世俗的人际关系观念来和上级相处。和上级处好关系,取得上级的信任很重要,但也不要一味迁就，丧失了自己的原则和人格。只要自己在工作上能满足上级的要求，就有了继续工作下去的竞争能力。

2. 让自己的主意变成上级的主意

建立了信任关系后并不能使自己高枕无忧，下级要不断地巩固它。在工作中的某些方面也许你比上级有优势，看问题更透彻，主意更多，你要尽可能地把自己的想法汇报给上级，有时甚至可以用启发的方式让上级参悟，这样就把自己的主意变成了上级的主意。

3. 下级就是下级

当得到了上级的信任后，下级就会在上级面前解除局促的感觉，一些人甚至还会忘记自己下级的身份，在上级面前不讲分寸，特别是在工作中。不管你的上级是个多么民主和温和的人，你都要主动维护上级的权威，下级就是下级。

（1）要有维护核心的思想意识。正职是一个企业、部门的主要领导，是一把手，也就是核心，处于主导地位，负全部责任。而副职是一个部门不可缺少的，承担分管责任，掌握一定权力的领导，既是充当正职的助手，扮演配角的下级，又是其下属的领导。因此，作为副职必须紧紧围绕正职这个中心，维护正职的权力和核心地位，自觉服从正职的领导，深刻领会正职的意图和要求，发挥自己的主观能动性，积极地、创造性地开展工作，把配合、协助正职作为自己的主体意识，形成一个团结、统一、稳定、和谐的上下级关系。

中共中央提出的四个意识“政治意识、大局意识、核心意识、看齐意识”，同样适合企业的副职位置上的人。核心意识符合自然之道，所有的植物都要围绕其核心生长才能够壮大，不围绕核心生长就会分裂。

（2）摆正心态，到位不越位。人类生存的基本智慧就是结群，每个人在为别人做事的同时也都在享受他人提供的服务，因此人首先要承认自身存在不足，这样才是客观的心态。正副职的形成本身就是工作的需要，是因为要达到某种目标所以进行合作与分工。做好一名副职的关键是摆正心态，以积极的心态与正职之间展开合作与分工，切忌消极无奈、过度依赖，而又在内心培养对上级的蔑视。

越位就是功高震主。当刘邦打下天下以后，韩信功高震主。皇后吕雉将韩信诱至长乐宫杀死。韩信在临刑之前发出了“狡兔死，走狗烹；飞鸟尽，良弓藏；敌国破，谋臣亡”的感叹。姜子牙说：“夫高鸟尽，良弓藏；敌国灭，名将王。亡者，非丧其身者，乃夺其威而废其权也。”如果没有居功自傲、抢了领导者的风头，良将是不会遭到灭顶之灾的。

（3）用权不越权，要树立有限权力的意识。副职与正职的权力是有差别的：正职统揽全局，决定全局，把握大政方针，对企业的事情实行全局的领导和管理；副职仅在自己分管的工作范围内具有一定的权限。正职根据工作的需要和副职的实际工作能力水平，授予副职一定的工作权限；副职在正职授权范围内进行工作，而且要认真履行职责，对正职负责。副职在分管的工作中又是正职，要注意角色的转换，做事情要掌握一个“度”。要多汇报，多沟通；对正职没有授权的，不能轻易越权、说话、表态，应根据自己的职责权限做好自己分管的工作。

4. 不断地沟通

沟通的重要性怎么强调都不为过。由于上下级之间存在着信息不对称的情况，上级总是希望尽量多地从下级那里得到他想要的信息。一些上级由于管理的风格、习惯和工作的具体环境等因素的影响，喜欢知道下级及其工作中的大多数信息；有些上级喜欢简单，更注重结果，就不希望下级事无巨细地汇报工作。因此作为下级，要根据上级的要求和期望来决定向上汇报多少。

要想和上级保持良好工作关系，关键一点是要肯下功夫，多思考、多总结，不断地与上级保持坦诚的沟通。

5. 形成依赖，建立平衡

要想从根本上维护好与上级的关系，最重要的是具备足够的能力，把自己该做的工作做好，让上级省心并形成依赖。人无完人，再好的下级也有缺点，也会与上级发生各种各样的矛盾和冲突。当上级对下级有不满情绪的时候，很可能会产生更换下级的想法。但任何交换都是有成本的，只要上下级之间的感情还没有破裂，还保持着理性的沟通，上级就会在取舍之间寻找一种平衡。若替换成本太高，上级就会克制自己甚至说服自己接受下级，这时，上下级的关系就形成了一种平衡，轻易不会被打破。

6. 学会拒绝上级

拒绝上级是一件令人遗憾而且极具风险的事，但是有时却无法避免。如果对上级的任何要求都一口应承下来，就会使自己的工作徒增许多麻烦；当你不能兑现承诺时，只会让上级对你失望。轻诺必寡信。领导不会记住你做事情的数量，只能记住你做事情的质量。把握好自己的原则与限度，学会正确地拒绝上级，才是生存之道。

拒绝上级最重要的一条原则就是在不至于产生误解的前提下，及时、坚定地加以拒绝。多用一些委婉、含蓄的表达技巧，可以让上级在遭到拒绝时心情平静一些，以达到有效保护自己的目的。

一般人们在遭受拒绝时内心是不愉快的，当你拒绝上级时要充分估计上级内心的不满，它会给自己带来多大的麻烦，在心里做出衡量，是拒绝还是接受。当上级的要求不很过分时，能忍则忍。当上级的要求涉及原则问题，会对自己的利益造成很大的损害时，则要据理力争，争取上级最大限度的理解。

7. 对授权要不断试探

有的公司对授权没有明确的规定，即使有的公司有规定，但也会存在一些灰色地带，不可能对所有问题都有明确规定。这种情况下就会有一些微妙的变化，下级就要对上级的授权不断地试探，先报告，根据授权执行，不要认为上级对自己信任就可以不用请示随意处理问题。特别是对能力不是很强的上级，不要让其产生被取代的感觉，那样上级会为保护自己的利益而反击，这对维护双方的关系是最大的威胁。

8. 不要做超出能力的承诺

敢于承担责任是一个优秀下级必备的素质,当然也不要为了显示自己而轻易做出超出自己能力的承诺,即使自己兑现了诺言,也不一定得到上级的认可。假如兑现不了诺言,就会给自己带来麻烦。

9. 保持自信

在你和上级的关系中,你有50%的影响力;而在控制你自己的行为上,你有100%的影响力。你对待上级的方式,会教他如何对待你。例如,如果你把上级当成是无所不能的父亲,你就可以预料到他会把你当成小孩;你越期望你的上级来解决你的问题,你就可以预料到他给你的自由就会越少。上级只是上下级关系中的一半。

第一,上级与下级的关系是一种相互依赖的关系,但相互依赖的双方各自的背景和承受的压力不同,如果处理不好,双方都无法有效工作。

第二,上下级关系不同于家庭中的父子关系,处理好上下级关系不应该只是上级的事。上级也是凡人,也会有缺点,不一定总是比下级更聪明和成熟。

第三,在企业中,处理好与上级的关系是下级工作中一个必要和常规的工作内容,对于有难度的工作尤其如此。

第四,要与上级搞好关系就要花时间和精力去建立一种与双方的风格、特点和期望相吻合,并能满足双方的基本需要的关系。

积极与上级搞好关系对企业的生存和发展至关重要,但许多原本有能力、积极进取的人竟然忽略了这方面的工作。他们工作积极肯干,无论是管理人还是负责生产、市场和技术工作都很出色,但是他们在对上级的关系上却天真地采取了一种消极被动的态度,这种做法既伤害了他们自己也给企业带来了损害。

11.3 如何向上管理

11.3.1 不被上级认可的原因

在日常工作中,你有没有陷入过这样的窘况:脏活、累活由你干,奖金、荣誉没你份;每次提案打回票,大多意见受贬斥……相反,身边的同事,论能力、资历都不一定比你强,但却处处逢源、颇受器重。究其原因,很重要的一点是:你是否擅长管理上级?管理是一个双向的过程,管理大师德鲁克说:“管理上级是下级经理人的责任和成为卓有成效经理人的关键。”如果你不用心管理上级,你的工作往往会徒劳无功,职业生涯发展障碍重重。相反,有效的沟通、适时的建议、委婉的劝阻,通过一些巧妙的管理方法,上级不仅能成为你最好的盟友、最佳拍档,给你提供发挥优势的机会,还能助你在事业上更上一层楼。

但要向上管理,一般地说,应该经过以下几个环节:认识→了解→适应→认可→信任。

在取得上级的信任后,要想发挥更积极的作用,就要根据具体情况,采取适当的艺术。

11.3.2 适应上级

上下级关系中一个重要环节就是在最初的磨合阶段相互适应。一般情况下,多数是下级主动适应上级。

很多和上级没有处理好关系的人,问题大多发生在不能适应上级的管理风格上。不能改变别人,就要改变自己。要想和上级建立良好的工作关系,首先从改变自己以适应上级开始。

1. 适应上级的会议风格

把上级的会议风格分类,分析是简单扼要型还是繁文缛节型,是独裁控制型还是民主互动型,时间准时不准时,喜欢下级记录还是不记录,然后有针对性地适应上级会议风格。

2. 适应上级的沟通习惯

当你向上级汇报情况时,要根据上级获取信息的习惯行事。德鲁克把上级分成"倾听型"和"阅读型"。他指出,有些上级喜欢从报告中获取信息,这样他们可以反复审阅和研究报告;另一些上级更喜欢下级口头汇报,这样他们可以不时地提问题。如果你的上级是属于"倾听型",你最好亲自向他作简要汇报,随后再附一份备忘录;如果你的上级是"阅读型",你最好把重要的事项和建议写成备忘录或报告,然后再与他们讨论。

3. 适应上级的决策风格

有些领导者喜欢参与决策和问题的解决,这类人具有很强的参与意识,他们喜欢随时把握工作的进程,只要下属随时向他们报告工作,他们便会得到最大的满足。参与意识强的领导者总会想方设法地参与进来,所以最好从一开始就让他介入。另一些领导者则授权下属进行决策,他们不想卷入具体事务,只希望下属在出现重大问题时或有重大变化需要通报时才来找他们。

4. 期望上级所期望的

要与上级建立和谐的工作关系还需要下级调整自己的期望,以求在一些重要的问题上与上级建立共同的期望值。有很多因素会促使上下级在期望值上出现偏差,这些差距有可能引发严重冲突和其他问题。

那些不去主动了解上级的期望,只是私下主观臆测的人,必定会遇上麻烦。当然,有些上级会明确和详尽地向下级坦述他们的期望,大部分上级却不是这样的。虽然许多公司建立了一些制度以便人们交换看法(如例会、考核),但这些制度收效不佳。所以首要的一点还是需要下级去了解上级的期望,包括他的一般性期望和具体期望。要让一位含糊其辞的上级表明他的期望固然困难,但也不是办不到。下级可以定期写一份详细的备忘录,把他认为关键的一些问题列下来,并呈送给上级以求得他的认可。然后再当面与他逐条讨论备忘录上的问题,通过这些讨论就会使上级的期望明朗化。另外下级还可以经常与上级在私下里探讨“如何加强管理”以及“如何实现我们的目标”等问题。或者通过上级的前任下级,或在例会上注意倾听上级对他的上级做出的承诺等迂回曲折的方法来了解上级的期望。至于哪些方法效果最好,还要看各个上级的风格。

要想与上级建立共同的期望,下级还应该把自己的期望明确转达给上级,看看自己的期望是否现实,并设法使上级接受自己认为重要的期望。这里有一个分寸的问题,千万不要让上级认为你是个不愿意合作或者故意捣乱的人。如果你的上级能力特别强,常常能取得超过预期的成绩,你就更要设法影响他,让他重视你的期望,因为这样的上级喜欢制定不切实际的高标准,此时就需要下级对他加以修正以使他的标准更符合实际情况。

11.3.3 学会倾听

有效沟通始于倾听,与上级沟通,下级所做的主要工作是倾听,通过倾听来接受命令、理解上级的意图等。可以说,不会倾听的下级不可能成为好下级。

1. 亲近的姿态

在上级讲话过程中,要通过一定的姿态向上级表达出亲近的愿望,使上级产生好感。

(1) 姿势效仿。与上级面对面交谈时,适当地效仿一下他的动作,如手势、站姿等,可以使他对你产生亲近感,从而放松心情,变得容易接受你。

(2) 耐心听。当上级说的话你不感兴趣时,不可以表现出不耐烦,特别是他和你说他热衷的理想和爱好时,你更应该一字一句地听,并就一些问题深入讨论,以示与他有共同语言。

(3) 信任。信任是一种心理活动,但往往通过表情表达出来,脸随心动。信任是获得上级好感的基础。

(4) 感情共鸣。感情的合理表达能起到事半功倍的效果。当上级讲到自己失败之处时,你要惋惜;当上级讲到自己的成绩时你要由衷地高兴并赞扬;当上级讲到自己讨厌的事情时你要表示愤恨。

2. 如何听取上级的批评

在工作中出现失误是不可避免的,上级很可能会批评你,作为下级应该采用以下的方式倾听上级的批评。

(1) 诚恳表示歉意,不作无用辩解。首先要表达歉意,然后看上级的态度,根据他的要求做,或分析原因,或提出下一步打算。不要为了表示自己的清白而强调客观原因,作无用的辩解。

(2) 消除逆反心理,寻求解决办法。对上级的批评,很多人会产生逆反心理,听不进批评意见,甚至会一味地反驳,导致矛盾激化,致使问题得不到解决。作为弱势的下级,在出了错的时候,更应该虚心,态度要端正,不能有逆反心理和叛逆行为。

(3) 沉默是金。当上级在火头上时,你即使不能平静,也要保持沉默,等上级平静以后再找上级处理问题。

（4）委婉解释。有些时候，上级的看法不一定与事实相符，批评也不一定对，你可以委婉地解释清楚实际的情况及真正的原因，获得上级的谅解。

3. 如何听取上级的表扬

得到上级表扬是好事，但要防止掉进选择性认知的陷阱，好话听过了头也有害。

（1）谦虚。对上级的表扬要有谦虚使人进步的意识，不要飘飘然而忽略了其他重要内容。

（2）成绩主要归功于上级。上级在表扬下级的同时也是在夸奖自己，要及时表达出成绩主要归功于领导的意思，切不要贪功，要感谢领导对自己的培养和帮助。

（3）留心表扬背后的含义。领导的表扬也许含有特定的意图，他可能要给你更重的任务，或者想获取你的好感来“收买”人心，以得到他想要的东西。对于在表扬以后上级提出的不合理要求，要保持冷静。

11.3.4 说服上级的技巧

1. 选择恰当的时间与场合

同样的话在不同的时间和场合说，效果是不同的。当上级紧张工作时，当他焦虑时，当他盛怒时，当他情绪低落时，不要和他谈他不感兴趣的话题。要说服上级，要找他心情愉快、精力充沛的时间，最好没有外人在场并且找个轻松的场所。

2. 实话巧说

人被语言推动。在说服上级时，要说实话，但可以运用语言技巧把道理说得更明白：一要以理服人，要让上级觉得你说得有道理。二要简练，多数领导都希望下级简练，不啰嗦。三要委婉，不要强加于人。四要生动形象易于理解，不要抽象难懂。

3. 恰当的身体语言

眼睛要明亮有神，目光不要游移不定。表情要坦诚、自然，面带微笑。姿势要谦恭，手势不要太夸张。

4. 对症下药

第一，换位思考，抓住上级的心理，从他能认同的角度入手。第二，从上级的利益出发，沟通要注重利益，对上级没有好处的事就很难打动他。第三，找双方的共同点，利用同类意识得到上级的好感和认同。第四，迂回说服，当上级一时不赞同你的观点时，不要强行与他争辩，要寻找他感兴趣的话题，从侧面引导，再逐步引入正题。

管理上级的过程是个慢慢摸索的过程，是个循序渐进的过程。刚开始，你摸不透上级的脾气、特点，管理不到位会起反作用。经过一段时间，上级适应了你的管理，就度过了危险期，以后可以放开一些。

要想管理好上级，要具体问题具体分析。假如上级是个非常民主的人，工作中又敢于放权，你就要尽量把工作做得非常细致，力争以好的结果向上级汇报。假如你的上级是个大公司的领导者,工作非常繁忙,管理上级的首要任务就是要为你的上级节省时间,帮助他们分清轻重缓急。假如你公司的事务不是很忙,上级喜欢亲力亲为而且头脑清晰,你就按要求做好分配给你的工作,适当地给予一些提醒就可以了。

德鲁克说:“管理上级是下级经理人的责任和成为卓越经理人的关键。”能够向上管理是副职必须具备的能力。

11.4 如何与各种上级和谐相处

千人千样,人无完人。上级会有各种各样的不足,要和谐相处关键是因人而异,在不伤害上级自尊和自己利益的前提下灵活运用各种方法和艺术,达到自己的目的。

11.4.1 如何与缺乏自信的上级相处

当上级缺乏自信时,往往在决策、指挥中表现出优柔寡断的特点,这样不但影响工作的顺利进行,而且他的反复无常可能使你难以接受。可以采取以下措施与这类上级相处:

1. 给予信任

要相信上级,对上级的优点给予赞美,积极拥护上级做出的正确决定,维护上级的威信。千万不要在上级举棋不定的时候在公众面前逞能,更不要嘲笑上级的弱点。

2. 积极准备

为了让上级下决心做决策,作为下级要充分准备,多收集相关信息,多准备几套方案,让上级权衡、选择。

3. 耐心

假如事情不是火烧眉毛,就要尽量给上级多一些时间考虑。在计划执行的过程中,当上级提出修改意见后,要耐心沟通。

11.4.2 如何与过分自信的上级相处

1. 抱学习的态度

自信性格的养成有很多因素,也是一个漫长的过程,是一些成功的经历培养起来的。有些过分自信的人是头脑非常聪明、能力很强的人,对这样的人首先要虚心学习,多询问、多请示。有些过度自信的人,头脑比较聪明,但能力不是很强,主要是因为性格中有偏执的倾向,在工作中更是听不进下级的意见。对这样的上级不要顶撞,要认真理解他的意思,按照他说的做,认真听、多问、多请示、多汇报。

2. 欣赏和承认

过分自信的人往往好炫耀自己。在上级高谈阔论自己成就的时候,要耐心地倾听,凡是不涉及工作的事,可以多听少说,更不要争论,以维护他的自尊。

3. 适当让步

当在工作中发生意见分歧的时候，只要不是至关重要的事就多遵照上级的意思办。对于一些重要的事情，也要和上级多讨论，明确表达自己的看法，在讨论的过程中适当作些让步。

4. 方式温和

对于一些非常重要的工作，当自己的想法与上级的不一致时，要采取温和的方式、委婉的语气和上级沟通。例如，使用电子邮件、便函等形式陈述自己的观点；找个轻松的环境谈话；在上级高兴的时候进言等。

5. 结盟

当一般的方法不起作用而自己觉得又必须说服上级时，可以与上级喜欢的人沟通，通过这些人来说服上级。假如达不到效果，还可以找上级的上级，但要注意方式：一是要尽量保密；二是不要告状，更多的是陈述理由；三是要继续和上级保持密切的沟通。

11.4.3 如何与气量小的上级相处

气量小的上级的行为是由其自私心理决定的，在他做决定的时候，往往过分看中自己的面子和利益而轻视别人，在工作中往往表现出过强的嫉妒心理，不认同、不佩服、不表扬甚至打压才华出众的下级。和这样的上级相处要特别用心。

1. 坦诚相待

气量小的上级容不得下级做事瞒着自己，所以要向他详细汇报工作，直到他认为可以为止，在工作中要非常注意细节，实事求是，以心换心。

2. 隐藏锋芒

气量小的上级最怕失去自己的权威和地位，所以要想维护好上下级关系，下级一定要隐藏自己的锋芒，特别是在公众场合，要恰当地表现出服从的意愿，在成绩面前要让，更不要“抢镜头”、邀功。

3. 留心出路

在和气量小的上级相处时，要多沟通，往好处努力，但千万不要抱太大的希望，成熟的人是很难被改变的，而且下级的影响力也是有限的。当你实在不能忍受时，可以选择离开，但在离开前要留心，谋求好出路。

11.4.4 如何与脾气暴躁的上级相处

脾气暴躁主要是由人的性格决定的，一般很难改变，假如你实在难以忍受，就另谋他就；假如还能忍受，而且上级还有其他优点，就要设法与其建立良好的关系，争取少受伤害。

1. 看整体

暴躁的上级也有很多类型，有的只是脾气坏，其实心地很善良、很有领导能力，你还能从他那里学到东西。是否选择这样的领导,要全面衡量,看他的整体。另外,还要看自己能否找到比此人更好的领导、比此地更好的组织。

2. 坚持

人有很强的适应能力,刚刚接触脾气暴躁的上级,感觉很难相处。要坚持一段时间,也许他没有想象的那样可怕,也许自己能逐渐适应。尤其是当你对组织特别满意的时候,一定要多坚持,直到适应。实在不能适应时,本组织也许还有其他岗位。

不论是对组织还是对上级,自己必须有价值,这是成为一名好下级的基础。要想与上级建立长久的良好关系,还必须善于权变,要根据组织和上级的具体情况采取相应的方式方法,这是一名优秀的下级不断成长的最好策略,也是一名优秀追随者的最高境界。

领导艺术无定式,具体执行要结合情境灵活运用。如果不管那些经验所适用的情境就生搬硬套,那么可能就会出现对别人来说是经验的法则而自己学过来却可能变成教训。

本章关键词

副职　了解上级　适应　信任　向上管理

作业 1　课程思考题

1. 什么是副职?
2. 副职如何了解上级?
3. 副职如何了解自己?
4. 副职为什么要同上级建立信任?如何建立?
5. 副职为什么要向上管理?如何向上管理?
6. 副职一般会面对几种类型的上级?如何与各类上级相处?

作业 2　课后练习题

1. 列出你的上级的 5 个优点和 5 个缺点、自己的 5 个优点和 5 个缺点。你们在一起最愉快的活动是什么?

2. 了解你的上级是如何被他的上级管理的,帮助你的上级在他的上级面前"做好人,好做人"。

3. 你的上级是听型的还是读型的?如果上级是读型的,你的书面报告可以厚重些。如果上级是听型的,那么你的报告要简练些。

4. 观察你身边的副职是如何工作的?其拥有什么样的心态和素质?舒心工作与不舒心工作的副职区别在哪里?

5. 仔细研究一下自己和上级的关系,做良性的改进。

6. 分析一下自己的人脉关系，扩大自己的人际网络。

7. 做一次任何组织（不论大小）的副职，按照副职的领导原理指导自己的行为，总结提炼自己的心智模式特点，对照别人提升自己，尤其是总结有效追随的行为规范和思维准则。

作业 3　即测即评

第12章　如何做企业领导者的秘书

1. 了解大公司的秘书是如何选拔的
2. 了解秘书的主要职责
3. 了解秘书与领导的关系
4. 了解秘书的一般处事技巧

12.1　秘书选拔

12.1.1　秘书的选拔和上任

协助领导人处理综合情况、调查研究、联系接待、办理文书和交办事项的人叫做秘书。

企业秘书的工作内容和职责以及所在组织机构的划分方面,不仅和国家机关的秘书不同,就是在不同规模、不同行业、不同地区的企业也是各不相同的,但是作为企业领导者的秘书,其工作内容和性质却非常相近。他们在空间上距离领导者很近,而且通常只为领导者一个人工作。

这看起来很简单,其实国有大企业秘书的选拔还是比较严格和周密的。当需要为企业领导寻找秘书时,秘书处会向总公司下属的一些单位发出通知,要求他们推荐人选。然后会同各级组织、人事以及团委等部门一起对秘书人选进行分析、考察和筛选,确定目标人选后再通过面试选拔。这里选拔的标准并不唯一,而是要综合考察对象各方面的素质,包括政治素质是否可靠、思想作风是否端正、是否诚实、是否遵守各项纪律、工作表现是否积极勤奋、头脑是否聪明灵活、办事是否细心、文笔是否很好、待人接物是否恰当得体、身体是否健康、有无传染病等。其标准还会根据领导者的性情喜好有所改变,如有一位老领导,为了不耽误已为自己工作四五年的秘书,尽管舍不得还是让秘书调去新的单位做了处长助理。结果秘书处选来的新秘书,不单是在说话做事方面和那位深得老领导欣赏和信任的前任秘书十分相似,甚至从侧面看长相竟都有几分相似,老领导非常满意。可见当时秘书处和各有关单位在人员选拔上煞费苦心。

选拔秘书,当然领导者本人的意见最为重要。刚提拔到高级领导岗位的人往往没什么经验,一般都是秘书行政管理部门直接选拔后推荐给领导;而长期在位的领导者换秘书就要复杂得多,新秘书必须机敏好学,能够迅速进入角色。

有时,领导者选配秘书时还会考虑技术背景。有的领导者本人就是某一领域的技术专家，在选秘书时总希望找一个其他专业的大学毕业生，可以交流和咨询一些技术问题。政工部门的领导者如书记，通常希望配备一名有技术背景的秘书，目的是能够更多地了解企业的生产情况。

12.1.2 秘书上任之前

1. 体检

选拔秘书也是一项谨慎细致的工作。一次，某企业秘书处在为一位领导选配秘书的时候，忽视了一个工作细节，因为时间紧没有问清候选人是否进行过体检，就忙着让领导面试，结果在领导满意当场选定该人一周后，发现他竟然有肝炎。该领导得知后很生气，因为这个新秘书已经和领导一起参加了一次宴请，同桌吃了饭。这件事的经办人员都受到了严厉批评。

2. 试用

在试用期里主要是考察秘书是否能够胜任自己的工作，是否能够得到领导的认可。除了工作本身以外，这里最重要的就是要看秘书是否能够和领导者正常相处并形成默契，也就是人们常说的是否脾气相投。这是一个互动的过程。有的秘书工作能力很强，思维敏锐，以前在原单位出类拔萃，但在这里却常常私下里抱怨领导太难相处；相反有的秘书平日里常被伙伴们讥笑头脑太慢，做事没章法，却能受到领导赏识。

3. 错误

在试用期里秘书更多的是要熟悉领导者的思想及行为习惯、办事作风，简言之就是要让领导者接受自己。

12.2 企业领导者秘书的职责

企业领导者秘书的工作内容、基本原则以及工作特点究竟有哪些？关于这方面的著作有很多，一般来说，企业领导者秘书的工作通常包括以下几点。

12.2.1 日常工作

1. 公文处理工作

公文处理工作，包括收发、分类、登记文件以及记录领导批示等。这是日常工作中最琐碎的一部分，除非特急文件，一般每天会分两次将文件送进领导办公室。文件送进去，领导什么时候批出来可就不知道了。如果领导在晚上下班前将厚厚一摞文件放到秘书的办公桌上，秘书们就要辛苦了。领导们本来离开得就晚，文件又需要逐一登记，有的还要详细记录批示，再分别装到文件袋里转交其他有关单位。有的大企业总经理的年末文件流水号往往达到六七千号，也就是一年要批阅六七千份正式文件，可以想象领导者的工作多么繁忙，而秘书也就更是要起早贪黑地处理这些文件了。

由于各下属单位人员的公文写作水平参差不齐，有时文字都不通顺，领导批阅时会十分生气，甚至将文件丢到地上。这又要求秘书在收文前还要检查，看看文件是否“规矩”，如不合格就必须要求退回重报。有时下属单位还会出现报错文件的事情，即弄错了请示或汇报的对象，这就需要秘书根据自己领导的分管内容判断是否要将文件退回。这对于新秘书来讲是比较有难度的。

2. 文字工作

文字工作，包括起草领导者的发言稿、工作计划、工作总结及报告，编写会议纪要等。这部分工作对于秘书来说相对简单。

3. 会议组织工作

会议组织工作，主要是作为领导者的助手通知会议，落实会议场地，准备相关资料，必要时起草会议纪要。

4. 处理来电、来访工作

秘书每天接触最多的就是电话，上级查询、下级反馈往往都通过电话联络。秘书一般都具有三方通话、呼叫转移的功能，如果有人需要直接和领导通话，秘书可以根据来电人身份、来电目的以及事情的轻重缓急程度，判断是否需要领导亲自接听。对于来访者，秘书要认真判断其来访目的、身份，一般没有事先约定不宜让其接近领导者。对于来电、来访的重要事项，秘书还要做好记录。

12.2.2 领导交办工作

这类工作内容广泛，一般没有什么规律。比如，安排宴请重要客户或企业合作伙伴、安排领导外出访问行程、探望病人等。这类工作通常最需要秘书准确领会领导意图，同时也需要有条理和效率。

1. 调研性工作

调研性工作主要是替领导者收集有关技术、经济信息并进行整理，通常的目的是为领导者节省时间。这类工作经常和领导者个人处事的风格有关。有的领导者倾向于经常提出一些问题，委托秘书去收集资料；有些则更愿意自己亲自了解第一手资料。

2. 沟通协调工作

秘书是领导者与上下左右、企业内外保持紧密联系的重要环节。有效传达领导者的各项指令，反馈各方信息，作为领导者的代表与各方保持良好关系，这些都需要秘书能够起到承上启下、沟通左右的作用。

12.2.3 秘书工作的原则和特点

1. 原则

秘书工作的基本原则是：严细认真、保守秘密、勤奋高效、实事求是。由于秘书身份的特殊性,工作稍有疏忽,就有可能对企业产生全局性影响。因此作为一名秘书,工作中必须牢记这些原则。

2. 特点

秘书工作的特点是一个“杂”字,其实这兼顾了秘书工作的事务性和综合性。秘书每天从早忙到晚,经常在随身携带的小本子上记录各种事项,但到月底写自己的工作总结时却往往写不出什么太丰富的内容,仅仅是一句“办公室日常工作”一带而过。因为处理各种繁杂的事务是秘书工作的主要内容,这种事务性的工作看起来不起眼,但却容不得丝毫马虎,必须按时完成。

杂,是秘书工作综合性的表现。秘书需要了解领导者管辖范围内的各项工作,要经常收集各种资料,还要和方方面面的人打交道。很多秘书在其他人看来上知国家大事、下知风土人情,知识面很宽,如同一个杂家,其实就是由于他们工作的接触面广,从中不断学习和锻炼的结果。

12.3 领导者秘书的一般处事技巧

12.3.1 做事之前先做人

要想总结出一些做好领导者秘书的经验传授给别人其实很难,一些诸如手勤、眼勤、动脑勤等原则,内容虽很有系统性,但在实际工作中,却很难把握。

现实中到处都是这样的实际例子。一些秘书面面俱到、人品出众、仪表堂堂、才学丰富、文笔精妙、举止大方、待人礼貌,却得不到领导者赏识;而有的秘书形象较差、文笔粗疏、能力平平,总之乏善可陈,却深得领导者赏识,甚至被推荐提拔到高位。

其实,抛开这些表象,秘书所有的工作都可以被归纳为两个字——为人。

秘书不管怎样工作,不管具体工作能力如何、工作的效果如何,关键就是要让领导者满意、放心。秘书有多大能力,领导者观察几天就可以知道,领导者交给秘书的工作一般来说秘书只要想办法都可以顺利完成,考察的核心就只剩下一个态度问题了。也就是说,秘书做事的效率效果领导者都知道,领导者交办工作时最关心的实际是秘书的态度。如果一个秘书态度严肃认真、工作细致全面,领导者自然信任;事情做得好,领导者自然欣赏。态度,实际就是为人的一个方面。秘书对外代表领导者,培养良好的社会关系、工作关系,也就是“人脉”,是为人的另一个方面。很多秘书在调离领导者身边后,都能够得到提升,除了亲身学习领导者管理实践,更主要的就是坚持原来严肃认真的工作态度,拓展了自身的“人脉”。

那么秘书应该怎样为人?具体答案应是见仁见智的,最重要的一点就是要端正态度。端正态度首先要尊重领导,这样才会有很好的服务意识。一个秘书对领导者是否发自内心地尊重,领导者很容易识别。从基层调上来的秘书,最先仰慕的是领导者的学识,抱着学习的态度为师长一样的领导者工作，他对领导者的尊重是发自内心的，而且尊重的是领导者的学识，不是职位。

有了尊重，服务意识才会跟进，秘书才会以平常心为领导工作。因为做秘书工作必须有一种小心谨慎甚至诚惶诚恐的态度，不能仅靠一时的热情和冲动。一般不要幻想领导的赞赏，因为这样不现实，领导者的能力通常要远远强于秘书。以平常的心态为领导者服务，才能长期地把工作做好。

摆正服务的态度，才能使秘书正常地以"领导身边的工作人员"的面目接触企业内外的相关人员，而不是自恃那种"领导身边的工作人员"的特殊地位傲慢地待人。这样就可以很好地培养"人脉"。比如有的秘书接待来访者之后，随手就把来人的名片扔到垃圾篓中，如果有其他人在场，都会牢记这一幕。这种举动所伴随的态度，迟早会影响到这个秘书将来的职业生涯。

12.3.2 实用技巧

1. 怎样和领导者沟通

一般说来，新秘书或者是年轻的秘书在和领导者沟通时应当尽量实话实说，而有一定工作经验的资深秘书则应该注意火候，特别是要察言观色，看领导者反应。因为领导者也是人，在不同的情绪下，对同一事件的反应是不同的，秘书理应尽量保证领导者在决策时心态稳定。

秘书汇报、请示时应当事先整理归纳好内容，除非特别紧急，否则不要随意影响领导工作。一般应坚持"早请示、晚汇报、长话短说、看心情"的原则。很多人会认为这个是俗套，其实自己做一下就知道了。

要能够领会领导意图，这一点是最难的。秘书最怕把做事的结果和领导的意图完全弄反，做得不够好不要紧，领导者多半都能认可，但办错了事后果可就严重了，因为领导身边无小事。领会领导意图，要注意多观察领导者的行为处事，要理解领导者的工作内容，如果是和领导刚刚接触，就要多问，问得具体些，这样出错的可能性就要小得多。

如何问？

千万别问该怎么做，应该问："我这样做行吗？"这样如果你猜错了领导的实际想法，他会告诉你。别指望领导者会明确告诉你该如何做，因为领导比秘书还怕说错话。

多办事，少说话。领导交办的工作，如果不能顺利完成，一定要告诉领导，如果已经顺利完成，适当时候简单地和领导打个招呼就可以了，对工作过程不必过多交代，因为领导者更多关心的是结果。

2. 识别领导身边形形色色的人

企业里总有一些麻烦制造者，一般都是高级专业人才，他们对企业执行的各种方针政策都会提出不同的意见。领导者对他们从来都不会放心，但又不得不倚仗他们的才干。这些人才不会顾及领导者的面子，有时直接就会在会议上顶撞领导，还会讲一些消极的怪话，影响企业士气。对这些人，不管领导者如何对待，秘书一定要注意尊重他们，切不可和他们争论。

无论怎样，如果秘书不想失去工作，最好不要在领导面前议论任何人，坏话不应该讲，好话也不应该讲，除非领导专门向秘书咨询，才可以实事求是地报告。这样做既不会让领导者产生戒心，也不会影响领导者对某个人的看法。领导者有分析能力，有更多的信息渠道，怎么看人有他的道理，秘书不可以在这方面多发表意见。

此外，秘书工作中还要注意：收集资料，和领导保持距离，领导斥责时要头脑清醒。

本章关键词

秘书　领导者　秘书选拔　秘书工作　秘书技巧

作业 1　课程思考题

1. 秘书如何称职？秘书的主要成功指标是什么？
2. 秘书如何在烦琐的事务性工作中保持冷静和阳光心态？
3. 情商对于一个秘书的意义如何？如何用情商指导自己的日常活动？
4. 大企业选拔秘书的主要要求是什么？

作业 2　课后练习题

1. 跟自己的领导说好，做一天他（她）的秘书，写出体会，对照秘书的工作原则总结。
2. 观察一个秘书是如何工作的，写出观察记录。
3. 找一个自己喜欢或特别讨厌的领导，做一段时间他的秘书，按照秘书原理指导自己的行为，总结提炼自己的行为规范和心智模式，对照优秀的秘书提升自己。

作业 3　即测即评

第13章 沟通艺术

1. 理解沟通的概念
2. 了解沟通的障碍
3. 掌握有效沟通的艺术
4. 了解非语言沟通艺术
5. 掌握听的艺术
6. 学习通过沟通培养亲和力

13.1 沟通的基本概念及形式

13.1.1 什么是沟通

领导力就是沟通的能力。生命的质量取决于沟通的质量。沟通好了,上下通达,左右逢源,时时有贵人,处处有资源。理解他人模式的途径是沟通,在他们的世界里认识他们。沟通是信息与情感的交流。人际成功的人,一般都是善于揣摩他人心理而善于沟通的人。

关于沟通的定义多于126种。几种典型的沟通定义是:

(1) 人与人之间通过文字、符号、语言或其他表达形式,进行信息传递和交换的过程。

(2) 可以视为任何一种程序,借此程序,组织的一个成员将其意向传递给其他的有关成员。

(3) 在行为环境和一定的资源下,将信息有意识地传递给接收者。

(4) 为了目标把信息、思想和情感在个人或群体之间传递的过程。

人类自从第一声啼哭起,就一直以某种形式进行沟通。成功的沟通是富含艺术的沟通。有效沟通是人们在分析的基础上有准备地进行的,是在合适的时间、合适的地点的恰当的表达。

有效的领导意味着使得恰当的事情在恰当的时候发生,不沟通就不能推动任何事情发生。领导过程需要沟通,而有效领导需要领导者有效沟通。沟通意味着领导者为了获得预期响应,而将某个人的思想和信息与别人分享。

领导的过程其实是沟通的过程。沟通表面上是语言、环境的沟通,内在是心理的沟通。何时何地应该与谁用何种方式进行恰当的沟通,是有讲究的,有其科学的一面,要靠学习知晓,但更重要的是靠在实践中摸索总结。所以,沟通是科学更是艺术。

13.1.2 沟通的四种形式

沟通是人类社会的基本活动之一,随着人类对自然科学的深入研究,基于生命科学理论指导的心理学研究取得了很大的发展,人们对沟通的研究正在逐步深入。今天,人们把心理学研究的很多成果应用到了沟通研究和实践当中。按照从简单到复杂、从低级到高级、从无准备到有准备,可以将沟通分为以下四种类型。

1. 命令式沟通

该类沟通以单向的命令或告知为主,很少有交流。这样的沟通形式常发生在社会组织的上下级之间,发生在家庭的长辈对晚辈之间。

2. 解释式沟通

该类沟通有一些双向交流,上级对下级能进行一定程度的解释,就交流的信息有简单的分析,但主要还是上级说了算。

3. 民主式沟通

正式决策前,上级能发扬民主,广泛收集信息,听取下级的意见,在认真分析后实行集中决策。

4. 有效沟通

有效沟通是把听众放在重要的位置,研究他们的需求,把自己的目标和听众的需求结合起来;在信息传递时讲究形式、方法,选择合适的环境,注重信息反馈,及时调整,最后达到满意的结果。

13.2 沟通困难及其克服

13.2.1 沟通困难的四种假设

沟通的四个目标是:① 被对方接收(倾听或阅读);② 被对方理解;③ 被对方接受;④ 引起对方行动。

但是由于存在沟通障碍使得沟通困难。领导沟通中最大的问题是误认为这种沟通已经存在,他们往往对自己的沟通做出 4 项致命的假设:① 受众理解要沟通的内容;② 受众赞同要沟通的内容;③ 受众会仔细考虑要沟通的内容;④ 受众会采取合适的行动。

德鲁克告诫说:“沟通不是你说什么,而是别人怎么理解。”最致命的是基于前两种假设情况下的沟通,领导们认为只要自己把想法和计划告诉下属,下属就会理解、赞同并能够执行。对一些复杂的问题,领导者往往要仔细考虑很多遍才能找到较完善的解决办法,但他们却盲目地认为下属们也会仔细地考虑,并依此做出安排,结果是事与愿违。理解、仔细考虑与采取合适的行动之间又有很大的距离，因为环境是不断变化的，指挥行动的计划也要随之而变化，那些认为有了完美的初步计划就能完成任务的想法也是致命的。

13.2.2 克服沟通障碍

沟通中的很多因素会妨碍信息的传达，在沟通中要“眼观六路、耳听八方”，“察言观色，细细揣摩”，“随机应变、沉着应对”。

1. 克服沟通中的心理障碍

沟通中的个人认知差异、情感冲突都会给沟通带来障碍，影响沟通的有效性。

(1) 克服个人认知的心理障碍。人们往往凭第一印象来决定与对方沟通的诚意，采用何种方式沟通。由于第一印象经常会有错觉，不见得完全准确，所以，要在沟通中不断地察言观色，不断地矫正自己的初始判断，这样所得结论才可能更可靠，沟通才可能更有效。

(2) 不要让情感遮住自己的双眼，左右自己的心理。人都是有感情的，沟通中往往不由自主地掺杂个人的情感好恶。有效、良好的沟通应该就事论事，不应让平时的情感好恶干扰沟通。

(3) 克服自卑心理，用恰当的语言表达自己的内心。在求得别人的帮助时，自己的内心是期盼的、弱势的，人们往往会通过自己的话语、眼神、动作及其他辅助行为把自己的内心夸张地表达出来，过于卑微而使人不舒服。在帮助别人时，自己的内心是矜持的、优越的、快乐的，人们的言谈举止中也往往表现出洋洋自得、居高临下的傲气，使接受帮助的人有很大的心理压力。在平常的沟通中，由于双方都没有迫切的需求，沟通往往缺乏热情，诚意表达不够，会影响办事效率。

2. 克服沟通中的角色障碍

每个人在工作和生活中都扮演着不同的角色，既是领导又是下属。在与对方沟通前一定要明确自己的角色定位，言行要和角色相配。譬如在和领导沟通时，更要注重倾听，不能用命令的语气说话。

3. 克服沟通中的个性障碍

在通常情况下，人的沟通行为具有鲜明的个性特征。物以类聚、人以群分，个性差别太大往往会影响沟通。所以在沟通的过程中，要留心观察对方的言谈举止，判断其气质、性格、能力、兴趣等各方面的特点，然后求同存异，促进沟通。

4. 克服沟通中的语言障碍

语言是沟通的桥梁，桥梁不通或不牢固，会严重影响到沟通的成败，更不用说沟通的效率了。

(1) 语言不同自不必多言，就是同一种语言也往往由于地域、民族不同而导致发音差别很大、相互不明白或理解错误，给沟通造成障碍。

(2) 词不达意、搭配不当、话语不合身份、对同一词语理解不同等都会给沟通带来麻烦。

（3）不同的声调、音量、语速、语气等都会影响沟通的质量。

5. 克服沟通中的环境障碍

沟通的环境会对沟通效果产生很大的影响，不可小视。

光线：要根据沟通的内容决定沟通环境光线的强弱。工作中的一般沟通，应该选择光线明亮的地方。带有情感色彩的沟通活动（如谈心、交流思想）应选择光线柔和的地方。

颜色：一般黄、橙、红等暖色调的场所使人感到温暖、愉快，蓝、紫、绿等冷色调的场所让人觉得安宁，浅黄、灰褐、象牙色等特殊色调的场所使人兴奋。可以根据沟通对象、目的，选择不同的色调及适宜的场所。

声音：一般来说，越是安静不被打扰的地方越是有利于沟通。

位置：一般来说，沟通地点的交通越方便越好，但有时到一些交通不便的偏远风景区旅游或野餐可能效果更好。在沟通的过程中人身体间要保持适当的距离，可根据对方的性格、与其熟悉的程度、空间的大小等来确定。

13.3　有效沟通的艺术

强调有效沟通，是因为实际沟通中存在大量的无效沟通，不但造成了资源的浪费，而且造成了负面的破坏。无效沟通很重要的原因在于沟通中客观和主观方面存着各种障碍。有意识地运用沟通艺术指导自己的沟通实践，会大大提高沟通的效率和效果。

情绪的协调是建立人际关系的基础。人际关系的好坏与情绪协调能力很有关系。如果你善于顺应他人的情绪或使别人顺应你的步调，人际互动必然较顺畅。成功的领导者能够使千万人随着他的情绪共舞。拙于传递或接收情绪信息的人，在人际互动上总是停滞难行，因为别人与其相处容易感到不自在，虽然他们可能说不出任何理由。

人际互动中决定情感步调的人，自然居于主导地位，对方的情感状态将受其摆布。高明的演说家（如政治家）便极擅长带动观众的情绪，这正是影响力的本质。

一个成功的领导者，不一定必须是一个演讲高手，只要有两点做到就可以：一是要知道自己讲什么，二是相信自己讲的内容。

13.3.1　有效沟通的特征

有效沟通有四个特征。

1. 准确

当你接近你的听众时，隐含之意是在寻求信任，即使你的听众中只有一个人发现了一个实际错误，你也会陷入困境。因此，沟通务必准确。

2. 清晰

清晰是很难达到的。为了使组织有效地运作，信息的准确和完整是必要的，但要把这些信息变成可理解的指令和能指导决策者的政策，就必须使信息清晰明了，模棱两可和混淆不但会增加成本，也会引发挫折感。

逻辑清晰：要想使下属明白你的思路、遵照你的计划行事从而达到理想的目标，你的讲话、文章、发出的指示必须逻辑清晰。

表达清晰：符合语法标准是有效沟通的底线，错别字和句子结构错误会使人对你的表达能力产生质疑。对大多数人来说，只有正确是不够的，表达还要清晰。

3. 简洁

良好的沟通要求简洁，追求以极少的语言传递大量的信息。每个人的时间都是有价值的，没有人喜欢不必要的烦琐沟通。例如宝洁等公司对简洁作了详细明确的规定，高级经理审阅的文字材料不得超过两页。简洁并不是说一定要使用短句子，也不是说为了缩短篇幅而不得不省略重要的信息，而是指字字有用。

4. 易记

记得住的信息才有用。人们在组织中担负着许多工作，天天进行大量沟通，所以，要使传达的信息生动、易记。

13.3.2 有效沟通的准备

1. 明确沟通目标

沟通前要明确沟通是为了什么，要解决什么问题，达到什么样的目标，这样才能有的放矢，收到良好效果。

2. 听众分析

通常，你选择的行动方向远不能使别人为达到你的目标而努力奋斗。这意味着你必须懂得他们怎样想，怎样看待他们的利益，怎么能使他们支持你或至少不阻碍你。同时，也意味着你必须提供给他们可以信赖的东西。当你已明确你的目标，你为什么要做这件事以及如何着手去进行时，千万不要认为其他人想的和你一样。要想实现目标，就要知道与你相关的人是怎么想的。要想知道别人的想法，就要沟通。要想得到有效的沟通，就要在沟通前进行听众分析。

听众分析应从提出以下关键问题开始：

（1）我的听众是谁？可以把听众分为两类：一类是主要听众，能直接影响你的决策或受你的决策影响的人；另一类是次要听众，对你的决策有间接的影响或受你的决策影响不大的人。他们可能是买你的产品的顾客和顾客的家人、是你要其出席会议的上司和上司的决策顾问、是你要其加班的员工和其家人。在很多沟通场合，次要听众的支持或至少中立对你达到目标会起关键作用。要耐心列出可能会影响你的建议或受你的建议影响的每一个有关联的听众，把他们分为主要听众和次要听众，然后逐个考察。

（2）我与听众之间的关系怎样？听众越感到他对某一决策起了作用，他就越可能在执行中采取合作态度。不管你认为你的观点多么有力,如果你得不到批准者和执行它的听众的支持,都不会成功的。参与产生认同。

(3) 听众的态度如何?明确听众的态度,有助于提高沟通的有效性。从这一角度,可以把听众分为以下三类:

① 积极的听众。要让支持你的听众知道你的行动计划,要鼓励、帮助他们积极参与,让他们知道他们对于你是多么重要,告诉他们如何行动、能得到什么样的回报。

② 中立的听众。这些听众比较理性,要和他们一起分析事件,说服他们支持你的计划。

③ 敌意的听众。这些听众可能永远不会积极支持你,但仍要以积极的态度和他们沟通,争取他们不反对你。

做这种分析时,你必须明白个人和群体的动机是什么。支持你的人有可能只因为是你的朋友,并不是非常关心和赞成你的想法,绝不要认为自己就是对的、其他人也会支持自己。这种错觉往往害死人。

有时候有些主要听众会提出反对意见,他们认为你的建议不好或者不是最好的。不管怎样,你最好客观坦诚地承认反对意见中的合理因素、自己想法和计划中的缺陷,并进一步完善。

有时抱有敌意的听众并不是认为你错了,而是因为你的成功会使他们付出一定代价。上司也许是担心你的表现太优秀而盖过自己;同事也许害怕你的工作表现会树立起一个标杆,迫使他们更加努力地工作;下属也许仅仅是不喜欢你的性格和喜好。这种问题最不好解决,因为这些听众不太可能承认他们反对的真正原因,他们可能创造性地想出种种理由来反对你的计划。面对这种情况,要采用以下两种战略:首先,给你的反对者一个下去的台阶——也许通过吸收他们的建议、共享荣誉,或在别的事件中支持他们等策略来减低他们的反对;其次,到上级或权威那里寻找支持。

(4) 听众能理解我的意思吗?沟通之前,为了使每一位听众更好地理解你,应问自己以下一些基本问题:

① 我熟悉这些信息吗?

② 用这些信息去论证我的观点是否充分?

③ 还需要补充哪些信息?

④ 我能让听众明白我的意思吗?

(5) 我的建议是为了听众的利益吗?面对积极和中立的听众时,成功的领导者能换位思考,明确听众的利益是什么,顾及听众的利益。

人的需求多种多样,包括金钱、尊严、省时、友谊的巩固、获得权威、避免冲突或窘迫、提高地位、使工作更容易等。在分析听众之前首先明白自己的需求有哪些,然后再分析你的听众,识别出他们支持你所得到的益处。

面对敌对的听众时,你应该做到以下几点:

① 你至少要表明你理解他们的观点。

② 阐述自己的建议无论是否被采纳,他们都将受到负面影响,但自己的策略是众多糟糕的策略中最好的,其他可供选择的策略更糟。

③ 对听众反对的理由,提出将来有可能改善,争取成为听众的同盟。

进行了听众分析之后,你仍然确信你的目标是有价值的吗?你能实现目标吗?自己的建议需要再加以完善吗?假如修改得太多,会不会丧失信用?

3. 清楚沟通的是利益而非内容

沟通表面上看是信息的传递、表达,说的是事情,但沟通实质上是利益的生产、分配、选择,谈的是利益。

许多管理者相信纯粹的说服可以解决一切,如清晰的成本收益分析会说服他人支持某一行动步骤,然而事实往往并非如此。有效沟通是在适当的时候,到适当的地方,见适当的人,说适当的话。

13.3.3 有效沟通的技巧

1. 令人乏味的不是事实,而是表达方式

人们喜欢事实。我们每天都不断接收并消化大量的事实,如体育赛事的统计数据、天气变化情况、企业经营指标以及汽油价格等。然而我们很少能够仅仅依靠事实说服别人,与他人沟通绝不是数据的罗列,而且这样也很少能够启发别人。我们要学会表达事实,表达事实远比消化数据更为困难,它要求领导者必须会讲故事。当你站在人群面前,准备与他人分享曾经影响了你决策的那一大堆事实时,一定要记住:需要清清楚楚向别人展示出来的,是你如何对这些数据和事实进行思考,而不是这些数据和事实本身。

事实只有经过良好的表达,才能激发起热切的希望,并建立起相互之间的信任。大多数领导不愿花费时间去考虑如何将事实的含义用一种引人注目、令人难忘的方式表达出来,他们总是习惯用威严的声调和居高临下的姿态将数据读给大家,总是认为他们的下属们会自然而然地像他们那样理解这个世界。而事实上,下属们不会愿意接受那些缺乏力度却又不断被重复着的观点;他们可能会对其敬而远之,冷眼旁观;他们将会对事实做出自己的解释。只有学会了用通俗易记的故事来表达深刻含义的领导者才会获得巨大的力量。学会讲故事,关键在于正确认识并不断刻苦练习。

领导者的思想很难顺利传递到追随者的头脑中,在领导者的思想和追随者的头脑之间存在一条河,必须架起一座桥梁才能够使得思想顺利过桥而到达追随者的头脑中。架起这个桥梁的一个路径就是故事。领导者通过讲故事来表达自己的思想,等价于把自己的思想装上了翅膀,可以顺利达到对岸。故事的来源是多样化的,可以是自己的、别人的、历史的、现实的、编制的、杜撰的、比喻的。这一思想传输过程见图 13.1。

有效沟通六 C

- 清楚(clearly)
- 简明扼要(chiefly)
- 有礼貌(courtly)
- 有建设性(constructly)
- 正确(correctly)
- 完整(completely)

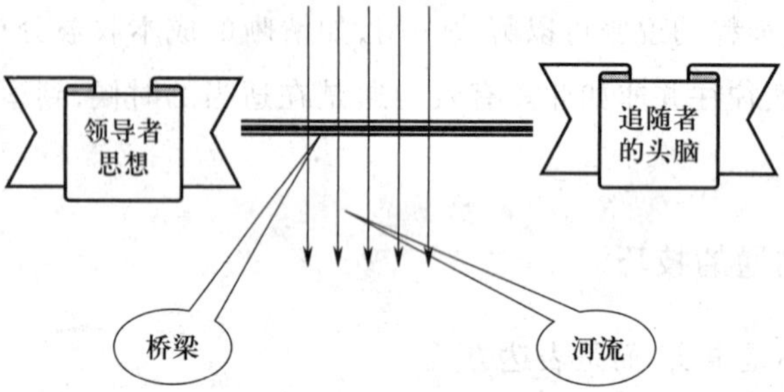

图 13.1　思想传输示意图

成功的企业背后必然有成功的文化,而企业的文化是靠故事来传播的,一个个动人的故事凝炼成为行动的指南,所以另一个结论是:成功的企业家必然要会讲故事! 管理思想靠故事传播,理论知识靠故事传播,企业文化靠故事传播,个人魅力也靠故事传播。

在企业管理中要让一个思想传播深远,枯燥的说教永远没有故事有效。

2. 让事实变得令人难忘

一个简单的对比就可能使数据变得容易理解、令人难忘。例如 1G 字节的信息量相当于1 000 册中篇小说的总和,生产车间相当于天安门广场大。

当比尔·盖茨被传讯到美国司法部时,他的一个恰当的比喻为自己做了精彩的辩护。他说,要求微软公司将其浏览器从 Windows 系统中拆除,就如同告诉汽车生产商将车载收音机从汽车上拆除一样,而拆除的理由是,如果不拆除的话将可能会使收音机生产厂商倒闭。

13.3.4　沟通前解决 5W1H

1. Why(目的)

- 我为什么要交流?
- 我讲话的动机是什么?
- 我的目的:告知? 说服? 影响? 教育? 慰问? 娱乐? 劝导? 解释? 刺激? 启发?

2. Who(何人)

- 谁是听众?
- 他们是哪类人?个性?受教育水平?年龄?地位?
- 他们对我的信息反应可能如何?
- 他们对我的信息主题了解多少?

3. When, Where(何时,何地)

- 在何时何地交流信息?

4. What(主题)

- 我到底要谈什么?
- 他们要了解什么?哪些信息必须省略或必须采用?

5. How(怎样)

- 我将如何传递信息?用文字?图解?书面?口头?电话?备忘录?书面报告?
- 如何表达?采用何种语气?用哪种词汇?沟通的目的?

对以上问题的思考,应该作为一种纪律遵守,要求"不加思考勿开口"。

13.4 非语言沟通的艺术

马勒布兰(Mehrablan)研究指出:面对面的沟通,谈话的内容只占7%,声音的语调、速度、分贝占38%,而身体动作和脸部表情占55%,也就是说非语言沟通占到了93%的比例。可见,身体的各个部位在沟通中起了十分重要的作用。要进行有效沟通,就必须学会正确解读和运用非语言沟通。

13.4.1 身体语言沟通

身体语言沟通形式是指通过动态的目光、表情、手势等身体运动、姿势、空间距离、衣着打扮等人体形式来传递信息。它往往能将一些未说出口或不方便说出口的意思表达出来,有些是有意识的,有些是无意识的。

13.4.2 副语言沟通

副语言沟通是指通过词语的声调、重音、停顿、速度以及哭、笑等来传递信息的沟通形式。副语言的沟通表达力也非常丰富,如"讨厌"这个词,若在情侣之间和仇人之间的对话中出现,其语调、重音、速度是不会相同的,其传递出的意思也不一样。

13.4.3 道具沟通

道具沟通是人们通过物体运用、环境布置等方式来传递信息。如在一方比较激动时,另一方若递上一杯茶水,有助于缓和气氛。布置得隆重的会场会为庆祝大会增添光彩。私人间的情感沟通可以选在环境休闲、轻松的咖啡厅里进行。房间里的一盆花、香水的气味都能使人们的情绪有微妙的变化,对沟通起到辅助的作用。

非语言沟通

- 表情——微笑、皱眉
- 手势——手和身体的动作
- 姿势——站和坐的姿势
- 方位——面向或转开
- 目光接触——注视或不注视别人,注视时间的长短
- 身体接触——轻轻拍背或搭肩
- 接近——与对方站或坐的距离
- 点头——表示赞成,鼓励别人继续讲话
- 仪表——修饰和衣着
- 讲话中的非语言表达——音调变化、停顿、语气和语速
- 写作中的非语言表达——字体、书写格式、文章结构、书面整洁

13.5 听的艺术

好的沟通者也是一个好的倾听者。卡内基说:“会听比会说更能打动人心。”人们每天有80%左右的时间在听,而不是说。沟通的有效性并不仅仅取决于表达,而更多的是取决于人们如何来倾听。在团队沟通中,有声沟通是最直接、最重要和最常见的一种方式,有声沟通的有效性很大程度上取决于倾听。

有80%左右的管理者不善于倾听。人们错误地认为“倾听”就是听见,这种认识是极其有害的,导致管理者不注意学习提高倾听技巧,使沟通效率严重低下。有研究证实,那些认真倾听的学生比那些没有认真倾听的学生更成功。

13.5.1 什么是倾听

1. 倾听的生理学过程

倾听的程序是:感知→选择→组织→理解。说者的声波传到听者的耳膜,产生振动刺激,这种刺激经过大脑一系列选择识别、分类、组织、分析、记忆等复杂生理活动,最后通过已储存的知识和经验,经过判断、推理获得正确的解释和理解。

2. 倾听与听见的差别

“倾听”不等于“听见”。听见是一个正常人的基本生理技能。倾听是在听见的基础上

运用逻辑思维和原有的知识信息对听见的信息进行加工,在理解后做出反馈的一种双向的沟通行为。

狭义的倾听概念是专指用耳朵听,包括为了正确理解对方真实意思的询问;广义的倾听是指接收所有信息,除用耳朵以外,还包括眼睛看到的,甚至是鼻子闻到的,嘴巴尝到的,身体感觉到的。接收信息除了通过面谈以外,还包括演讲沟通、书面沟通、电话沟通、电子邮件沟通、会议沟通等。除去接收以外,广义的倾听还包括为了进一步得到对方全面的意见和想法的询问,这样的沟通才会逐步深入,才能解决问题。

案例

一个成功的保险公司的业务经理说:“我的快乐经常感染周围的人,和我在一起更多的是快乐。很多人愿意和我说说他们的烦恼。在这样的情况下,我一般是听。因为我知道,每一个人有烦恼,其实只是希望说出来。一旦说出来,他们就会好起来。劝人其实没有任何作用,他们早就在心里决定了。找人说说,只是发泄。说到动情,我只要递上一张纸巾,胜过千言万语。”

13.5.2 有效倾听

有效倾听是指听得全面,理解得准确,做出必要的反馈。

1. 养成有效倾听的良好习惯

沉默是金:沟通就是要说,沉默怎么是金?这是由人的本性决定的,人们普遍有表达自己想法和观点的强烈愿望,认为自己的想法更有道理,比较难以接受别人的观点,所以在语言沟通中往往说得多听得少。

耐住性子:语言表达有个过程,而且并非人人都是语言表达高手,所以在听别人说话时要耐住性子,不要轻易打断对方的话,不要轻易下结论。

控制情感:过多情感投入会严重影响人们做出客观公正的判断和决策,表情上要积极,内心要镇定,不能带着偏见去和对方沟通,要虚怀若谷、就事论事、尊重对方、避免批评。

专心:对待重要的沟通要专门安排时间进行,要专心,不要边听边做其他事情。领导者在与下级沟通时往往不太注意,一心多用,好像显得很敬业,实际总体效果不好。

换位思考:要想很好地理解对方的意图,在听的过程中应设身处地地站在对方的位置上想想:假如我在他的位置和角度,是否也会这样想、这样说?换位思考能大大增强谈话的认同感,增进理解,取得共识,达到沟通目的。

学会归纳:由于表达能力等原因,你接收的信息可能是零散的,要学会归纳对方谈话的要点,边听边分析边归纳。

2. 倾听前的准备

重要的谈话，事先一定要准备。

心理准备：首先要重视沟通的对象，对那些自己平时不喜欢的人，在谈话前要告诫自己，就事论事。谈话中，可能有反对意见，不要操之过急，要心平气和地听。

计划时间：对一些重要的谈话，要有时间安排，不要轻易让其他临时不重要的事情打搅。

地点准备：良好的环境对人的听觉和心理活动是有重要影响的，要根据沟通内容、目的和人物的不同选择合适的谈话地点。

资料准备：对于一些重要而复杂的谈话，如商务谈判，可能需要事实、数据和资料，要提前准备，尽量不要谈话时临时查找而耽误时间。

约定：根据自己准备的情况，要提前和对方约定，让对方也做好准备，以便使谈话按计划进行。

3. 提高倾听能力的原则

不要有防御心理，即使对方言辞激烈。

要仔细听完整。如果你觉得受到了攻击，便会开始思考如何为自己辩解而不注意对方的内容。先把对方的内容听完。

如果有疑问可请对方阐明，但是不要问信息的来源。

谢谢对方给你反馈，即使你不喜欢所涉及的内容。

恰当使用身体语言。

4. 适当的提问与引导

我们在沟通艺术中强调“听”，不是忽视“说”的重要，更不是表明“听”就比“说”重要，而是因为人们在沟通的实践中往往忽视了“听”，不给予“听”应有的重视。

在谈话中肯定有很多不能理解的话语，要及时地询问，以便弄清对方的真实意图。但打断别人的话时要礼貌，要让对方把话说完后再询问。要是对方不能很好地表达自己，可以适当地主动询问，引导对方说明白其真实的意思。

如果你在组织一个会议，一个比较合乎情理的阻止别人影响会议进行的表述是这样的：“有人有反对意见吗？”如果有人漫无边际地乱说，你可以这样说：“你有反对意见吗？你没有？好，下一个议题。”

5. 及时总结

总结能力是有效倾听的重要方面，能进行很好的现场总结更是人们追求的目标。很多人不但不能现场总结，沟通后也不总结和记录，时间长了，工作忙了，就记不得沟通的真实情况了。再者，在谈话过程中很多的信息来不及分析和总结，没有听出对方的弦外之音，不利于以后的进一步沟通。所以，对于重要的沟通要有记录，要养成在谈话中以及谈话后及时总结的习惯，这将会使你受益无穷。

6. 认真反馈

要使倾听有效，在总结后要及时反馈，能够在现场决定的就不要拖到以后，不能在现场决定的要根据轻重缓急来分别安排。对那些达成共识的谈话，要尽快落实。对一些还存在异议、不是非常急的事情，该缓的就缓，有的还要再次约定谈话时间，有的就干脆搁置起来。对一些重要而紧急的事情，不能优柔寡断，要根据具体情况请示上级，自己可以决断的就要有明确的态度和指示。

案例

开会的时候，是领导者与参会人员沟通的时候。领导者讲话是对每个人讲的，但是听者容易认为是讲给别人听的，所以容易在下面开小会、玩手机、睡觉、看书、看报纸、不屑一顾。这会给领导者留下深刻的不尊重、不重视的印象，会影响领导者对自己的重视。

13.6 通过沟通建立亲和力

沟通中建立亲和力的方法如下：

1. 情绪同步

在情绪上、心境上与沟通对象处于同样的状态，产生共鸣。例如对方是严肃的，你也要严肃；对方是兴高采烈的，你也要喜笑颜开。

2. 共识同步

遵守 7+1 法则：如果你让一个人认同你达到 7 次，那么第 8 次他会习惯性地认同。因为思考是有前因后果的，所以思考可以被连续起来。但是，问句必须导向你的目的，问句要自然流畅，激发对方的兴趣。沟通、影响、说服就是借提问好的问题引导别人的思路到你需要的方向上来。

3. 沟通模式同步

镜面映射：通过映照或临摹对方的方式，实现在文字、声音、身体语言三方面都能够和对方达成共同的沟通模式，从而产生共鸣。模仿演讲者的行为可以引起演讲者的好感和信任，但是不能模仿生理缺陷。经常在一起的人会互相影响，例如感情很好的夫妻彼此相像。用对方的语言文字可以博取对方的好感，例如演讲者到一个地方都会用当地的语言同对方进行短暂交流或者问好。

4. 语调和语速同步

人感知事物的方式有三种：

视觉型：以眼睛来理解周围事物，说话速度快，以胸部呼吸为主。

听觉型：说话不紧不慢，说话时胃部起伏。

触觉(感觉)型:由经验或感受来接受信息,腹部呼吸为主。说话慢吞吞、声音低沉、停顿时间长。

如果对方语速快,你也要快,否则给对方以傲慢和压抑感;如果对方语速慢,你也要慢,否则对方觉得你张扬。

5. 态度同步

人人都喜欢得到别人的认同,因此通过同对方保持态度一致可以赢得对方。在沟通中少用以下词语:可是,但是,就是。要说:同时、还有、我很了解、很感激、谢谢你。不要指出别人的错误,这会导致对方立刻处于防卫状态。

例如要这样沟通:

我很了解你的看法,同时我对这件事情的看法是……

很感谢你给我们的建议,同时我们需要时间去……

我很理解……同时(还有)……

我很同意……同时(还有)……

我很感激……同时(还有)……

我很尊重……同时(还有)……

迅速提高沟通水平的路径是:先学听话,再学问话,再学说话。

本章关键词

沟通　沟通的形式　沟通障碍　有效沟通　沟通艺术　非语言沟通　倾听　倾听艺术　亲和力

作业 1　课程思考题

1. 什么是沟通? 沟通的目的是什么?
2. 沟通问题的实质是什么?
3. 沟通的类型有几种?
4. 沟通的困难是什么? 如何克服?
5. 如何做到有效沟通?
6. 有效沟通的技巧是什么? 如何使用?
7. 什么是倾听? 如何做到有效倾听?
8. 通过沟通建立亲和的方法有哪些?

作业 2　课后练习题

1. 根据倾听的原理,分析自己的倾听程度如何。

2. 怎样提升倾听技巧?

3. 与人交谈时应至少75%的时间听对方说话,你体验一下自己是否具备这个技能。

4. 按照听的程序做一次听的练习。

5. 任选一个题目演讲,写出讲稿,背诵出来,对照镜子表达出来,熟练后加入肢体语言。

6. 找到一个最不喜欢或者害怕与之沟通的人,设计同他沟通的程序,与他沟通。

7. 观察别人的沟通方式,见贤思齐焉,见不贤而内省也。

8. 养成习惯,随身携带笔记本,遇到有益的谈话做记录,并运用在自己的谈话中。

9. 人人都感到自己重要。如何在沟通中让对方感到他自己的重要性?

10. 用情商与沟通的原理指导自己参加一个会议,会前做好计划,包括自己坐在哪里、是否记笔记、如何鼓掌、如何处理手机(电话、短信、微信),然后写出自己的体会。

作业3　即测即评

第 14 章　奖励与批评

1. 了解奖励与批评的原理
2. 熟悉奖惩模型
3. 理解奖励与批评的类型
4. 掌握奖励与批评的技巧

14.1　奖励与批评的原理

14.1.1　奖惩模型

心理学研究提出了“效用法则”(law of effect),即一个特定的行为,如果得到奖励会增加其发生的频率。利用这个原理,人们训练各种动物学表演。

我们可以得到推论:如果一个行为没有得到应有的奖励,会降低其发生的频率。生命的本质在于趋利避害,追求快乐、躲避痛苦。奖励会给人带来快乐,因此人们去追求它;惩罚会给人带来痛苦,因此人们去躲避它。

我们自己,无论是管理人员、工人、老师、学生、医生或政治人物,都是按照奖励制度来行事。组织中的领导者们用奖惩行为来影响下属。当下属的行为对组织目标有利时,领导者就对下属实施奖励,给下属带来愉悦,产生正强化的效果。

人人喜欢得到认可,因此就通过出色的工作来表现自己,受到奖励时就产生正向的心理反应,就会重复出现领导者所期望的行为,就会对组织负责。领导者实施奖励也是兑现自己的承诺,会增加下属对领导者言行的信心。

领导者的奖励是一个指挥棒,是正激励,调动下属的行动导向领导者期望的方向。

领导者的惩罚会导致下属产生不愉快的心境,是负激励,使得下属知道什么样的行为是领导者不希望看到的,这种负激励就会给下属一个信息:领导者不喜欢出现这样的行为。

领导者使用的奖惩行为实质上是一种领导者与下属之间的社会交换过程。组织中的领导者通常拥有大量资源可以奖惩下属,领导者也为下属规定了一些特定的行为,当这些特定的行为满足领导者的要求时就得到领导者的奖励,否则受到惩罚。这实质上是在下属同管理者之间达成一个协议,双方认为公平就可以形成一个有形或者无形的合同,履行合同就实现了社会交换。

具有洞察力，并且把美好的愿景传递给别人，是重要的激励他人的艺术。为了激励他人，领导者本人也需要激励。不管激励领导者的原因是世俗的还是高尚的，都能够激励领导者本人。如果激励别人，还需要传递情感、感觉和精神力量。领导者是一个组织的发电机，不断地供应着能够唤起更多努力的能量。领导者更应该是一个制造发电机的人，即把组织中的每个人都变成发电机。领导者的工作就是推动别人去工作，领导者是头，头的作用是指挥其他部位工作，在组织中撒播活力。

领导者必须关注情感和动机，这需要领导者高超的语言技术。柏拉图指出：修辞学是一种利用语言来影响人们灵魂的艺术，主要内容就是了解人们的性格和情感，而性格和情感就像是人们灵魂的琴弦，需要技艺娴熟的乐师来拨动。领导者在沟通中不仅传递和接收信息，而且还交流方法、价值观、情感和精神力量，目的是寻求一种响应，提升团队士气。

领导者奖惩行为模型见图 14.1。

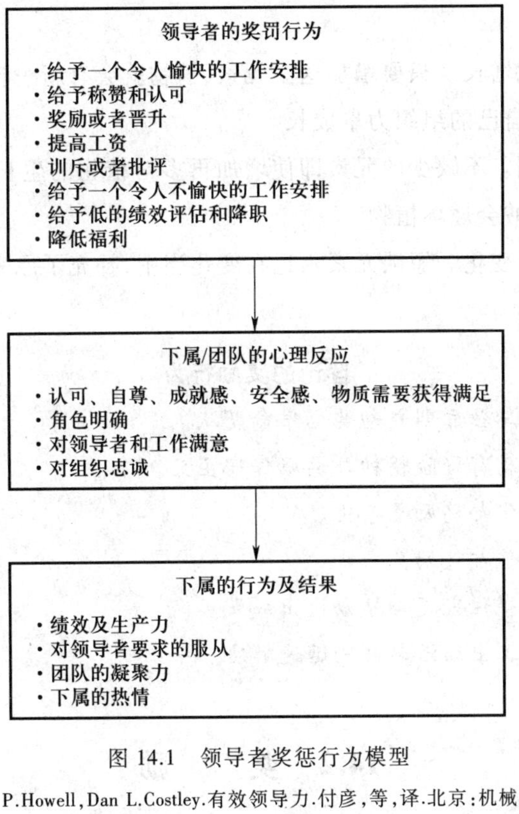

图 14.1　领导者奖惩行为模型

资料来源：Jon P.Howell，Dan L.Costley.有效领导力.付彦，等，译.北京：机械工业出版社，2003.

14.1.2　权变奖惩

奖惩措施要依据下属的行为来确定，下属要知道因为出色才受到奖励，因为不符合要求才受到惩罚。奖惩不仅能够产生领导者所偏爱的行为，也能够改善人际关系，并且能够增强下属的满意度。每个人都喜欢受到赞扬,而且有形奖励比无形奖励更受员工的欢迎。但是,有形的奖励会使得下属们仅仅为奖励而工作,而不是出于内在的兴趣。当领导者已经掌握了切实可行的奖励措施时,即这个领导者握有实权,下属就会相信领导者有能力兑现承诺,那么奖惩措施就会有非常高的影响力。地位高比地位低的领导者对下属奖惩更有效。当奖励措施为下属所重视和期待时,奖励行为特别有效。领导者在实施奖惩措施时,需要根据情境因素灵活把握。短缺元素理论可以为权变奖惩提供一些指导。

150多年前,德国农学家李贝格(Liebig)发现了植物生长过程中的短缺元素定律,共计有五点内容:

(1) 需要有元素。任何一个植物生长都需要一定的元素,有了这些元素植物就生长。

(2) 某一时期只需要一种。在某一时期植物缺少的只是某一种元素,这个元素叫短缺元素。

(3) 满足了短缺就增长。只要增加这个元素,植物就会有新一轮的增长,人们可以不做其他的事情,植物会靠自己的组织力量成长。

(4) 不缺的没有用。不缺少的元素即使增加再多对植物的生长也没有用处,通常会有副作用,例如太多的磷酸会烧坏植物。

(5) 短缺元素不断变化。短缺元素永远在变化当中,补充了原来所缺的元素之后,总会有新的短缺元素产生。

悖论的奖励行为

- 领导者希望下属独立创新却奖励唯命是从。
- 领导者希望下属有冒险精神却奖励保守主义。
- 领导者希望简化却奖励复杂化。
- 领导者希望合作却鼓励竞争。
- 领导者希望耐得住寂寞却鼓励快出成果。
- 领导者希望慢工出细活却鼓励迅速解决。

14.2 奖　励

14.2.1 奖励的作用

"给我足够的绶带,我将征服世界。"(拿破仑)。下属喜欢领导者的奖励是因为奖励可以满足下属的需要,这些需要包括:认可、自尊、成就感、安全感、物质需要。对于一个企业来说,科学的奖励制度至少具有以下几方面作用:

1. 吸引和保留优秀人才

德鲁克认为,每一个组织都需要三个方面的绩效:直接的成果、价值的实现和未来的人力发展。缺少任何一方面的绩效,组织注定要失败。因此,每一位管理者都必须在这三个方面均有贡献。在三方面的贡献中,对"未来的人力发展"的贡献就是来自激励工作。

2. 开发员工潜在能力

美国哈佛大学的詹姆士教授在对员工激励的研究中发现,按时计酬的分配制度仅能让员工发挥20%~30%的能力,如果受到充分激励的话,员工的能力可以发挥出80%~90%,两种情况下60%的差距就是有效激励的结果。管理学家的研究表明,员工的工作绩效是员工能力和受激励程度的函数,即

$$绩效=f(能力\times激励)$$

如果把激励制度对员工创造性、革新精神和主动提高自身素质的意愿的影响考虑进去的话,激励对工作绩效的影响就更大了。

3.创造出良性的竞争环境

科学的激励制度包含一种竞争精神,它的运行能够创造出一种良性的竞争环境,进而形成良性的竞争机制。在具有竞争性的环境中,组织成员就会感受到环境的压力,这种压力将转变为员工努力工作的动力。正如麦格雷戈所说:个人与个人之间的竞争才是激励的主要来源之一。

14.2.2　四类奖励技巧

在现实中,企业内的员工可以分为指挥型、关系型、智力型和蜜蜂型。针对不同类型的员工,领导者应该分析其类型特点,采用不同的奖励技巧,这样才能取得良好的奖励效果。

1. 针对指挥型员工的奖励技巧

指挥型的员工喜欢命令别人去做事情。对待这一类型的员工,领导者在选取奖励方式的时候应该注意以下几点:

(1) 支持他们的目标,赞扬他们的效率;

(2) 在能力上胜过他们,让他们钦佩;

(3) 帮助他们融通人际关系;

(4) 让他们在工作中注意弥补不足之处,而不要经常指责他们;

(5) 避免让效率低和优柔寡断的人与他们合作;

(6) 容忍他们不请自来的帮忙;

(7) 巧妙地安排他们的工作,使他们认为是自己安排自己的工作;

(8) 别试图告诉他们怎么做;

(9) 当他们抱怨别人不能干时,询问并倾听他们的想法。

2. 针对关系型员工的奖励技巧

关系型员工的对象不是事务而是人的因素，他们的工作目标就是打通人际关系。对于这种类型的员工，领导者应该考虑采取下列的奖励技巧：

（1）对他们的私生活表示兴趣，让他们感受到你对他们的尊重；

（2）与他们谈话时，要注意沟通技巧；

（3）由于他们比较缺乏责任心，应承诺为他们担负一定责任；

（4）给他们安全感；

（5）给他们机会充分与他人分享感受；

（6）别让他们感觉受到了拒绝，他们会因此而不安；

（7）把关系视为团体的利益来建设，将受到他们的欢迎；

（8）安排工作时，强调工作的重要性，指出不完成工作对他人的影响，他们会因此而努力拼搏。

3. 针对智力型员工的奖励技巧

智力型的员工擅长思考，分析能力一般来说都很强，常常有自己的想法。这类员工喜欢用事实、数字来说话。领导者在激励这部分员工的时候，应该注意以下几点：

（1）肯定他们的思考能力，对他们的分析表示出兴趣；

（2）提醒他们圆满完成工作目标即可，别过于追求完美；

（3）避免直接批评他们，而是给他们一个思路，让他们认为是自己发现了错误；

（4）不要用突袭的方法打扰他们，他们不喜欢惊奇；

（5）多表达诚意比运用沟通技巧更重要，他们能够立即分析出别人诚意的水平；

（6）必须掌握和他们一样多的事实和数据；

（7）别指望说服他们，除非他们的想法与你一样；

（8）赞美他们的一些发现，他们通过努力思考得到结论并不希望别人泼冷水。

4. 针对蜜蜂型员工的奖励技巧

蜜蜂型员工的主要特征是喜欢埋头苦干。这类员工做事谨慎细致，他们在处理程序化的工作时表现得尤为出色。对于这样的员工，领导者要采取的奖励技巧有以下几点：

（1）支持他们的工作，因为他们谨慎小心，一定不会出大错；

（2）给他们相当的报酬，奖励他们的勤勉，保持管理的规范性；

（3）多给他们出主意、想办法。

14.3 批　　评

14.3.1 批评的原理

人都喜欢被表扬、不喜欢听批评，但“人非圣贤，孰能无过”。当人犯了错误，为了使之认识错误，在今后不再犯同样的错误，提高自我、改进自我，有时就不得不运用批评了。

案例

美国斯坦福大学心理学家詹巴斗做了一个实验：他找了两个一模一样的汽车，把其中一辆停在中产阶级社区A区，一辆停在相对杂乱的街区B区。他把放在B区的车的车牌摘掉，把车顶棚打开，结果这辆车一天之内就被人偷了。而放在A区的那辆，一个星期无人问津。后来，詹巴斗把那个车的玻璃敲了个洞，结果几个小时就不见了。

破窗理论：如果有人打坏了一扇窗户的玻璃，而这扇窗户又得不到及时的维修，别人就可能受到某些暗示性的纵容去打烂更多的窗户玻璃，久而久之，这些破窗户就给人造成一种无序的感觉。结果在观众麻木不仁的氛围中，犯罪行为就会滋生。

勿以恶小而为之，勿以善小而不为。冰冻三尺非一日之寒。千里之堤，溃于蚁穴。一个集体要及时修好第一扇打碎的窗户玻璃，一个人要及时改正小毛病，否则时间久了积重难返就会破罐破摔。及时惩戒不良行为，防微杜渐才能建立规则。

所谓批评，是指根据人的心理与精神需求，采取适当的方式，通过对批评对象的动机、行为、心理等的否定性评价，引导其进行自我内在评判与自我否定，从而使其调整改进自我动机与行为状态，以利被批评者健康发展。批评就是对错误和缺点提出意见，是表扬的一种对应形式，是领导者经常运用的工作方法。批评含有品评、判断、指出好坏之意，可以激励人、鞭策人、教导人。正确地、科学地实施批评，有利于帮助和教育员工提高素质，促进工作开展。但是，运用不好批评也会产生消极作用，会使人意志消沉，产生不满、抵触情绪，将不利于开展工作。

批评的目的是使其调整自我，批评的关键是使其自我否定，批评的艺术是方法得当。如果方法不当，批评是很难奏效的。批评涉及对这个人正确或错误的判断。当你指出一个人不对或是犯了错误后，有四种情况会发生：

（1）他们进行自卫，并为自己的行为辩护，或者为自己的行为找借口。

（2）他们根本不听所谓建设性的反馈。

（3）他们很难堪，并对自己感觉很坏，或者把自己当成了失败者。

（4）他们开始不喜欢所做的工作，不喜欢受到批评。

一个人受到的批评越多，他们的自卫意识越强，他们听进去的就越少，最后容易走到极端。

心理学家席勒说："我们极希望获得别人的赞扬，同样地，我们也极为害怕别人的指责。"批评所引起的愤恨，常常会降低员工、家人以及朋友的士气和情感，而所指责的状况仍然没有获得改善。既然大家都不喜欢批评，那就应尽量不批评或少批评，必须批评时应注意批评的艺术性。

14.3.2 批评的程序

在批评别人之前，首先要弄清楚事情的真相。没有调查研究就没有发言权。只有弄清事情的真相，批评起来才能有理有据，做到有的放矢、切中要害。否则，会冤枉好人，使受批评的人不服，在今后的工作中产生抵触情绪。

在批评中，首先要肯定被批评者所做的事情中好的部分。磨掉锐气只能让人不敢承担责任，不敢挑战自我、主动突破。要使人把批评转化为以后工作的积极性和动力。接下来，再明确、直接和客观地指出不足或错误，并说明这种不足和错误带来的后果和影响，组织和个人都将承受什么。

批评之后要诚恳地与被批评人交换意见，征询批评与事实是否相符，请他谈谈受了批评后的想法。同时说明，不足是可以弥补的，错误是能够改正的，并一起寻求改正缺点的方法、途径，给他指出方向。

在批评之后的一段时间内，还要看他在工作学习中是否改正了错误、批评是否取得了良好的效果。如果没有，需要查找一下原因，是批评的不到位、方法不好，还是其他什么原因。

14.3.3 批评的技巧

良药苦口利于病，忠言逆耳利于行。古人认为忠言逆耳、良药苦口，足见批评的话确实不中听。因此，与赞扬比起来，我们在展开批评时，更要讲究一点艺术性，像药师把“良药”外包上糖衣一样，把批评的话变得顺耳、悦耳一些。

1. 批评时要注重对人的培养

成长性是个人在组织中追求的一个目标，教他并且促使他成长是对他的最大激励。这种境界的提高，往往能够消除他受到批评以后的不良情绪，反而让他动力更足。

2. 批评时态度要诚恳

批评时不能总是一副严肃的面孔，更不能总是如秋风扫落叶一般严厉。批评的目的是使人思想产生变化，认识到错误，改正错误，提高认识，在今后的工作学习中避免犯同样的错误，从而改进工作。批评不是一种惩罚，更不是打击报复、摧毁自信的工具。在批评时应该以诚相待，要关心人、理解人、爱护人，才能使人心服口服。

3. 批评要适度，注意事实，掌握分寸

一旦发现对方已经在参考意见了，就应适可而止，切不可得理不饶人，不能“痛打落水狗”。留有一定的余地才能使人心存感激，更有利于认识错误和改正错误。否则对方心中会委屈，产生自卫反应和抵触情绪。

4. 批评要以“评”为主，以“批”为辅

一般的批评多半把重点放在“错”的地方，而未指明“对”的应是如何。这样的批评收不到积极的效果。真正懂得批评的人应该侧重引导，侧重“正”而不是“误”。要在指出其犯错误的原因及危害性的同时，提出改进的方法。批评时要说明该做的事，指出改正的方向，让人用积极的态度思考批评的问题。

5. 在批评人的时候先要稳定情绪、控制情绪

在盛怒之下批评人难免会言语过激，可以利用情商工具调整自己的情绪。批评人之前先想一想是不是真的需要批评、希望达到什么目的、他错在哪里、需要他做哪些改正，而绝不能带着情绪劈头盖脸一顿痛骂、发泄自己的不满。这样的批评起不到任何积极的作用，只能使当事人心怀不满。如果需要改变一个人而又不冒犯他或引起他的反感，那么鼓励将是一剂最佳良方，它会使对方感觉到事情好像很容易做到。

案例

卡耐基的侄女约瑟芬·卡耐基19岁时离开家乡，刚刚开始工作的时候，身上存在许多不足。有一天，卡耐基正想开始批评她，但马上又对自己说：等一等，戴尔·卡耐基，你的年纪比约瑟芬大了一倍，你的生活经验几乎是她的一万倍。你怎么可能希望她有与你一样的观点、你的判断力、你的冲劲，虽然这些都是很平凡的。还有，你十九岁时又在干什么呢？还记得你那些愚蠢的错误和举动吗？

把这些事情仔细想过一遍之后，卡耐基得出结论，约瑟芬19岁时的行为比他当年好多了，而且他很惭愧地承认他并没有经常称赞约瑟芬。

6. 批评时要注意场合和范围

对于后果严重、典型、有普遍教育意义的错误，批评可以公开进行，以教育和警示大多数人，其他一般性的错误最好个别进行批评。在公众面前表扬一个人能起到极大的鼓舞作用，相反，如果在公众面前批评则会极大伤害人的自尊心，对以后的工作将会产生较大的负面影响。

7. 批评要与赞扬相结合

可以在批评人之前先表扬一下他的优点，同时指出他的不足之处；或者先指出他的缺点，然后肯定他还有很多优点。这样的批评方式较能让人接受。多用肯定、启发、开导的语言和语气，最好不用或少用不准、不行、不能等词汇。

批评的实质是使得一个人的自尊心受到挫折，三明治式的批评是使得人在自尊心受到挫折的时候仍然保持自尊和自信，能够迅速起死回生。

案例

某公司的一个年轻的主管把下属请到办公室，本来想指出下属的错误，但是他不敢直说，表扬了这个下属一通，然后让他离开了自己的办公室。下属感到莫名其妙，他自己也懊恼为什么不敢批评。

有权力要敢于使用权力。如果碍于自尊心和面子,可以采用三明治式的批评。

三明治式的批评是:表扬+批评+表扬。

8. 批评的时候一定要注意对事不对人,做到客观公正

批评时就事论事,不应提过去的旧账。如果把对方的缺点集中在一起,情况就不同了,会使问题复杂化,达不到预期的效果。不能因为一个人的一件事情的失误就否定其以前的成绩,否定这个人。

案例

陶行知先生在担任一所小学校长时,看到男生王友用泥块砸班上的同学,当即制止了他,并要他放学时到校长室去。

放学后,陶行知来到校长室,王友已经等在门口准备挨训了。陶行知没有批评他,却送了一块糖给他,说:“这是奖给你的,因为你按时来到这里,而我却迟到了。”

王友惊异地接过了糖果。

接着,陶行知又从口袋里掏出一块糖给王友,说:“这块糖也是奖给你的,因为当我不让你再打人时,你立即住手了,这说明你很尊重我,我应该奖励你。”

王友迷惑不解地接过了糖。

陶行知又掏出了第三块糖,说:“我调查过了,你用泥块砸那些男生,是因为他们不守游戏规则,欺负女生。你砸他们,说明你很正直善良,有跟坏人斗争的勇气,应该奖励你啊!”

听到这里,王友感动极了,他流着眼泪后悔地说:“陶校长,你打我两下吧!我砸的不是坏人,而是自己的同学呀!”

陶行知满意地笑了,他随即掏出第四块糖,递给王友:“为你正确地认识错误,我再奖给你一块糖。”待王友接过糖,陶行知说:“我的糖给完了,我看我们的谈话也完了吧。”

陶行知先生奖励做错事的孩子,善于找孩子的优点,以优点为突破口,让孩子真心悔悟自己的错处,这不正是教育家的教育艺术吗?但如果他把孩子叫来批一顿、训一顿,孩子会有发自内心深处的觉悟吗?

9. 批评的方式不是一成不变的,应因人而异

应根据不同的情况选择批评方式,在批评中灵活操作。

批评发生最多的情况是老师和家长对学生的批评。因为学生还处于成长阶段,经常会犯这样那样的错误。也正是因为学生处于成长阶段,对学生的批评就更应该注意方式方法。可能由于一次不恰当的批评就会影响一个学生的一生。

在教育管理学生过程中,批评最常见的就是声色俱厉、怒不可遏、不分青红皂白地把学生说得一无是处。这种批评对学生的挫伤性极大,既不给对方解释的机会,又没有提出改进

的建议，让学生感到无所适从又愤愤不平。这样进行批评教育，可能给学生心灵带来极大的创伤。

讲究批评方法与技巧的关键是在指出其犯错误的原因及危害性的同时，提出改进的方法。要关心、理解、爱护学生，努力寻求解决问题的机会。需要注意他们身上的闪光点，因势利导，注意情与理、刚与柔、热与冷、抑与扬之间的恰当处理。

批评十要

- 要围绕中心工作，抓住根本问题
- 要有适宜的环境保证
- 要及时批评
- 要区别对象，采取不同的方式
- 要由领导者承担责任
- 要着重批评可以改正的错误
- 要有轻松的气氛
- 要重视语言艺术
- 要有批评后的缓解
- 要适当保密

批评十忌

- 忌伤自尊心
- 忌究根
- 忌绕弯
- 忌纠缠
- 忌强迫认错
- 忌讽刺
- 忌对证
- 忌提旧事
- 忌比较
- 忌间接批评

资料来源：邱霈恩，等.领导学.北京：经济科学出版社，2000.

（1）批评下属时，应该循循善诱，忌“电闪雷鸣”。

领导者在批评下属时，要注意方法，讲究艺术。下属对领导的批评是相当敏感的，尤其关注“弦外之音”是否含有不信任的意味。领导者在批评下属时，应该是说服而不是压服，应该是鼓励而不是威胁，应该是尊重而不是鄙视，应该是循循善诱而不是“电闪雷鸣”。要善于从正面肯定下属为完成工作所付出的努力，不失时机地给予下属适当的赞扬和鼓励，让下属首先从领导者那里获得安慰和自信,进而指出他的不足并提出改进的意见。如果一味刺耳地批评,不仅会挫伤下属的自尊心,让下属“敬而远之”,时间长了还会使其产生逆反心理而消极怠工,甚至“破罐破摔”。

(2) 批评同级时,应该义正辞和,忌“声色俱厉”。

同级之间,彼此的职责和地位相等,相互之间没有统属关系,在开展批评时,往往容易使被批评者产生“越界干涉”、“出风头”、“多管闲事”、“故意找茬”等误解。因此,在开展批评时,除了要态度诚恳、分寸适度、有理有据、客观公正,更要和颜悦色,善于用平和的语气、中听的措辞,以消除对方对批评的反感。批评时,宜采取商讨式、双向交流式,一般可用“我想”、“我觉得”、“我个人认为”等语气来向被批评者表明其批评意见纯属个人的看法,使被批评者感到你是为了沟通而不是为了教训人,这样才容易使对方接受。切忌用“你应该怎样,不应该怎样”、“我早就料到会是这样”这类语言。

(3) 批评领导时,应该间接委婉,忌以“众议压人”。

对于领导者来说,应具有“闻过则喜”的雅量。然而,如果批评时以“众议压人”,就会触犯领导者的威信和尊严,十有八九是要碰壁的。因此,批评领导,宜用“商议式”、“启发式”、“迂回式”的语言。

10. 批评要与自我批评相结合

人们往往只看到别人的缺点,而忽视自己身上的缺点。别人是自己的一面镜子,从别人身上可以看到自己的不足。领导者宜率先垂范,用自己的行动表明自己对制度的重视,而不是只要求别人不要求自己。

凡事多想想自己有哪些做得不好的地方,有哪些需要改进的地方。有时候人也会明知道自己犯了错误而不愿意承认,怕降低自己的威信。人无完人,谁都有可能犯错误。犯了错误大家都能看见,并不是不承认就没有发生。如果能及时发现错误、承认错误、改正错误、勇于做自我批评,非但不会降低自己的威信,反而会提高威信。

14.4 惩 罚

14.4.1 惩罚的含义

惩罚是领导者对行为表现不当的或者不满意的下属实行的负激励。严厉的、刚性的惩罚会削弱集体的凝聚力,适度的、缓和的惩罚会增强集体的凝聚力。实施惩罚的理由是下属不按领导者的要求做事。领导者可以动用自己的各种权力来实施惩罚,惩罚的手段可以是:训斥、安排不喜欢的工作、停职、撤销优惠待遇、不提升、降低工资、开除等。

尼克松说:“总统有时候必须开除人,或者因为不称职、懒惰,或者因为违抗命令,这总是不愉快的事。但是组织有时候要靠这样做来使它摆脱懒散的局面。”

14.4.2 惩罚的原则

说服教育原则:犯了错误的人已产生了压力,就不要再伤口上撒盐。邓小平曾说:对于犯错误的人,有的需要适当的惩处,但是不要强调惩处,要强调帮助,满腔热情地帮助他们改正错误,帮助他们进步。单独讲道理比单独使用惩罚更有效。

重举轻放原则:高高举起,轻轻放下。毛泽东曾说:第一是惩前毖后,第二是治病救人。

防微杜渐原则:避免星星之火成燎原之势,杀一儆百。聪明的领导者小题大做,对小的错误大动干戈,而重大的错误却不张扬,因为下属已经深感内疚了。

对事不对人原则:惩罚针对下属的行为,而不是针对其人。

扬善于明堂,归过于暗室:惩罚措施在私下进行,保留下属的自尊心和面子。

非情绪化原则:用一种低调的非情绪化的态度实施惩罚。

承担责任原则:领导者对惩罚措施的实施负责,而不要说这是别人的主意。

从速原则:处理越快,解决问题越快,对人们的影响越大。时间长了会产生很多借口不利于修正错误。

有错也奖原则:如果出错的原因不是缺乏道德和责任心就不要惩罚,如果破坏了制度却提升了公司业绩则前者要罚后者要奖,奖大于罚。

本章关键词

奖励　惩罚　奖惩模型　奖励技巧　批评技巧

作业 1　课程思考题

1. 何谓奖励和惩罚?奖惩与心理和行为之间的关系是什么?
2. 短缺元素理论的要点是什么?
3. 奖励的技巧有哪些?
4. 当你指出一个人的错误的时候,对方一般会有几种反应?
5. 为何要注意批评的技巧?批评的技巧有哪些?
6. 批评中的十要、十不要的主要内容是什么?
7. 什么是惩罚?为什么要用惩罚?
8. 如何运用惩罚?

作业 2　课后练习题

1. 描述对你产生实质影响的领导者的奖惩行为,他的方式是什么?他利用的是什么权力？对你产生了什么样的影响？

2. 观察你身边存在的奖惩悖论现象，如何解决？

3. 举例说明权变奖惩在你或者你身边领导者身上的应用，以此来理解领导是艺术。

4. 批评的种类有哪些？如何批评才有效？用案例来说明。

5. 找到你不能忍受的事情，设计批评的步骤，以对事不对人的方式提出批评，对批评的效果进行总结。

6. 发现你欣赏的事情，设计表扬的程序，表扬之，总结并且提炼表扬的技巧。

7. 养成习惯，发怒前和批评前设计一个程序，杜绝草率。

作业 3　即测即评

第15章 时间管理

1. 理解时间管理的重要性
2. 了解时间管理的工具
3. 学会把事情分类
4. 掌握时间管理的80/20原则
5. 培养良好的时间管理习惯

15.1 时间管理的重要性

彼得·德鲁克说:“21世纪的竞争焦点是速度的竞争,而速度竞争的最核心问题是时间管理,不能管理时间,便什么都不能管理。”

我们不能选择是否被给予更多的时间,但我们能选择用我们所有的时间来做什么。如果你是有意识地做事,那么你就会真正拥有你的大部分时间和才能。

我们可以找到无数种形容词来描述时间:时间是我们拥有的最稀缺资源,时间是我们生命的基础,时间是我们人生最宝贵的财富,时间乃是最大的革新家(培根)……追根究底来看,时间的稀缺性甚至是一切稀缺性之源——试想一下,倘若我们拥有无限的生命,那哪里会有实现不了的梦想呢?但是作为最宝贵资源的时间却总是来去匆匆,挽留不住。

朱自清先生就体会得很深刻:洗手的时候,日子从水盆里过去;吃饭的时候,日子从饭碗里过去;默默时,便从凝然的双眼前过去……你是聪明的,告诉我,我们的日子为什么一去不复返呢?

高尔基更把人类在时间面前的困境描述得非常生动——世界上最快而又最慢,最长而又最短,最平凡而又最珍贵,最易被忽视而又最令人后悔的就是时间。容易理解,对于这样的宝贵资源,需要我们加强管理,因为提高我们运用时间的效率就相当于延长我们的生命。

有这样一句警句突出了时间管理的重要性:“时间在飞驶,你是飞行员还是乘客?”

在时间的赐予上,无论凡夫俗子还是帝王将相,每个人的一天都是24小时。世界每天都在进步,而我们依然每天只有24小时,最成功的人和最不成功的人拥有同样长度却不同产出的24小时。你是已经充分利用了所有时间,还是得过且过任时间悄悄流逝?你是有条不紊地做好时间安排,在这个动荡的世界里游刃有余地应对越来越剧烈的变革,还是拆东墙补西墙、春夏秋冬一刻不闲地赶着救火?

总会有人说:“我太忙了!”但是在优秀的时间管理者看来,“忙是一种心态,一种会变成不良习惯的心态”。

从现在开始学习管理你的时间,管理你的时间远比管理金钱重要——钱花光了你还可以再挣,虽然你很聪明却永远无法让昨天回来。良好的时间管理也可以让我们有效地根据工作要求合理配置时间,快速准确地完成工作任务,在缓解工作压力的同时实现事业进步。更进一步,良好的时间管理可以使我们有能力保持生活的平衡状态,或者让我们发现不平衡的地方。

我们是否把过多的精力投入到工作中,而忽视了休息呢?我们是否把过多的时间花费在工作上,而冷落了我们的亲人和朋友呢?可以说学好时间管理,将会让你拥有一个充实的生活,拥有良好的自我感觉,拥有一个事业与家庭并行不悖的人生。

15.2 评估自己的情况

时间管理的一个重要准备工作就是“了解你的时间是怎么花掉的”。自然,我们都很容易理解,只有现状清楚了,才能知道如何作出改进,并能发现改进后与现状对比取得的进步。问题在于它经常会被认为是一个非常简单的任务,认为简单回想一下就可以了。需要强调它的原因正在于此,对于这个问题,我们的“想象”和“现实”常常有很大的差异,甚至完全不同,因为“分析现状”是一个很容易自欺欺人的领域。

管理大师彼得·德鲁克曾经描述他所做的研究:他请管理者将自己怎样使用时间的情况写下来,又请人记录这些管理者是如何使用时间的。一个公司董事长很确定地告诉研究者,根据他的感觉,他的时间分三个部分,分别用在公司高级管理人员、重要客户、地区社会活动上。历时 6 周的实际记录结果是,他把大部分时间用在调度工作上了,随时了解他所认识的客户的订货情况,还为他们的订货打电话给工厂。他开始无法相信这些记录,但在很多次看到类似记录之后,他相信,“关于时间的使用问题,记录要比记忆可靠得多”。

记录你的时间是怎么花掉的,是时间管理的开始,但它绝不是一次性的任务。在整个时间管理过程中,我们可能需要不断地重新记录,以便了解最新的时间使用情况,譬如每周记录一下这周的时间使用情况。当然,也有人按照某些时间管理工具的要求,坚持每天以 15 分钟为间隔记录时间使用情况,这有它的益处,但是,这样做或许花了太多时间在“磨刀”上了,而且过于频繁记录的时间表也会让人感到巨大的压力、带来负面影响。重要的是我们需要清楚地知道自己的时间究竟花到哪里去了。

15.3 重要的事先做

15.3.1 把事情分类

你是否遇到过这样的问题,当你把许多琐碎的事情都处理完之后,却遗憾地发现已经没有足够的时间来完成一件非常重要的工作了。人们常说“事分轻重缓急”,但是在工作和生活中运用这些深刻而简单的道理却不容易。时间管理就是知道不难,想到也不难,但是做到就难。

如果我们要用一句话来概括时间管理的真谛,毫无疑问就是这句话了——重要的事先做(first thing first)。现实生活中,我们可能面临多如牛毛的繁杂事务,如果不分轻重缓急地加以对待,毫无疑问会陷入忙累的旋涡中,有限的宝贵时间不断被吞噬,而没有精力去处理那些真正需要我们投入时间和精力的重要事项了。

关于如何分清轻重缓急,我们可以借鉴美国 GE 公司对事情的分类,如图 15.1 所示。

	紧急	不紧急
重要	A	B
不重要	C	D

图 15.1　事情分类图

如图 15.1 所示,按照“轻—重”、“缓—急”两个维度进行划分,可以把事情分成四个象限:A 类是重要且紧急的事情,例如公司公关危机、大顾客流失、年度财务报表发布等。B 类是重要但不紧急的事情,例如防患机制的改善、建立人际关系网络、发展新机会、长期工作规划、有益的休闲等。C 类是不重要但紧急的事情,例如不速之客、某些电话、会议、信件等。D 类是不重要也不紧急的事情,更直接地来说是“浪费时间”的事情,例如阅读令人上瘾的无聊小说、收看毫无价值的电视节目等。按照这样的表格分类,就可以对众多事务进行处理顺序的排序了。在 GE 公司中,A 类事务处于一级优先地位,B 类事务处于二级优先地位,C 类事务处于三级优先地位,D 类事务处于四级优先地位;只有完成优先级更高的事务后,才去处理下一级别的事务。

在现实生活中,迫于压力我们常常不自主地把紧急的事情 A、C 放在首要位置。在这些紧急事务的压力下,我们逐渐形成了一有紧急事务就马上赶工的下意识反应,却忽略了自己往往耽搁了更重要的 B 类事务。虽然我们知道那些“重要但不紧急”的事务有着深远影响,却往往在它们不紧急的时候错过了有效办理的机会,使得它们发展成为现在重要且紧急的 A 类事务。

更进一步,刚开始我们还知道重视事情的重要程度,先做那些“紧急且重要的”,但慢慢地,习惯了这种紧急状态之后,我们常不由自主地喜欢上“到处救火,担当重任,舍我其谁”的感觉。再考虑到现实工作中 A 类事务的难度往往高于 C 类事务,为了达到营造自己反应迅速、快捷有效形象的目的,我们不自觉地倾向于关注并处理 C 类事务,转而去做那些“紧急但不重要的事”了。

看看我们周围的现实情况,我们常常会痛并快乐着地喜欢上自己“忙碌”的感觉,因为我们总是把“忙”和“成就、重要”相联系,相应地把“闲”与“失败、无足轻重”相联系。由此我们总是被这些不断涌现的紧急事务所困扰,长期处于高压的工作状态下,经常忙于收拾残局和处理危机。这很容易使人精疲力竭,长此以往既不利于个人也不利于工作。最令人悲伤的是,有些忙碌还费力不讨好,对工作和事业没有多大帮助,劳而无功,徒然浪费了我们宝贵的生命。

15.3.2 判断轻重缓急的标准

正如我们在上面的故事中看到的,处理问题应当抓住要点、把握关键。在前面的文字中已经分析了,应当依据轻重缓急来处理事务,那么事务的缓急可能容易判断,问题是如何判断轻重。德鲁克先生已经揭示了方法——“所谓重要性是根据你对目标的理解而定”,应当依据我们的目标来定义事务的重要性,与目标联系越紧密的事情越重要,相反与目标相关性越低的事情也就越不重要了。那么如何制定目标呢?简而言之就是遵守“SMART”原则。一个目标应该具备以下五个特征才可以说是完整的。

1. 具体(specific)

如果说“我将来要做一个伟大的人”,这就是一个不具体的目标。目标一定要具体,比如你想把英文学好,那么你就订一个目标:每天一定要背十个单词、一篇文章。有人曾经做过一个试验,他把人分成两组,让他们去跳高。两组人的个子差不多,先是一起跳过了 1 米。他对第一组说:“你们能够跳过 1.2 米。”他对第二组说:“你们能够跳得更高。”经过练习后,让他们分别去跳。由于第一组有具体的目标,结果第一组每个人都跳过了 1.2 米;而第二组的人因为没有具体目标,所以他们中大多数人只跳过了 1 米,少数人跳过了 1.2 米。这就是有和没有具体目标的差别所在。

2. 可衡量(measurable)

任何一个目标都应有可以用来衡量目标完成情况的标准,你的目标越明确,就能提供给你越多的指引。只有可以衡量的目标,才是能够完成的。

3. 可达到(attainable)

不能达到的目标只能说是幻想、白日做梦,太轻易达到的目标又没有挑战性。多年前在美国进行了一项成就动机的试验。15 个人被邀请参加一项套圈的游戏。实验者在房间的一边钉上一根木棒,给每个人几个绳圈套到木棒上,离木棒的距离可以自己选择。站得太近的人很容易就把绳圈套在木棒上,而且很快就泄气了;有的人站得太远,老是套不进去,也很快就泄气了;有少数人站的距离恰到好处,不但使游戏具有挑战性,而且他们也很有成就感。实验者解释这些人有高度的成就动机,他们通常不断地设定具有挑战性但能实现的目标。

4. 相关(relevant)

目标的制定应考虑和自己的生活、工作有一定的相关性。比如一个公司的员工,整天考虑的不是怎样才能做好工作,却一心做着明星梦,又不肯努力奋斗,一天天丧失学习、工作的能力,不思进取,不努力提高业务能力,最终会被公司抛弃、被社会遗弃。

5. 基于时间(time-based)

任何一个目标的设定都应该考虑时间的限定。比如你说:"我一定要拿到律师证书。"这个目标应该很明确了,只是不知是在一年内完成,还是十年后才完成。

15.4 时间管理的80/20法则

15.4.1 80/20法则

1897年,意大利经济学家帕累托(Vilfredo Pareto)归纳出这样一个结论,即如果20%的人口享有80%的财富,那么就可以预测,其中10%的人拥有约65%的财富,而50%的财富是由5%的人所拥有。在这里,重点不仅是百分比,而是基于一项事实:财富在人口的分配中是不平衡的。这是可预测的事实。因此,80/20成了这种不平衡关系的简称,不管结果是不是恰好80/20——就统计来说,精确的80/20关系不太可能出现,出于习惯我们在这里称呼它为"80/20原则",事实上它也可能是70/30、65/35等——它主要是想说明我们的投入与产出很可能存在不平衡。习惯上,80/20讨论的是顶端的20%而非底部的80%。后人对于这项发现有不同的命名,例如帕累托法则、帕累托定律、80/20定律、最省力法则、不平衡原则等。

80/20法则主张:以一个小的诱因、投入和努力,通常可以产生大的结果、产出或酬劳。就字面意义来看,这一法则是说,你所完成的工作里80%的成果来自于你所付出的20%。如此说来,对所有实际的目标,我们4/5的努力——大部分付出的努力,是与成果无关的。这种情况有违一般人的期望。

所以,80/20法则指出,在原因和结果、投入和产出,以及努力和报酬之间,本来就是不平衡的。典型的模式是:80%的产出来自于20%的投入,80%的结果归结于20%的起因,80%的成绩归功于20%的努力。

在商业世界和人们的日常生活中,到处呈现出许多80/20法则的现象,这不能不引起我们的重视:

80%的营业额来自20%的产品;

80%的利润来自20%的顾客；

80%的电话来自20%的发话人；

80%的看电视的时间花在20%的节目上；

80%的教师辅导时间花在20%的学生身上；

80%的阅报时间花在20%的版面上；

80%的财富掌握在20%的人手中；

80%的地球资源被20%的人消费……

诸如此类的例子随手可举出许多。当然，上述的80%与20%都是近似值，但其中的规律却不容忽视。总而言之，在原因和结果、投入和产出、努力和报酬存在的不平衡之间，可以分为两种不同的类型：

多数，它们只能造成少许的影响；

少数，它们造成主要的、重大的影响。

我们可以看到在现实生活中有些人精力充沛、头脑机灵、勤奋卖力，但很难出成绩，原因很可能就在于他们把精力才智平均使用或投入到不重要的80%的事情之上了。

80%的收获来自20%的时间，80%的时间创造了20%的成果。

首先要做的就是重新审视自己的工作时间表，然后提醒自己：重要的事情只占少部分，要集中处理工作中比较重要的20%的事情。

在企业管理过程中，领导者没必要事必躬亲、事事都管，只要将最重要的事情做好了就行了。对于领导者而言，最稀缺的就是时间，如果想一个不漏全部完成，往往到最后什么也没做好。

15.4.2 做提升自己价值的事情

工作时间表上记录的密密麻麻的事情中到底有多少是有价值的呢？对于你付出的时间它们给予回报了吗？你知道哪些是对你很重要的“高价值”的事情，哪些是阻碍你发展和进步的“低价值”的时间浪费吗？我们可以依据80/20原则来尽量压缩低价值事情占用的时间。

当你认识到哪些事情是骗走你宝贵时间的低价值活动时，请像清除衣橱里过时、廉价的旧衣服那样，毫不客气地将它们丢掉。不论在别人眼里它们多重要、多紧急，你都要对自己说“那是浪费我生命的低价值活动”。最常见的低价值事件有以下七种：

1. 别人希望你做的事

事例：上司让你代替他去参加一个会议，在这个会议上你既不用发言，也不会获得有用的信息，甚至不能结识一些对你有所帮助的人。

传统看法：这是老板的信任和器重，你一定不能推辞。

80/20看法：这对你没有帮助。如果你很空闲去去也无妨，不过等你到了规定时间完不成任务的时候，老板绝不会认同你拿这件事作为未完工的理由的。如果你推脱不掉，不妨试着放松自己，在会议上好好休息，顺便想想自己的工作。

2. 千篇一律、例行公事的事

事例：复印开会所需文件，再分发给所有部门。

传统看法：明天就要开会了，各个部门必须尽快拿到资料。

80/20 看法：也许这是紧急的事，但是你完全没有必要花费整整两小时复印几十份资料，发封电子邮件让各部门自己打印去吧。

3. 你不擅长的事

事例：本月员工的工资收入有些变动，许多人拿着工资单来找会计要求解释。

传统看法：会计有义务给大家解释清楚，因为只有她清楚每个人的税费扣缴情况。

80/20 看法：与其占用大量时间一一接待来咨询的同事，不如统一发一个电子邮件，说明详细的扣缴规则。

4. 枯燥乏味的事

事例：遭遇冗长无聊、东拉西扯的会议。

传统看法：即使会议内容和自己无关也要听下去，这样才显示出你是关心公司动态的。

80/20 看法：你还有很多很多真正紧急的事情要做。如果不能悄悄逃会，就只能在会议上开开小差、阅读一些有用的文件了。总之，不要为这个无聊的会议浪费宝贵的时间。

5. 别人也不感兴趣的事

事例：上司希望你负责每周为同事提供一些有价值的资讯公布在布告栏上，3 个月后反响平平。

传统看法：你应该坚持下去，不管你对这事怎么看，毕竟上司认为这样做有意义。或许你做得还不够好。

80/20 看法：没有收效的事再继续下去毫无意义。向你的上司直言不讳地讲明你的观点。

6. 所花费时间远远超出你的预计但是还没有完成的事

事例：谈判多次都不能签约的难缠客户。

传统看法：既然你已经做了大量的工作，你就应该善始善终地做完它，半途而废太可惜了。

80/20 看法：如果花费时间超过预计时间一倍以上，这个项目的含金量就大打折扣了。你完全有理由放下这根糟糕的鸡肋，否则你耗费的时间和收效将更加难以平衡。

7. 可有可无的事

事例：供应商坚持要上门演示。

传统看法：虽然从文字材料上已经把情况了解清楚了，但是人家来访只能抽出时间礼貌接待。

80/20看法:在演示前言明自己只有15分钟的时间,请他长话短说。时间一到,立即起身送客。

去除了那些低价值的事情还不够,我们还需要让更多的时间被有价值的事充满。

哪些事情是真正值得花费时间和精力处理的呢?下面的情况你都想到了吗?

(1) 实现生命大目标的事。

(2) 你一直想做的事。

(3) 付出20%,收益却占总收益80%的事。

(4) 能大大节约时间,或者可以使品质大大改善的创新。

(5) 千载难逢、稍纵即逝的事。

或许你还有其他对你来说真正重要的事情没有列出来。比如和亲人相聚、与女友共度一个没有电话干扰的周末、在非常疲倦沮丧的时候请假上街逛逛。当然,你还要充电、进修、补习……总之,你应该将时间用在那些让你真正感觉快乐、成功和满足的事情上,而不要让枯燥、低效的例行公事占据你的绝大部分时间。

15.5 建立良好的习惯

健康的性格、良好的习惯,是成功人士必备的条件之一。有效地利用稀缺的时间资源其实很简单,就是从身边做起,把小事做好。

1. 保持整洁

保持整洁能够提升我们的自我价值、自我形象以及自我尊严。例如桌面保持整洁,做完事立即归档,尽可能一次就把事情做完。

2. 建立好的文件处理流程

(1) 投掷:将不用的资料丢掉;

(2) 转手:将资料转交给别人去做;

(3) 行动:重要的事情一定要马上去做;

(4) 归档:有使用价值且重要者才归档。根据统计,80%~90%的归档资料是不会再去用的。若在五分钟之内无法找到所要的档案,就是档案管理不善,所以每隔一段时间要整理档案并将不需要的档案丢掉。

3. 学会委托与授权

诸葛孔明火烧新野、鏖战赤壁、三气周瑜、六出祁山、七擒孟获,那是何等的英雄!可是他事必躬亲,忙里忙外,不善授权,忙得呕心沥血,出师未捷身先死,又是何等的遗憾!所以身为管理者,要懂得通过授权与分工来减少自己的低价值劳动时间。

4. 消除时间杀手

所谓时间杀手就是浪费时间的事情。在日常工作中最常见的时间杀手有:

(1) 电话干扰。一般人在接电话后习惯聊一会天,这样很浪费时间。作为管理者应养成直入正题的习惯。

(2) 开会。不重要的会尽量不要召开,开会一定要准时开始并尽快结束,要好好地计划,才不会浪费时间。

(3) 不速之客。临时有人敲门拜访,一闲聊就花掉数十分钟,所以尽量花费数分钟即结束。

(4) 救火。总是在做应急的事情,工作不断地受打搅,没有独立的时间段来冷静思考重要问题。

(5) 拖延的习惯,犹豫不决,总是在期待更全面的信息,在拖延中浪费时间、错失机会。

(6) 过度承诺。在缺乏所需资源或者超出自己能力的情况下承担任务,往往劳而无功。

(7) 缺乏完成期限,对于手头的任务没有明确的时间期限,往往不断拖延,积少成多。

(8) 找借口,习惯为自己所有的失误作辩护和解释,其实失误后最有效的解决办法是想办法补救,或者反思总结怎么不犯同样的错误,而不是把时间和心思花在没有产出的找借口上面。

(9) 马马虎虎,习惯应付,不懂说“不”。在避免时间浪费上,懂得说“不”可能是最有效的方法了。

5. 别让猴子跳回背上

为什么领导没有时间,下属没有事干?一个可能的原因就是领导承诺了下属或者别人的事情。

案例

你在去办公室的路上遇到了一些人,简单沟通以后你对他们说了如下一些分手语言:“回头我帮你问一下”、“抽空我帮你关照一下”、“找机会我帮你说说”、“到时候我告诉你一下”、“回头我再仔细考虑考虑”、“抽空我帮你看一下”。然后,别人就会等待你的回答,然后来找你问是否已经帮他把事情办了。

在这样的案例中,猴子原本在别人的背上;谈话时彼此考虑,猴子的两脚就分别搭在两人背上;当你表示要考虑一下再谈时,猴子便移转到你背上。你接下了别人的角色,而别人则变成了监督者,他会不断地跑来问你:“那件事办得怎样了?”如果你的解决方式他不满意,他会强迫你去做这件原本他该做的事。

当你一旦接收下属所该看养的猴子,他们就会以为是你自己要这些猴子的,因此,你收的愈多,他们给的就愈多。如此承诺多了,领导者的时间就不够用了。办公桌上堆积如山的文件,爆满的电子邮件信箱,手机、电话、微信、QQ 响个不停,等待主管谈话的下属、上级催促的任务、没有时间与家人相处。这就是身陷焦虑、工作过度的管理者的状态。于是你饱受堆积如山、永远处理不完的问题困扰,甚至没有时间照顾自己的猴子,努力将一些不该摆在第一位的事情做得更有效率,属于自己该做的重要的事情却没有做好。这就是“轻诺必寡信”。

领导者应该将时间投资在最重要的管理层面上,而不是养一大堆别人的猴子。否则就是高层做中层的事情,中层做基层的事情,基层人无事可做。管理者都忙得不可开交,而基层人员却无事可做。

当你忙得晕头转向的时候,请停下来反思一下,你是不是越俎代庖、养了一堆别人的猴子?

猴子的定义:两人谈话结束时的下一个步骤。猴子理论的主要观点是:主管的工作是将适当的猴子放在适当的下属身上,下属的责任是喂养猴子。领导者要把事情分类,事情就是猴子。分手时承诺了别人的事情,就让猴子跳到了自己的背上了。我每天要从别人背上接受多少只“猴子”?我如何才能把不属于自己的猴子交出去?我如何让自己背上的猴子越来越少?为此,领导者需要培养下属的岗位胜任力。下属的岗位胜任力分五个层次:

第一级,等待指示。连该做什么都不知道。

第二级,请示要如何做。知道该做什么,但不知道该怎么做。

第三极,建议。能提出备选方案,但需要主管进行方案选择。

第四级,行动。能决定合适的行动方案,但具体执行时会随时请示。

第五级,独立行动。主管只需要看他的例行报告就行了。

领导者应努力把下属的岗位胜任力提高到第五级,使之独立行动。其核心内容是要员工从领导者那里接受猴子,而不是员工把猴子扔到领导者的背上。

划分清楚照顾猴子(也就是任务、事情)的责任之后,可以通过下列六个规则提升任务完成的效率和质量:

(1) 定时喂养、确保猴子不饿死;

(2) 找出需要喂养的猴子让下属喂养,猴子数量不要过量;

(3) 必须是下属逐级喂养猴子,主管不要乱喂;

(4) 突发事情可以改变喂养猴子的时间;

(5) 面对面喂养猴子,共同阅读备忘录;

(6) 缩减报告为1页,以便立即开展对话。

时间管理中非常实用的一个技巧是学会委托,有效地利用别人的时间,让猴子回到主人背上。猴子管理制度是领导者提高工作效率的重要工具。“别让猴子跳回背上”所传播的论点,是领导者处理与下属的关系时该采用的方法,是让领导者从“自己做事”的个人能力尖兵转变成“团队做事”的优秀领导者的策略。

本章关键词

时间　时间管理　80/20原则　建立习惯　事情分类　别让猴子跳回背上

作业1　课程思考题

1. 为什么要对时间进行管理？
2. 时间管理的原则是什么？
3. 如何掌握高效利用时间的艺术？
4. 如何对事情进行分类？
5. 领导者的时间应该如何分配？
6. 导致领导者时间被无效利用的因素是什么？
7. 领导者如何才能够做自己该做的事情？
8. “别让猴子跳回背上”用来解决什么问题？
9. 什么是猴子？如何安排猴子和养猴子？

作业2　课后练习题

1. 把自己一天的时间做个记录，按照时间管理的原则分析自己的时间是如何分配和使用的。
2. 观察身边人的时间管理，糟糕的和优秀的时间管理者的做法分别是什么？
3. 为自己的一天制定时间管理计划并且执行计划。
4. 根据80/20法则找出对自己重要的20%的事情。
5. 整理出适合自己的时间管理原则。
6. 观察并记录一个领导者一天的时间分配，并加以分析。

作业3　即测即评

第16章　追随力与领导者核心能力

16.1　追随者与领导者相互成就

16.1.1　领导者塑造追随者

彼得·德鲁克说:“领导者的唯一定义是其后面有追随者。一些人是思想家,一些人是预言家,这些人都很重要,而且也很急需。但是没有追随者,就不会有领导者。”追随者是与领导者有共同的价值观和目标的人。

追随者追随的不仅仅是领导者本身,还有他们共同的“愿景”、共同的理想,并愿意为这共同的“愿景”奋发努力、建言献策、服从指挥、有力执行。追随者可延伸为领导者的伙伴、支持者、拥戴者、服从者、执行者。

追随者具有追随者的心态:做事积极主动、认同领导和组织、心甘情愿、高度热情、充满动力、善于合作、学习力强、不断提升自己。

追随者的英文叫做 follower,追随力叫做 followership,追随叫做 follow。追随者用追随力去追随。

下属与追随者是有区别的。下属不等于追随者,下属是划归到某个部门被某个管理者管理的人。追随者可以在某个管理者的手下工作,也可以不在他的部门工作。当下属具备追随者心态时,下属就成为追随者,这个时候下属和追随者的含义是一样的。

追随力是一种正面的、起着积极作用的能力,它的存在能够使组织的目标最大化。追随力主要表现为追随者敢于承担责任、敢于建言献策、勇于挑战困难,能够有效执行领导者的指令。追随力就是在积极主动的意愿下产生的行为和思维方式。领导者想到做到的追随者要想到和做到,领导者没有想到和做到的追随者也要想到和做到。这句话可以用以判断一个人是否具有追随力。

如果追随者追随的目的不是使得组织的目标最大化,会为了实现领导者或者个人的私利而拍马逢迎,成为领导者的犬马,使得领导者放纵自己的欲望,最终导致领导者职业生涯毁灭,自己也承受了连带责任。

希特勒发动了第二次世界大战,屠杀了几百万犹太人。人们都知道希特勒负有不可推卸的责任。但是,这些被杀害的犹太人当中,没有一个是希特勒亲手杀害的,而是他的追随者杀害的。

16.1.2　追随者与领导者相互成就

领导力的形成包括三要素:领导者、追随者、情境。如果没有追随者,则领导者的领导力不会发生。如果追随者选择的是不追随、不配合、不服从,则领导者的领导力也不会发生。领导者在影响下属的同时,也受到其下属的影响。领导者在实现组织目标的时候,是借助自己影响他人的能力而实现的。如果领导者不能影响他人,则说明不具备影响能力,不能实现群体的目标。追随者接受了领导者的影响,才使得领导者具有影响力。是追随者使得领导者合法化,领导者的目标是通过追随者实现的。是追随者给予了领导者权力,为领导者实现组织的愿景和目标提供了途径。优秀的领导者依靠优秀的追随者。领导者的领导力是通过下属对信息的处理来表现的。领导者的领导力能够发挥到什么程度,取决于追随者的技能和经验。因为有了领导者,追随者才找到了实现自我价值的平台。领导者与追随者是相互成就的关系。

追随者成就了领导者,伟大的追随者成就了伟大的领导者。领导者成就了追随者,伟大的领导者成就了伟大的追随者。优秀的领导者成就优秀的追随者,优秀的追随者成就优秀的领导者。

16.1.3　单纯学习领导力的弊端

如果你手里拿着一把锤子,那么你看什么东西都像钉子,都想砸一下。如果你手里拿个粉笔,到哪里都想画一下。如果你认为自己掌握真理,那么可能觉得别人掌握的是谬论。

为什么今天的人难以被领导?因为他们学习的是领导力。单纯开发领导力,会激发领导别人、控制和管理别人的欲望,甚至对被别人领导自己会产生逆反心。把自己定位在领导者的角色,那么看谁都像下属,总想教训、批评和指导。这会给人留下自以为是、好为人师、咄咄逼人、盛气凌人、骄傲自大、以势压人的印象,结果会招致很多人的反感,使自己丧失领导力基础。

人容易犯的毛病是“乌鸦落在猪身上,看得见别人黑看不见自己黑”。那个人之所以成为自己的上级,一定有比自己强的地方。自己之所以还要接受那个人的领导,一定有不如那个人的地方。自己之所以成为别人的上司,一定有过人之处。在一个组织中只能存在两种人,要么领导别人,要么接受别人的领导。要么领导,要么追随,处于中间状态注定要出局。

16.2　追随力的价值

16.2.1　追随力的实质

人过河的时候要通过桥梁或者船舶才能够到达彼岸。一个追随者要想实现自己的个人目标也必须有合适的路径。领导者是在迷茫中为人们指路的人,是具有大智慧和道德的人。领导者承载着追随者的目标与梦想,是追随者实现目标到达彼岸的桥梁和船舶。而追随者积极主动地配合领导者的工作,实质上是在为自己的目标而努力。由具有这样的价值观的人所构成的组织,就会成为价值观彼此认同的人聚集并且实现共同目标的平台。

一个国家的人追随的是领袖,领袖承载着人民的目标与梦想。习近平主席提出了构建人类命运共同体的新理念,为人类社会确立了共同的理想目标,号召全世界善良之人为了远大理想而提升追随力,并通过一带一路、合作共赢、讲信修睦以实现人类追求幸福的共同愿景。党的十九大以后,全世界有很多国家隆重邀请十九大精神宣讲团前去介绍中国方案,中国方案在引领着世界上爱好和平的人一同走向幸福的彼岸。

16.2.2 为什么要追随

当我们迷路的时候,会向别人问路,然后我们就按照别人的引导而走路,这个指路人就是我们的领导者,我们就成为此人的追随者。最大的善是为别人指路。当一个人不确定需要什么、不知道往哪里走的时候,很可能听从另外一个人的建议,他就成为这个人的追随者,这个人就成为领导者。性格外向的人,乐于表达自己,容易获得别人的追随。

当一个人成为领导者以后,我们研究和学习的是他现在的特质和行为,而忽略了他在成就自己之前的特质和行为才是他现在状态的基础。领导者的前身也是追随者。

不是人人都是领导者,但是人人都是追随者。能力小的人追随能力大的人,普通人追随有智慧的人,弱者追随强者。孩子追随父母,青年追随理想,老人追随精神境界的提升。群众追随领导,领导追随领袖,领袖追随人民的意志。人民是国家的主人,人民的利益高于一切。这是大自然的规律。

追随力是生物求生的本能,是远古传承下来的基因。群雁追随头雁、群马追随头马、群羊追随头羊。非洲动物的大迁徙,只有追随领头的动物,才能够形成强大的合力而势不可当,才能够保护种群不至于灭亡。理解了自然之道,就更加理解了"紧密团结在以习近平为总书记的党中央周围,与党中央保持高度一致,同心同德"的重要意义。

16.2.3 追随力催生领导力

员工就职于一个组织,相当于把自己的时间、精力、能力都托付给了领导者,靠领导者的智慧率领大家充分发挥每个人的才智走向理想的彼岸,所以领导者肩负着全体下属的重托,领导者会因此而产生责任感和使命感。员工对领导者信任、赏识,积极主动完成岗位工作,就会激发领导者的工作热情,努力提升个人修为,提升个人魅力以赢得下属的信任,采取下属愿意被对待的领导风格对待下属,从而缔造和谐与创新的工作氛围,员工在幸福的心境下产生业绩。

所以,员工的追随力可以催生领导者的领导力,如图16.1所示。

16.2.4 领导力来源于追随力

领导力来源于权力。权力有两种来源:岗位权力和个人权力。岗位权力的构成有五个要素:法定权、奖赏权、强制权、信息权、生态权。个人权力有两个构成要素:专家权和参照权。上级所掌握的资源和影响力,对下级在组织中的发展起到了决定性作用。在职场上快速发展的人都是善于和上级合作的,他们在做好分内事的同时会积极帮助上级排忧解难,上级也会把更多的锻炼机会提供给他们,把自己的知识和经验传授给他们。他们会逐步熟悉上级的工作内容和技巧,这是晋升的条件。成就上级从而成就自己是追随者奉行的一条重要的原则。《中庸》有:"上焉者,虽善无征,无征不信,不信民弗从。下焉者,虽善不尊,不尊不信,不信民弗从。"下级领导者,如果缺少追随力,就不能表现出追随行为,也就不能获得上级的信任,自然就不会得到上级的授权和资源支持,也就不能治理好自己的下属。这说明领导力来源于追随力。因为人人都是追随者,所以,我们在以下属角色出现时,要以追随者的心态指导自己的思维和行为。

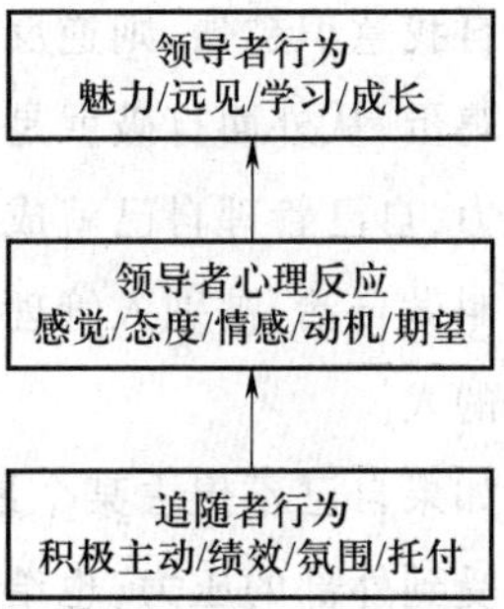

图 16.1 追随力促成领导力

16.2.5 领导者因被追随而提升素质

风筝,头如果正,则尾巴就基本正;如果头偏一点,则尾巴就大幅度偏离。

领导者就如同风筝的头,追随者就如同风筝的尾巴,上行下效。

领导者被手下人逢迎和照顾,会不知不觉消失了"领导就是服务"的意识。位高权重,容易让接触到的人感到受压。这时候对于领导者会产生潜在的危险。毛主席曾说:"无限风光在险峰。"经济学定律有:收益与风险并存。稻盛和夫说:"领导者要谦虚。人一旦成功,就变得自信,过分自信就变得自傲。"所以,领导者要提醒自己:处上而民不重,处前而民不害,是以天下乐推而不厌。

领导者对自己的言行负责,错了由领导者担当。下属不追随,是下属的责任,由下属担当。各司其职,各负其责,各人自扫门前雪。

16.2.6 提升追随力变被动为主动而提升扛压能力

根据牛顿定律,物体具有惯性,具有保持原来运动方向不变的特征。如果受到外力的作用,它将产生反作用力。这个反作用力,对于个体来讲就是逆反心。每个人都有自己的习惯,习惯就是惯性。按照自己的习惯做事,则可以保护自己的面子和尊严,使自己处于舒适区。而外力推动的变革,则会使得个体丧失自我,走出自己的舒适区,进入不舒服的状态。

人的自我意识越强,则逆反心越强,越容易抵抗来自组织的变革。

鸡蛋,从外面打破就是食物,从里面打破就是生命。同样是管理,一个人被别人管理就是压力,自己管理自己就成为动力。被人管理者成就别人,自我管理者成就自己。自己管理自己叫做自治,被别人管理叫做被治。能够自我管理的人是自由的人,被别人管理的人是不自由的人。

如果自己不想去某个地方,而是被别人推着走、拉着走,这都是被动地走。被迫地运动,自己受到外部的压力,也给别人带来了反力。因此,组织中的员工感到有压力,是因为内心的目标与组织设定的目标不一致所产生。员工觉得是在给别人做事,不是在给自己做事,则内心的目标就会与组织的目标不一致。而这时候组织采用考核机制,迫使员工去做事,则员工就会感到无奈,会带着怨恨恼怒烦去工作,这在心理上就是压力。解脱这种压力的办法有三种:离开这个组织、改变这个组织适合自己、改变自己适合这个组织。

所以,领导者既不要“管”下属,也不要“领”下属,而是“化”下属,化就是教化、变化、教育。化的结果是让员工把组织的目标内化成自己的目标,把组织制度规定的行为内化成自己要做出的行为,由“要我做”变成“我要做”,变被动为主动,就能够实现工作繁荣而达到最佳存在。

16.3 有效追随与无效追随

16.3.1 有效追随

有效追随者的定义是:当领导不在时,他们能兼顾各方,独立思考并取得成功;他们勇敢、诚实、可靠、精力充沛,并且承担责任。实质上他们也是风险承担者、自我激励者和问题的独立解决者,他们被同级和上级高度重视。

领导者要重视对追随者的塑造,关注下属们是否在实施有效追随的行为。在一个组织中通常存在四种类型的员工:

(1) 敢作敢为型。这种人敢作敢为,充满热情,愿意多做工作,任何事情只要对公司成功有利他们就做。

(2) 开放接受型。这种人内心并不存在有关组织变革的需要,但是对别人的劝说持开放态度。

(3) 冷嘲热讽型。这种人以前没有经历过变革,因此对当前的变革冷嘲热讽。

(4) 保守反对型。这种人出于个人安全考虑,强烈反对任何变革的想法。

领导者显然需要第一类下属,他们是有效的追随者,这些人具有奉献精神。追随者在领导者达到目标的过程中起重要作用,没有追随者就没有领导者。领导行为发生在追随者的活动中,领导和追随者不可分。有效的追随者不只会说“是”,而且是能够想领导者之所想的人，是领导者角色的补充。他们身在兵位，心为帅谋。在组织中，一个领导者更多的时候是作为别人的下属，他总会有一个或者多个上级。因此，发展领导潜力的第一步是让组织成员成为一个好的下属。优秀领导者应具备的素质同样也是优秀的追随者应具备的素质。

有效追随者的行为特点如下：

(1) 在没有监督的情况下，保质保量地按时完成任务。

(2) 与其他人建立合作、信任和支持的工作关系，营造和谐的工作氛围。

(3) 行为规范符合组织的要求。

(4) 公开提供信息，开放式沟通，对不合理的决策提出异议。

(5) 以自信的、非情绪化的方式影响领导者的决策。

(6) 迅速和准确领会领导者的意图。

(7) 在需要时能迅速出现在领导者面前。

(8) 能够成功同组织外部进行资源交换。

(9) 设置与组织目标一致的个人目标。

(10) 主动积极，承担责任，对自己负责。

(11) 能区分领导者和自己的任务。

这样的下属是自尊自信的，能够实现个人成长和成熟，是未来的领导者。

16.3.2 无效追随

无效追随者的行为特点如下：

(1) 对领导行为进行讽刺和批评，或压制自己的观点、唯唯诺诺。

(2) 完全依附于上级，让领导者作属于自己的决策，而且立刻执行。

(3) 被动，没有指示就不行动。

(4) 把上级错误的指示坚决执行到底。

(5) "事不关己，高高挂起"，漠视组织的一些不正常行为。

(6) 不自己参加培训，对组织提供的培训被动无奈、动力不足。

(7) 有时会用一句话来泄愤："不给他干了。"

这样的下属不是追随者，而且由于不能锻炼领导者的素质而不可能走上领导岗位，由于心态不积极，对个人职业发展和组织目标实现都不利。聪明的下属为自己工作，而不是为别人工作。为自己工作包括提升个人技能、开阔视野、锻炼综合能力、心态积极、做组织不可缺的人。

16.3.3 追随者如何有效提出建议

以追随者角色出现，清醒地定位自己是个追随者，目标是成就领导者而不是颠覆、损毁领导者。有效追随者提建议有三个要点：

一是要抓住重点，有针对性。领导的时间很宝贵，因此在提出建议之前先要分清各类问题的轻重缓急，弄明白矛盾症结所在，并简洁明了提出有效解决的方法，良药用在病灶上。

二是要讲究方式方法。要学邹忌不直言犯上，而是用自身的事例从侧面进谏，生动形象，有说服力。

三是要学会换位思考。要为领导设身处地地着想，先要充分考虑领导这样做的目的、原因，并从维护领导和组织利益的角度出发提出建议。要注意维护领导的尊严，善于委婉表达提出建议，不直指其痛处。孔子说："恭而无礼则劳；慎而无礼则葸；勇而无礼则乱；直而无礼则绞。"这说明提建议要分场合和时机，因为领导也有情绪变化，在其情绪良好时提出建议往往事半功倍。提建议时应遵守下面的建议公式：

建议+建议的方式=有效建议

让自己的思想成熟后再发布出去，使得自己的思想种子一旦落地，就要生根并且茁壮成长。这样的谏言一次就可以缔造自己的专家权力，从而建立有效追随者的地位。

向过分自信的领导者谏言的主要策略是：

以无意识的方式有意识地说出自己的思想。

在闲谈中把思想说给上级，不要使得上级有压力。知识从基层产生，逐渐到上级。

唤醒上级的潜意识，最后让他以为是他自己的思想，让上级感到与你相处很有价值。

不用给上级送礼，可以给上级送理。上级需要给他的上级送理。

给领导者讲故事不要讲大道理。

随着被上级提拔要保持斗志的上升，斗志与岗位相适应，打造与岗位相适应的核心能力。

上级把自己的思想装入下级的脑用领导力。

下级把自己的思想装入上级的脑用追随力。

16.4 追随力实现自我伟大价值

16.4.1 在追随链中成就自己

从班组长，到中层领导、高层领导、董事长、市长、市委书记……，虽然其领导力重要，但是其追随力更加重要。追随力帮助实现自己心中的愿景。追随力有助于建立积极心态和增强追求崇高的内在倾向性。

领导者在成就自己的同时，也成就他的追随者。从这个视角看，领导力是成就其追随者的能力。如果下属目光短浅，看不到领导者所描述的未来，这时候领导者要独裁。稻盛和夫说："领导者是以大爱为基础的独裁者。"

为成就下属，领导者的职责是缔造出一个追随链，如图 16.2 所示。

在这个链条中，从上往下发的力是领导力，领导力指向下；从下往上发的力是追随力，追随力指向上。

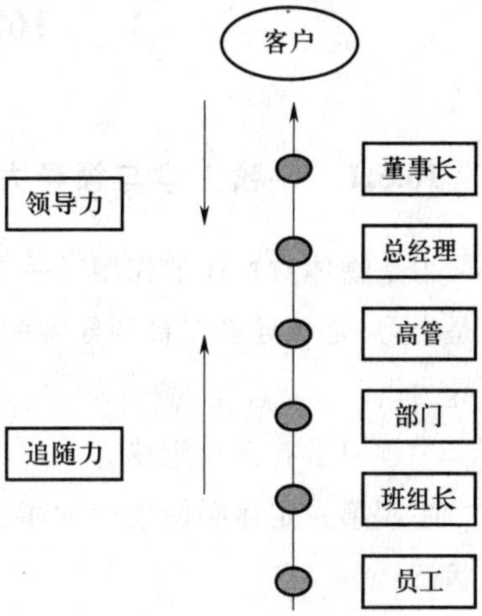

图 16.2　企业追随链

在企业中，这个链条的最高端是客户，然后是企业的董事长、总经理，然后是部门经理和高管，然后是班组长，最后是员工。从上往下的是领导力，从下往上的是追随力。每个中间环节都要承上启下，对上具有追随力，对下具有领导力。如果不能发力，则是梗阻的环节，需要调整。每个人都在追随链条上，对上是追随者，对下是领导者，要知道自己的角色，并顺利和及时进行角色转换，能够承上启下，才叫做德与位配、笃行致远。汽车的动力来自发动机，最终表现在轮子的转动上，所有中间的传动环节如果不能承上启下，这个车就不能正常行走了。故组织中每个人都要有追随力，令行禁止，高效运行。

把普世的真理做到了极致，你就已经走在成功的道路上。马克斯·韦伯说："任何一项事业背后，必须存在着一种无形的精神力量。"这正是西方学者对"天下万物生于有，有生于无"的诠释。勇敢并不是不害怕，而是心中有信念。内心有崇高的追求，用无形的精神力量推动自己并激励和约束自己，并因此而产生敬畏之心，就会产生真诚的心，善待员工、顾客、资源，才会产生永续经营的基础。

老百姓和普通员工追求的是安居乐业、生活幸福，而领导者是为他们引路的人。能够为别人走向幸福引路，是最大的善。

16.4.2　道法自然而成就伟大

老子提出的"域中有四大，而人居其一焉。人法地，地法天，天法道，道法自然"是一个追随链，人追随大地的运行规律，大地追随天的运行规律，天追随道的运行规律，道追随大自然的运行规律。只要符合并利用自然规律，人就可以成就自己、成就组织、成就人类。

一个人追随的是个人的幸福；家长追随的是全家人的幸福；一个组织的领导者追随的是整个组织中人的幸福；国家领导人追随的是全国人民的幸福；圣人追随的是道，是人类的幸福；而道追随的则是地球的永远存在和地球所有生命的自然而然存在的状态。

站在此角度，就可以理解伟大人物追随的是什么。

马克思揭示了人类社会运行的道，描述了共产主义社会的状态：建立一个没有阶级制度、没有剥削、没有压迫，实现人类自我解放的社会，也是社会化集体大生产的社会。各尽所能，各取所需，人类社会的意识形态将进入高级阶段。

16.5 领导者核心能力

16.5.1 牛顿力学与领导力

力是物体对物体的作用。一个物体作用于另外一个物体时所产生的效应就是力。领导力是个力,是领导者对被领导者的作用。既然领导力也是个力,就可以借助牛顿定律来解释领导力。

牛顿力学有三大定律。

牛顿第一定律叫做惯性定律:一切物体在不受外力的情况下,总保持静止或匀速直线运动状态。

牛顿第二定律是加速度定律:物体运动的加速度与物体所受合外力成正比,与物体质量成反比,加速度方向与合外力方向相同。

牛顿第三定律叫做作用力与反作用力定律:两个物体间的作用力与反作用力在同一条直线上,大小相等,方向相反。

力是矢量,有大小,有方向,而且矢量相加符合力的合成原理:两个力的合成就是以这两个力为邻边作平行四边形,这两个力所夹的那条对角线就是他们的合力。这可以用来解释为什么 1+1 不等于 2。如果两个单位的力,其间夹角是零度,则它们的合力等于 2;如果夹角是小于 90°的锐角,则其合力大于 1 小于 2;如果夹角是钝角,则其合力大于 0 小于 1;如果夹角是 90°,则其合力是$\sqrt{2}$;如果其夹角是 180°反向,则其合力是 0。

我们学习了很多力,影响力、执行力、平衡力、领导力、追随力,这些力都可以理解成力,是加了定语的力,都是矢量,就可以用牛顿定律来解释了。

根据牛顿定律可知,两个人在一起工作,如果他们齐心则合力大;如果他们不齐心,也就是目标、方向、价值观不一致,则其共事的结果不会产生协同效果,还可能产生内耗。如果大家都在发力,而且方向彼此又不一致,可能产生大量的内耗。由此可知,一个领导者对不同的方向要发出不同的力,才能够达到凝神聚力的效果。

16.5.2 领导者五力模型

领导者如何发力,要看其同几个方向的人如何发生联系。领导者要同五个方面的人打交道:上级、下级、外部的利益相关人、内部的平级、自已。对于不同的方向要发不同的力,才能够与各方面的人和谐互动。对上级要发追随力;对下级要发领导力;对外部要发影响力;对内部的同级要善于沟通与协调,这个力叫做执行力,即沟通与协调各个部门配合本部门完成任务的能力;对自己还要有平衡力。这五个力构成领导者五力模型,如图 16.3 所示。

领导力是带领别人跟自己来的能力,是带领群体实现目标的能力。

追随力是积极主动与上级的目标保持一致的意愿,是有效执行领导者的指令、支持领导者工作的能力,目的是在达到组织目标最大化的前提下实现个人目标。

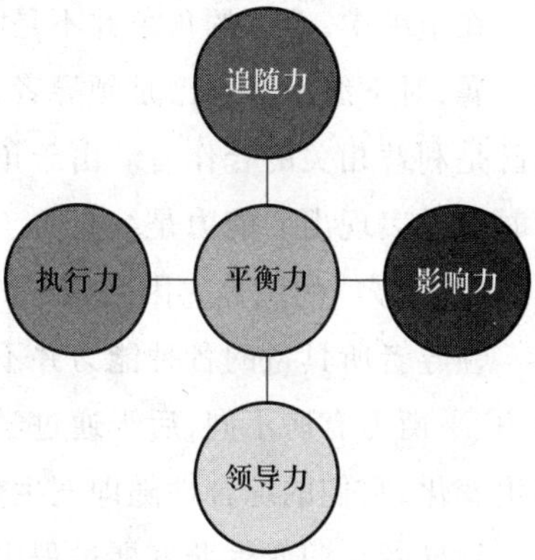

图 16.3　领导者五力模型

影响力指一个人在与他人交往中改变他人的心理和行为的能力,是以别人愿意接受的方式改变其态度和行为的能力。对于外部的客户等利益相关人,组织内的领导者只能尽可能展示自己的优秀而产生吸引力,就如同孔雀开屏吸引注意和赞美一样。如果把影响力理解成孔雀开屏,那么一个领导者对外界各种利益相关人,就会尽可能展示自己美好的方面,吸引对方关注并对自己产生好印象。

执行力是把思想、规划、措施变成行动的能力。对于内部的各同级部门,领导者要善于沟通协调,争取其配合自己完成相应的任务。执行力强的领导者,能够有效整合资源并积极主动、全力以赴地带领追随者把任务不折不扣地贯彻落实,取得实实在在的效果。

平衡力是不偏不倚的能力。领导者要能够使冲突的各方实现平衡,要能够在家庭与工作、健康与事业、现在与未来、理性与感性、冒险与安全、决策时涉及的利益相关人等之间实现平衡,要能够在个人情绪管理上实现平衡。平衡力强的领导者能够做到刚柔并济、阴阳平衡,拿得起放得下。

不同角色发出的力不同。"五力模型"中的领导力、追随力、执行力、影响力、平衡力,是针对不同角色而言的。领导力是作为领导者所发出的力,是对其下属而言的,是领导者向下属发出的力。追随力是作为下属对其上级而言的,是下级向上级发出的力。执行力是作为协作者对其内部相关者发出的力。影响力是作为合作者,对其外部利益相关者发出的力。平衡力是对自己发出的力。具体内容如图 16.4 所示。

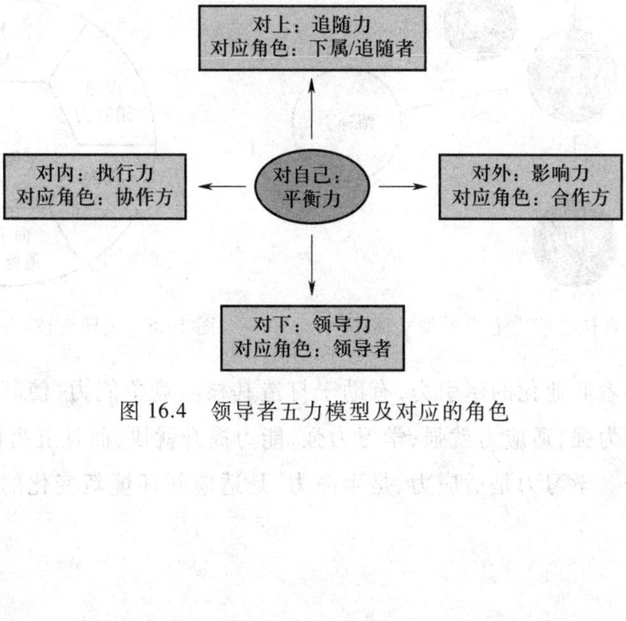

图 16.4　领导者五力模型及对应的角色

在组织中，个体的角色并不是唯一的，而是多个角色共存。同一个人，对上级来讲自己是下属，对下级来讲自己是领导者，对内部的同级来讲自己是协作者，对组织外部的人来讲自己是利益相关的合作者。由于角色的多重性，不同的角色集于一身，多种力也同时存在，这时对外表现出的能力是综合力。我们通常意义上讲的“能力”，实际上是管理者对外表现出的“综合力”的统称。因此，领导力实际上是担任领导者的能力。

领导者所具备的各种能力并不是一成不变的，每个人天生的领导力、追随力、执行力、影响力、平衡力有所不同，后天通过学习可以培养，或者受环境影响逐渐变化。无论哪种能力发生变化，它们的综合性随即发生变化，最终对外表现为领导能力的变化。

领导者在职业生涯发展过程中，应该根据职业发展方向，通过针对性的学习与培养，实现能力模型的转换。领导者角色转变的能力培养，可以遵循“五力模型”的动态提升路径，先分析自己在五力模型的各个分力维度上（领导力、追随力、执行力、影响力、平衡力）需要提升的分值，由分力的分别提升形成综合性合力的提升，最终达到管理能力的提升。

16.5.3 领导者核心能力七力模型

在领导者的职业生涯发展过程中，要解决发展的有效性和持久性，还要培育学习力来提升发展的“牵引力”，增强道德力来夯实发展的“动力源”。

在“五力模型”中引入学习力和道德力，则形成“七力模型”。学习力加速职业生涯向上发展，道德力防止在职业生涯发展中下滑。“七力模型”基于领导者职业生涯发展而提出，是动态、立体、持续、可测量的模型，具有系统性、动态性、针对性、持续性，如图 16.5 和图16.6 所示。

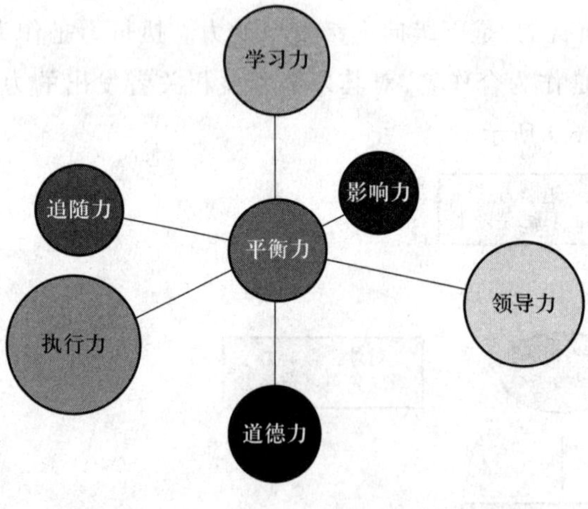

图 16.5 领导者核心能力七力模型立体图

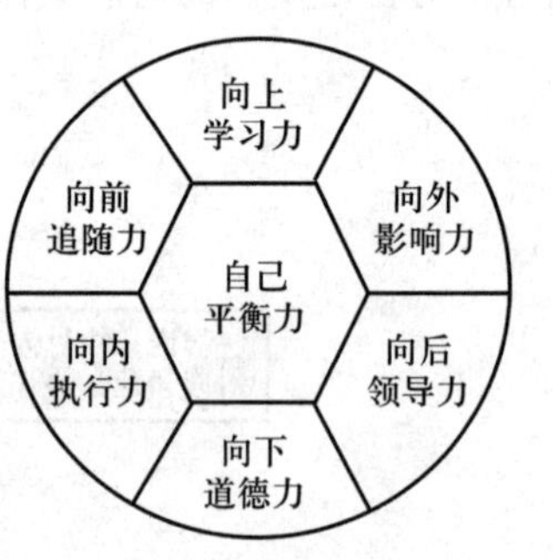

图 16.6 领导者核心能力七力模型平面图

学习力是领导者职业化的牵引力，有助于打造其核心竞争能力，使其成为专家型领导、领导型专家。学习力强，适应力就强；学习力强，能力提升就快，而且五力模型中的所有力都会得到全面的提升。学习力是适应力、是生命力、是适应新环境新变化的能力，是一个人自强不息奋发进取的顽强意志的体现。“天行健,君子以自强不息”(《周易》)。随着一个领导者在组织中的地位变化,要打造与岗位相适应的核心能力,例如兵出行动、将出令、帅出谋略、领袖出思想。一个只会执行命令不会发出命令的兵,即使提拔到将的位置,因为缺少岗位核心能力,还要退回到兵的位置。拥有岗位核心能力的人才会拥有这个岗位,成为岗位的主人翁才会给这个岗位带来竞争优势。

道德力是领导者职业化的动力源和发展基础。基础不牢,地动山摇。道德力不强,职业难以长远、持续发展。道德力是领导者道德修养培育、实践锻炼、影响示范的行为与过程的统一。道德力强,才可以厚德。物可以表示权力、财富、荣誉、事业、健康、美誉、幸福、家族、寿命等等,德不厚则不能载物。与厚德同义的词叫做积德,相反的词叫做缺德、损德、败德、亏德、毁德。德不够,权力基础不牢,一个人难以被提拔还可能下落。

根据厚德载物,可以推出以下的道理:风厚载大翼,水厚载大舟,土厚载大树,德厚载大物。

领导者的道德力是其政治品德、职业道德、社会公德、家庭美德的综合体现,也是其在组织或企业的生产经营和管理实践中所倡导和形成的道德意识、道德原则、道德规范、组织文化、价值体系的综合表现,并通过文化的归属和价值的认同对内产生凝聚力、对外产生影响力、对人产生约束力、对己产生推动力。对领导者而言,只有增强道德力,才能避免在职业生涯发展过程中下滑。

领导者“七力模型”具有系统性、持续性、针对性、通用性特点。系统性是指这七力相互衔接配套,自成一体,是一个相对完备、重点突出的能力组合框架。持续性是指这七力伴随领导者职业生涯全过程。针对性是指这七力聚焦各类型、各级别、各层次领导者的能力组合,也聚焦某一个具体能力维度,为自我提升或组织培养指明努力方向。通用性即普遍适用于各类职业经理人、管理人员和领导干部。

领导者的创新能力包含在七力模型的七个维度之中,在七个维度的每个维度上都要与时俱进才能够打造领导者的核心能力。

本章关键词

追随者　追随力　有效追随　无效追随　追随力的实质　领导者核心能力

领导者五力模型　领导者核心能力七力模型

作业 1　课程思考题

1. 根据牛顿定律解释,两个人都发出一个单位的力量,在什么情况下会形成二倍的合力。

2. 简述领导者五力模型的内容。

3. 简述领导者核心能力七力模型的内容。

4. 根据厚德载物解释七力模型中道德力的价值。

5. 解释组织中从低到高的不同层次的五力、不同岗位的五力变化情况。

6. 什么是追随者与追随力？

7. 什么是追随者心态？

8. 只是学习了领导力，而没有学习追随力，会导致什么现象？

9. 什么是有效追随？什么是无效追随？

10. 追随力与领导力是什么关系？

11. 什么是追随链？个体为什么要在追随链中成就自己？

12. 追随的实质是什么？追随力会使得个人、组织、社会达到什么样的状态？

13. 有效追随者如何提出建议？

作业 2　课后练习题

1. 访问一个有阅历的领导者，让他根据五力模型描述自己的成长过程。

2. 用七力模型分析现实中一个领导者的案例。

3. 在自己参与的组织如社团、班委会中，分别以追随者和领导者的角色出现，感受自己内心的体验，并写出来，进行对比。

4. 观察一个组织中的领导者和追随者，描述他们是如何表达建议和沟通的，并根据有效与无效的追随原理进行分析。

5. 分析一个有影响力的人的追随力，他的追随力是如何使得他获得成就的？

6. 根据一个成功人士的简历，用追随力原理分析其成功的过程。

7. 定期思考一个问题：我更需要这个组织还是这个组织更需要我？

作业 3　即测即评

参 考 文 献

中文部分

1. 艾伯特·伯恩斯坦.情绪管理.范蕾,等,译.北京:中国水利水电出版社,2005.

2. 安德鲁·布拉德伯里.双赢轨迹——NLP 心灵解码.李维,译.上海:上海远东出版社,2000.

3. 彼得·凯普泽奥.打造一流团队——团队管理技巧.赵庆跃,译.长沙:湖南科学技术出版社,2001.

4. 彼得·圣吉.第五项修炼——学习型组织的艺术与实务.上海:上海三联书店,1998.

5. 彼得·德鲁克.管理学:目标、责任与实践.纽约:Harper & Row 出版公司,1974.

6. 黛布拉·E.迈耶森.温和激进领导.杨斌,朱童,译.北京:机械工业出版社,2005.

7. 邓瀚深.人本管理.东营:中国石油大学出版社,1999.

8. 蒂姆·桑德斯.魅力赢天下.袁岳,等,译.北京:机械工业出版社,2005.

9. 冯梦龙.智谋大全.丛任仪,译.济南:山东大学出版社,1991.

10. 菲利普·戴高乐.我的父亲戴高乐(中文版).北京:中国人民大学出版社,2005.

11. 富山芳雄.干部的七大罪状.荆红艳,译.北京:东方出版社,2005.

12. 富萍萍,吴维库,刘军,等.中国企业领导研究:以价值为本,加入世贸后大中华经济圈的持续发展.香港:香港中文大学出版社,2002.

13. 关培兰.组织行为学.武汉:武汉大学出版社,2001.

14. 戈尔曼.什么造就了领导者.哈佛商业评论,1998(11~12).

15. 戈尔曼.卓有成效的领导艺术.哈佛商业评论,2002(9).

16. 鞠强.让冲突为你所用.财会月刊, 2001(15).

17. 哈罗德·孔茨,海因茨·韦里克.管理学.北京:经济科学出版社,1993.

18. 胡君辰,郑绍濂.人力资源开发与管理.上海:复旦大学出版社,1999.

19. 胡月星.领导人才测评.北京:国家行政学院出版社,2004.

20. 吉姆·柯林斯.从优秀到卓越.北京:中信出版社,2002.

21. 杰克·韦尔奇,约翰·拜恩.杰克·韦尔奇自传.北京:中信出版社,2001.

22. Jon P. Howell, Dan L. Costley .有效领导力.付彦,等,译.北京:机械工业出版社,2003.

23. 凯蒂·琼斯.时间管理.杨合庆,译.北京:中国社会科学出版社,2001.

24. 克里·摩斯.情商.谭春虹,译.北京:海潮出版社,2004.

25. 拉比尔·S. 巴塞.情境管理.石晓军,刘宇,李恒金,译.北京:机械工业出版社,2000.

26. Lawrence Holpp .管理团队.林涛,译.北京:企业管理出版社,2001.

27. 理查德·L.达夫特.领导学原理与实践.杨斌,译.北京:机械工业出版社,2005.

28. 刘爱华.如何进行有效沟通.北京:北京大学出版社,2004.

29. 刘峰.新领导观.北京:北京大学出版社,2005.

30. 刘兰芬,周振林.现代领导科学基础.北京:中国经济出版社,2001.

31. 刘远我.职业心理健康自测与调节.北京:经济管理出版社,2004.

32. 罗伯特·W.布莱.时间管理十堂课.陈绣玲,译.北京:机械工业出版社,2004.

33. 玛丽·芒特.商务沟通指南.伦敦:Prentice-Hall,1992.

34. 马丁·M.布罗德尔.竞争与领导的艺术.梁森,译.北京:北京出版社,1989.

35. 马基雅维里.君主论.惠泉译.长沙:湖南人民出版社,1987.

36. 马斯洛.马斯洛人本哲学.成明,译.北京:九州出版社,2003.

37. 米切尔·拉伯夫.世界上最伟大的管理原则.徐海波,译.北京:科学技术出版社,1989.

38. 尼基·海斯.成功的团队管理.杨蓓,译.北京:清华大学出版社,2002.

39. 帕特里克·福赛思.要紧的事先做.施昌奎,译.北京:经济管理出版社,1999.

40. 邱霈恩,等.领导学.北京:经济科学出版社,2000.

41. Richard Koch .无处不在的 80/20 原则.谢绮蓉,译.北京:中国城市出版社,2002.

42. 萨德·B.格林,杰伊·T.尼潘珠.学会与上司沟通.爱丁,译.北京:电子工业出版社,2004.

43. 尚志胜.心灵密码——神经语言成功学.北京:企业管理出版社,1999.

44. 苏·奈特.激发潜能——NLP 成功法则.朱莉琪,译.北京:机械工业出版社,2001.

45. 苏·奈特.再造自我——NLP 商务解决方案.孙艳,李剑锋,译.北京:机械工业出版社,2001.

46. 孙奎贞.领导者的智商与情商.北京:华文出版社,1999.

47. 孙健敏,石伟.时间管理.北京:企业管理出版社,2003.

48. 斯蒂芬·P.罗宾斯.组织行为学.孙健敏,李原,等,译.北京:中国人民大学出版社,1997.

49. 田野.拿破仑·希尔成功学全书.北京:经济日报出版社,1997.

50. 王垒.组织管理心理学.北京:北京大学出版社,1996.

51. 王乐夫.领导学:理论、实践与方法.广州:中山大学出版社,1998.

52. 威廉·安肯三世.别让猴子跳回背上.北京:机械工业出版社,2003.

53. 威廉斯·H.团队管理.秋同,译.北京:中信出版社,1999.

54. 沃伦·本尼斯,罗伯特·托马斯.极客与怪杰.杨斌,译.北京:机械工业出版社,2003.

55. 吴维库.情商与影响力.4版.北京:机械工业出版社,2017.

56. 吴维库.阳光心态.3版.北京:机械工业出版社,2005.

57. 吴维库,富萍萍,刘军.基于价值观的领导.北京:经济科学出版社,2002.

58. 吴维库.在我国知识型企业中实施以价值为基础的领导.清华大学学报(哲学社会科学版),1999(4).

59. 吴维库,富萍萍,刘军.文化管理的至高境界——以价值为本的企业管理.中外管理导报,2001(3).

60. 吴维库,金征.老板的个人文化决定了企业文化.中国工商,2001(4).

61. 吴维库,刘军,张玲,等.以价值为本.企业管理,2001(1).

62. 吴维库,刘军,张玲,等.以价值为本的领导行为与团队有效性在中国的实证研究.管理世界,2002(8).

63. 吴岩.领导心理学.北京:中央编译出版社,1996.

64. 小约瑟夫·L.巴达拉克.沉静领导.杨斌,译.北京:机械工业出版社,2003.

65. 薛智.青年领导能力训练教程.北京:中国青年出版社,2002.

66. 颜世富.成功心理训练.上海:上海三联书店,2001.

67. 尹艳华,杨咏.成功领导者的素质研究.北京:中国经济出版社,2000.

68. 约翰·科特.权力与影响.孙琳,等,译.北京:华夏出版社,1997.

69. 约翰·科特.新领导.曾志生,译.北京:现代出版社,2004.

70. 约翰·科特.总经理.李晓涛,赵玉华,译.北京:华夏出版社,1997.

71. 约翰·科特.现代企业的领导艺术.史向东,颜艳,译.北京:华夏出版社,1997.

72. 约翰·艾德尔.卓越领导力.李跃,马敏,译.汕头:汕头大学出版社,2004.

73. 曾仕强.中国式管理.北京:中国社会科学出版社,2005.

74. 詹姆斯·C.柯林斯,杰里·I.波勒斯.基业常青.北京:中信出版社,2002.

75. 张德.人力资源开发与管理.2版.北京:清华大学出版社,2001.

76. 张建华.向解放军学习.北京:北京出版社,2005.

77. 张健鹏,胡足青.神秘的海.北京:学苑出版社,2004.

78. 张健鹏,胡足青.手中的牌.北京:学苑出版社,2004.

79. 张作俭.有效管理沟通指南.北京:科学技术文献出版社,2004.

80. 赵春明.团队管理——基于团队的组织构造.上海:上海人民出版社,2002.

81. 周振林,孔繁玲.领导角色及其胜任.北京:中共中央党校出版社,1996.

82. 拉里·C.斯皮尔斯,米歇尔·劳伦斯.服务型领导.高愉,孙道银,译,北京:人民邮电出版社,2006.

83. 李华晶,张玉利. 创业型领导——公司创业中高管团队的新角色. 软科学,2006,20(3).

84. 王重鸣，阳浙江. 创业型领导理论研究及发展趋势. 心理科学，2006，29(4).

85. 苗建明，霍国庆，夏树军. 和谐领导力模式研究. 领导科学，2008(5).

86. 吴维库. 基于领导力缔造的三层次和谐研究. 中国地质大学学报(社会科学版)，2010(1).

87. 吴维库.以价值观为本.北京：机械工业出版社，2010.

88. 徐莉. 教练型领导的行为及适用情境分析.中国青年政治学院学报，2008(2).

89. 王辉，忻榕，徐淑英.你像谁？中国企业领导人素描. 哈佛商业评论，2004(5).

90. 莫申江，王重鸣.国外伦理型领导研究前沿探析.外国经济与管理，2010，2(12).

91. 颜廷锐. 领导力研究的新发展：伦理领导. 理论与改革，2010(3).

92. 李瑞，凌文辁，惠青山. 真诚领导的理论与启示. 经济管理，2008(5).

93. 史蒂芬・柯维. 高效能人士的七个习惯.北京：中国青年出版社，2009.

94. 戴维・丹尼尔斯，弗吉尼亚・普赖斯. 九型人格. 北京：中信出版社，2008.

95. 刘玉新.工作压力与生活：个体应对与组织管理.北京：中国社会科学出版社，2011.

96. 大卫・V.戴.领导力的本质.林嵩，徐中，译.北京：北京大学出版社，2015.

97. 理查德・莱亚德.隐性繁荣.曹理达，译.北京：机械工业出版社，2016.

98. 李家强.正念领导力助推组织变革. 清华管理评论，2017(4)：66-73.

99. 王文周，杨珂.正念领导力：开发内心的力量.清华管理评论，2017(4)：74-79.

100. 陈亮，李晓蓓.正念领导力：从优秀到卓越.清华管理评论，2017(4)：80-89.

101. 利兹・霍尔.正念教练.李娜，译.北京：机械工业出版社，2016.

102. 乔・卡巴金.正念：此刻是一枝花.王俊兰，译.北京：机械工业出版社，2016.

103. 林新奇.管理学.大连：东北财经大学出版社，2017.

104. 吴维库.以价值观为本的领导.2 版.北京：机械工业出版社，2017.

105. 吴维库.追随力.北京：清华大学出版社，2018.

106. 丹尼尔・戈尔曼.情商.4 版.任彦贺，覃文艳，李瑶，译.北京：中信出版社，2014.

107. 习近平.中国共产党第十九次全国代表大会报告.中国网，2017.

108. 中共中央宣传部.习近平总书记系列重要讲话.北京：学习出版社，人民日报出版社，2016.

109. 习近平谈治国理政.北京：外文出版社，2017.

110. 中国共产党章程.北京：人民日报出版社，2017.

111. 李洁.国学经典解释.武汉：武汉出版社，2016.

112. 刘娜，吴维库.领导力进阶与自我定位.领导科学，2016(11)：28-29.

113. 贾甲，吴维库.有效追随者如何提出建议.领导科学，2017(18)：49-50.

114. 吴维库，孙同立. 领导者核心能力之七力模型. 领导科学，2016(2)：40-42.

115. 吴维库，李超. 高铁动车式领导模式探微. 领导科学，2015(32)：42-43.

116. 宋志平.笃行致远.北京:中信出版社,2017.

117. 宋志平.经营方略.北京:中信出版社,2016.

118. 张亮,吴维库.小白兔型员工能被激励吗.企业管理,2016(10):38-39.

119. 李东,吴维库.精力充沛是领导者的素养.企业管理,2017(2):36-37.

120. 吴维库.不良情绪传染的蝴蝶效应及其防避.领导科学,2016(8):18-19.

121. 保罗·赫塞.情境领导者.麦科特企业顾问有限公司,译.北京:中国财政经济出版社,2005.

122. 加里·尤克尔.组织领导学.7版.丰俊功,译.北京:中国人民大学出版社,2015.

123. 斯蒂芬·罗宾斯.组织行为学.14版.孙健敏,李原,黄小勇,译.北京:中国人民大学出版社,2014.

124. 杨百寅,杨斌,王念.集体领导.清华管理评论,2013(1):42-53.

125. 吴玲伟.互联网时代的领导力转型.清华管理评论,2015(4):60-65.

126. 稻盛和夫.敬天爱人.曹岫云,译.北京:机械工业出版社,2016.

127. 陈光峰.互联网思维.北京:机械工业出版社,2014.

128. 刘翠.做最好的副职.北京:中国发展出版社,2015.

129. 冯友兰.中国哲学简史.北京:北京大学出版社,2017.

130. 埃德加·沙因.组织文化与领导力.章凯,罗文豪,朱超威,译.北京:中国人民大学出版社,2016.

教学支持说明

建设立体化精品教材，向高校师生提供整体教学解决方案和教学资源，是高等教育出版社“服务教育”的重要方式。为支持相应课程教学，我们专门为本书研发了配套教学课件及相关教学资源，并向采用本书作为教材的教师免费提供。

为保证该课件及相关教学资源仅为教师获得，烦请授课教师清晰填写如下开课证明并拍照后，发送至邮箱：jingguan@pub.hep.cn 或 liurong@hep.com.cn，也可通过 QQ：46104652 或 103639388，进行索取。

咨询电话：010-58581020，编辑电话：010-58581783

证　明

兹证明________大学__________学院/系第______学年开设的____________课程，采用高等教育出版社出版的《　　　　　　》作为本课程教材，授课教师为________，学生______个班，共______人。授课教师需要与本书配套的课件及相关资源用于教学使用。

授课教师联系电话：__________ E-mail：__________

学院/系主任：__________（签字）

（学院/系办公室盖章）

20____年____月____日